「1日30分30日」完全突破!

カリスマ就活ゼミ講師
柳本新二

SPI最強問題集

大和書房

はじめに

SPIは得点だけを競うテストではなく、「性格特性」と「能力特性」を測り、企業風土に合うかを見る適性検査です。この検査には能力適性テストの中に非言語分野（数的処理）と言語分野（言語処理）があり、これらを「速さ」と「正確さ」という視点で処理力のレベルを測るものです。つまり、皆さんに仕事を任せたときにどのレベルの仕事をしてくれるかを知るための検査といえます。

しかし毎年約50万人の学生が就職活動を始めると、その多くが知名度の高い大手人気業界に集まるため、採用予定人数の1000倍を超える企業も出てきます。それを面接可能な人数に絞るための「足切り」にも使われています。企業によっては、9割近くの学生をこの筆記試験で落とす所もあります。

本書では、今回新たに企業難易度表を使った自己確認ができる模擬試験と、難易度別企業を掲載しました。ぜひ、実力確認として活用してください。また、各分野の問題数を増やし、レベル別に網羅された実用的な問題をたくさん載せています。

内定が取れる人と全く取れない人の二極化が進む最近の就活で、これ一冊で勝ち組になれるでしょう。

この最新・最良の問題を解いて実力確認を行い、ぜひ、第一志望企業から「納得内定」を勝ち取ってください。

こころから応援しています！

SPI問題作成者　柳本 新二

目次

序章　SPI3とは？

第1章　実力診断テスト・企業難易度表

第2章　実践！　1日30分

出題頻度　高★★★　←→　★低

第 3 章　性格適性検査

第 4 章　SPI 模擬テスト

別　冊　　解答・解説集

第2章　「実践！ 1日30分」の解答・解説

第４章　「SPI模擬テスト」の解答・解説

SPI3とは?

「Synthetic Personality Inventory」の略で、約 40 年前にリクルート（現リクルートキャリア）の人事測定部が開発した検査で、年間受検者約 203 万人、年間利用企業約 1 万 3500 社の実績がある。（2020 年実績、リクルート HP より）

この検査は大きく分けて「能力適性検査」と「性格適性検査」で構成されている。かつてはマスコミ業界など一部の企業でしか使われていなかった検査だが、現在は就職四季報に載る一般企業の中でも 44.5%の企業が採用テストとして使用しており、最もポピュラーな検査といえる。

採用試験には適性検査、一般教養、時事問題、クレペリン検査など様々な種類の検査が採用されているが、SPI3 は就職活動の筆記試験ではかなりの確率で受けることになる検査といえる。

SPIの意義

現在、SPI3 のテストセンターは 7 種類ある。その内、大学生が受けるのは、SPI3-U、SPI3-US、SPI-UE、SPI-USE の 4 種類である。

PC テスト形式は同じ日の同じ部屋の受検者であっても同じ問題とは限らない。また、問題を間違えると次の問題が易しくなり、その反対に正解すると難しくなるよう設計されている。また SPI3-U の場合、能力検査約 35 分、性格検査約 30 分の約 65 分で解答する。

紙ベーステストは大学生用としては SPI3-U、SPI-3、SPI3-B、SPI3-G、SPI3-R、SPI3-N がある。テストは毎年約 20 バージョンあるといわれている。言い換えれば、20 社以上受ければ同じ問題に当たる確率が高くなるということである。そのため、受検時にわからなかった問題を 1 つずつ解けるようにしておくことが次の合格につながるとても大切な対策といえる。

種類	試験内容	所要時間
SPI3-U	性格検査＋基礎能力検査	65 分
SPI3-US	性格検査＋基礎能力検査＋構造的把握検査	85 分
SPI3-UE	性格検査＋基礎能力検査＋英語能力検査	85 分
SPI3-USE	性格検査＋基礎能力検査＋構造的把握検査＋英語能力検査	105 分

検査結果の評価

SPI3 の検査結果は偏差値で表され、個人の得点が全受検者の中でどのレベルにあるかを見る。平均を 50 として全体を 7 段階に分ける。最上位である 7 段階は上位 2.3%、6 段階は上位 13.6%、5 段階は 34.1%を表すように設定されている。

どこが合格ラインかは企業によって様々である。商社やマスコミ業界などの人気企業であれば優秀な学生がたくさん集まるので 90%以上の合格率が求められる。年度によっては採用人数が増減するので、合格ラインが変化する場合もあるが、90%を取る力があれば、これで落とされることはないだろう。大手・人気企業を目指すなら、90%を取れる力を目標に演習することを勧める。

試験内容

「言語分野」「非言語分野」「性格適性検査」の 3 つの分野がある。
それらについて簡単に説明してみよう。

1：言語分野

企業内の業務活動は、対人折衝能力・意志伝達・文書作成など、言語を通して業務を行う活動が中心になる。

正確に読み取り、正しく伝えるという能力が高いほど業務が円滑に支障なく行われる。いわゆる把握、交渉、伝達など文字を使ったコミュニケーション能力が、どの程度備わっているかを知る検査である。

主な内容	言葉に関する選択(同義語・反意語・包含関係・用途・二語の関係・文法・敬語など)、文章整序、長文読解
解答時間	35 分(非言語分野との合計解答時間)
解答方法	5～8 択の選択方式

2：非言語分野

非言語分野は論理的判断、思考・知覚の認識、資料の読解力、分析力、判断力、基本計算力など、数的な業務処理能力を測定する。

企業活動では、営業、管理、販売など数字を扱う作業が多い。営業では日々の業務の段取り、時間管理、交渉など、即座に数字をまとめてクライアントと向き合う必要がある業務が多いため、その資質を測るものといえる。

主な内容	計算分野、思考分野、判断分野、論理的分野
解答時間	３５分(言語分野との合計解答時間)
解答方法	５～８択の選択方式

3：性格適性検査

受検者の性格特性を1：行動的側面、2：意欲的側面、3：情緒的側面、4：職務適応性、5：社会関係的側面、6：組織適応性、の６つの側面から適性測定する。これらを身体活動性、持続性、達成意欲、活動意欲、内省性、慎重性、自責性、独自性、ライ・スケールなどと、更に分けて分析する。

4：社会性検査

SPI3になって、「社会関係性側面」、「組織適応性」が新たに加わり、個人の特徴だけでなく「企業風土」「職場へのなじみやすさ」なども測定する項目が増えた。これまでの個人の性格特性だけでなく、組織、社会での関係性を見る。これは入社後のミスマッチを減らす指標として期待される。

攻略のポイント

① SPI3 とは、テストセンターのことである!

SPI2 から SPI3 に変わり、コンピュータを使ったテストセンター方式が主流になっている。

特徴は次の通りである。

1. 個別で検査を受けるので他の受検者とスタート時間が違う。 **2.** 出題内容は受検者ごとに異なる。 **3.** 画面に出てくる問題しか見ることができない。 **4.** 入室時に計算の紙とエンピツが借りられるが、電卓は使えない。 **5.** 大切なポイントに線や印がつけられない。 **6.** 解答をクリックして大問題が変わると前の問題に戻れない。 **7.** 時間が来たら強制的に問題が終わる。 8. 得点はわからない。 9. スコアは何社でも使いまわせる。などがあるので、大学内の E-learning などで事前に慣れておく方がいい。

② SPI3 は、思考力を鍛えておくこと!

SPI3 の主要分野は、「思考」である。主要単元は、 1. 金銭の問題 2. ハジキ 3. 順列 4. 組み合わせ 5. 確率 6. 集合 7. 資料の読み取り、の 7 単元になる。

近年は特に、いくつかの単元を複合的に考える力を求めるような傾向になっている。計算分野は実用的単元の金銭の計算・ハジキが中心で、総合問題として思考分野が増えており全体から考える力、条件から解を求める力が測定される問題が増えている。

③ SPI3 テストセンターは、1 問 40 秒で解く!

SPI2 では平均 1 問 1 分で解くスピードが必要だったが、SPI3 になって約 52 問を 35 分で解く形式に変わったので、1 問約 40 秒で解く必要がある。

解答時間がかなり短くなったので、言語分野の語句問題は秒単位で、非言語分野は約 1 分で解くなど、効率的に解ける時間配分を日頃から意識して解くほうがいい。

④ SPI3は、焦らず、冷静に解き続ける！

SPIには、紛らわしい問題、計算の面倒な問題、すぐに正解と言いきれない問題など、わざと受検者を混乱させるような質問がある。

そのような形式に呑まれて「焦り」を引き起こしてしまうと出題者の思う壺に入ることになる。SPIでは焦りやイヤ気は禁物。

選択肢から答えをしぼる。暗算を使ってスピーディに答えをしぼるなど、効率いい解き方を心がけよう。

⑤ SPI3は、1か月集中の短期で全単元済ませる！

計算の基礎力がない、語彙力がないと自覚する人はSPI対策の前に基礎力をつけておくこと。それは1年生からなど、できるだけ早い方がいい。

まず全単元を一通り解いて自分の実力を確認する。基礎力がある程度ついている人は、次に苦手分野をなくす演習をして全て正確に解ける力をつける。最後には時間内に正確に解けるスピードをつける。直前では1か月集中的に解きこんで全単元を時間内に解ける力を身につけよう。

⑥ SPI3の準備、私立・文系・AO・推薦進学者は1年生から！

ここ数年、採用官が「最近の学生は質が下がっている」という。特に文系、AO・推薦入学者にその傾向が強いので、このタイプの学生は3年から始めても間に合わない学生が多い。まずこの第1章の実力診断テストを解いてみて実力を確認しよう。正答数が半分以下なら確実に基礎力不足なので、早めに解き始めて、できない単元の洗い出し、基礎力定着の練習を始めよう。

本番で落ちてから気づいても間に合わないので、早めの準備を！

1年生になったら一度SPIを解いてみて、何ができないかを早めに確認し、全単元解けるようにしておくこと。

【第1章】

実力診断テスト・企業難易度表

企業難易度表とは

自分が受ける企業には、どのくらいの得点レベルが必要か。何年も就活ゼミを主宰していると、毎年必ずこの質問が出てくる。

しかし、現状のSPIは何度受検しても今の自分がどのレベルにいるのか、志望企業突破にはどのくらい足りないかがまったく分からないという消化不良感が消えない。それを少しでも和らげて自信を持ってSPIに臨んでほしいという思いで、オリジナルの企業難易度表を作成した。このスコアを参考にして、自分の今の実力を把握し、志望企業の筆記試験突破を実現してほしい。

企業難易度のスコア化

同じSPIを実施していても、通過ラインは企業ごとに異なり、単純に最低合格点を割り出すことはできない。

ここに掲載した企業は、『就職四季報』（2022年度）から、SPIを採用している企業を全社ピックアップし（掲載社数483社）、その企業の内定者の出身校の偏差値をもとに企業難易度としてまとめた。

※採用大学数が多い企業、内定者数の多い企業は、採用者の多い大学順に文系理系各5校の平均点を企業難易度としている。

※『就職四季報』でNA（No Answer）となっている企業、採用大学名が書かれていない企業については表に掲載していない。

大学偏差値の選定方法

ここではSPIの評価の幅が80～20ということから、偏差値の最高が80を表している『週刊ダイヤモンド』（2018年10月27日号／ダイヤモンド社）の特集「全国主要大学学部ごとの偏差値表」を使用した。

《留意点》

- スコアの算出に用いる大学の偏差値は、各学部の平均の値をとっている。
- 国公立大学や理系学部のみの大学は、相対的に偏差値が低く出る傾向がある。
- 一般企業の就職活動が少ないと思われる医・歯・薬学部は、対象から外した。

数値の扱い方と心得

- この数値は、通過ラインの目安であり、企業の優劣を測るものではない。
- あくまでも自分の力を客観的に把握し、目標へ近づく努力をするための指針ということを心得てほしい。

模擬テストとしての本書の使い方

まずは第 1 章の実力診断テストを解答し、自分のスコアを把握しよう。次に、2 章以降に掲載している問題（SPI の主単元である非言語分野 25 単元、言語分野 7 単元）の中から、実際の検査と同じ非言語分野 30 問、言語分野 22 問を選び、合計 52 問解く。そうすることで、模擬テストとして、何度も繰り返し使うことができる。

テスト問題の選び方

全問 52 問（非言語分野：30 問、言語分野：22 問）とする。非言語分野は 23 単元から計 30 問、言語分野は 7 単元から計 18 問選び、長文 1 題（4 問）を選ぶ。

①言語分野は「長文」4 問、「文の並べ替え」4 問を必ず入れること。②非言語分野は「順列」「組み合わせ」「確率」「集合」を 2 問以上、金銭の問題は「精算」「分割」「定価と利益」を 2 問以上、ハ・ジ・キは「旅人算」「時刻表」「通貨算」を 2 問以上、また、推論は 3 問以上、論証は 2 問を必ず入れること。

テスト問題の選び方の例

選ぶ問題によって、自分の目的にあったテストを作り上げることができる。次の 6 パターンを参考に独自のテストを作成し、直前対策として活用しよう。

①各単元をランダムに選ぶ。《実力試し》
②各単元の最後にある難問だけを集める。《難易度 MAX》
③各単元最初の問題だけを集める。《入門編》
④苦手単元を多く選び、集中特訓問題にする。《苦手克服》
⑤一度間違えた問題だけをチョイスする。《復習重視》
⑥全く同じ問題パターンを 2 回以上繰り返す。《直前対策》

実力診断テストの取り組み方

実際のテストと同じ52問（非言語分野30問、言語分野22問）を35分で解く。

それぞれの得点が出たら、16～17ページのSPI偏差値表を使ってスコアを出す。横軸が非言語分野の得点、縦軸が言語分野の得点として自分の数値を当てはめて、両方の結果の交わるところの数値が自分のスコアとなる。

言語分野の得点 ＼ 非言語分野の得点	30	29	28	27	26	25	24	23	22	21	20	19	18	17	16	2	1	0
22	80	78	76	74	71	70	67	67	65	65	63	63	61	61	60	48	47	47
21	78	76	72	71	69	68	67	65	65	63	63	61	61	60	59	47	47	46
20	74	72	71	69	68	67	66	65	63	63	61	61	60	59	58	47	46	46
19	72	70	69	68	67	66	65	63	63	61	61	60	59	58	58	46	45	44
18	70	69	68	67	66	65	64	63	61	61	60	59	58	58	57	45	44	44
17	70	68	67	66	65	64	63	61	61	60	59	58	58	57	56	44	44	42
16	67	66	66	65	64	62	62	61	60	59	58	58	57	56	55	44	42	42
1	54	54	52	52	51	51	49	49	48	46	46	45	45	43	43	30	27	22
0	54	54	52	51	51	49	49	48	46	46	45	45	43	43	42	28	24	20

A　横軸は非言語分野の正解数（30問）

B　縦軸は言語分野の正解数（22問）

それぞれがクロスするところを求める → これがあなたのスコア

（例）言語分野：20点、非言語分野：18点の場合 → スコア：60

自分のスコアが分かったら、企業難易度表にある志望企業のスコアと比べて合格可能性を確認して、現状で入れる企業を確認したり、目標とする企業との差を知って弱点単元の傾向と対策を立てるヒントにしよう。

●受検後の行動と心掛け

最も大切なことはこのテストを受けた後の行動である。

SPIは毎年10パターン以上用意されており、どのパターンを受けることになるか分からない。一つの会社への受検チャンスは一度だけなので、どの分野でも解けるように苦手単元を減らす演習を続けることが大切である。

▼実力診断テストの結果が良かった人は、自分が志望する企業の中で最上位の志望企業にシフトアップを考えよう。

▼苦手単元が分かったら、そこを集中的に解きこんで、得意に変えよう。最終的にこの問題集を5日以内に全て終えるくらいの集中力で解くと難易度上位企業を突破する実力が期待できる。

● SPI対策は、短期集中が効果的だ。

この問題集を使う人は、基礎力には問題がない人が多いと思うので、次の段階は「速さ」と「正確さ」を上げることである。

そのためには、本書を5日以内にすべて仕上げるスピードをつけること(1日48ページくらいを解くとすべて終えることができる)。次に、間違った問題を集中的に解き直して、ミスする傾向と単元を確認し、同じミスを繰り返さない注意力と理解力を上げよう。次第に、計算はできるだけ暗算で行い、あらかじめ解答の選択肢から半分くらいに絞る力がついてくる。

これを年末から1月中に完成できれば、とても余裕を持った就職活動ができるようになる。

SPI対策は1、2年生では計算慣れと各単元の基本問題の演習。3年生は年末までに全単元を1か月以内に終えるスピードをつける。採用時期直前には本問題集を1冊を5日以内に正確に解く力をつけておく。これができれば、SPI突破の大きな自信がつくはずである。

SPI偏差値表

言語分野 ＼ 非言語分野	30	29	28	27	26	25	24	23	22	21	20	19	18	17	16
22	80	78	76	74	71	70	67	67	65	65	63	63	61	61	60
21	78	76	72	71	69	68	67	65	65	63	63	61	61	60	59
20	74	72	71	69	68	67	66	65	63	63	61	61	60	59	58
19	72	70	69	68	67	66	65	63	63	61	61	60	59	58	58
18	70	69	68	67	66	65	64	63	61	61	60	59	58	58	57
17	70	68	67	66	65	64	63	61	61	60	59	58	58	57	56
16	67	66	66	65	64	62	62	61	60	59	58	58	57	56	55
15	66	66	64	64	62	62	60	60	59	58	58	57	56	55	54
14	65	64	64	62	62	60	60	59	58	58	57	56	55	54	53
13	64	64	62	62	60	60	59	58	57	57	56	55	54	53	53
12	64	62	62	60	60	59	58	57	57	56	55	54	53	53	52
11	62	62	60	60	59	58	57	57	56	55	54	53	52	52	51
10	62	60	60	59	58	57	57	56	55	54	53	52	52	51	50
9	60	60	59	58	57	57	56	55	54	53	52	52	51	50	49
8	60	59	58	57	57	56	55	54	53	52	52	51	50	49	49
7	59	58	57	57	56	55	54	54	52	52	51	50	49	49	48
6	59	57	57	56	55	54	54	52	52	51	50	49	49	48	47
5	57	57	56	55	54	54	52	52	51	50	49	49	48	47	46
4	57	56	55	54	54	52	52	51	50	49	49	48	47	46	45
3	56	55	54	54	52	52	51	50	49	49	48	47	46	45	45
2	55	54	54	52	52	51	50	49	49	48	46	46	45	45	43
1	54	54	52	52	51	51	49	49	48	46	46	45	45	43	43
0	54	54	52	51	51	49	49	48	46	46	45	45	43	43	42

↑ 言語分野正答数

非言語分野正答数

	15	14	13	12	11	10	9	8	7	6	5	4	3	2	1	0
	59	58	57	56	56	55	55	53	53	51	50	50	49	48	47	47
	58	57	56	56	55	55	53	53	51	50	50	50	48	47	47	46
	57	56	56	55	55	53	53	51	50	50	50	48	47	47	46	46
	56	56	55	55	53	53	51	51	50	50	48	47	47	46	45	44
	56	55	54	53	53	51	51	50	50	48	47	47	46	45	44	44
	55	54	53	53	51	51	50	50	48	47	47	46	45	44	44	42
	54	53	53	51	51	50	50	48	47	47	46	45	44	44	42	42
	53	53	51	51	50	49	48	48	47	46	45	44	44	43	42	41
	53	52	51	50	49	48	48	47	46	45	44	44	43	42	41	41
	52	51	50	49	48	48	47	46	45	44	44	43	42	41	41	39
	51	50	49	48	48	47	46	45	44	44	43	42	41	41	39	39
	50	49	49	48	47	46	45	44	44	43	42	41	41	39	39	38
	49	49	48	47	46	45	44	44	43	42	41	41	39	39	38	37
	49	48	47	46	45	44	44	43	42	41	41	40	39	38	37	36
	48	47	46	45	44	44	43	42	41	41	40	39	38	37	36	36
	47	46	45	44	43	43	42	41	41	40	39	38	37	36	36	34
	46	45	44	43	43	42	41	40	40	39	38	37	36	35	34	34
	45	45	43	43	42	41	40	40	39	38	37	36	35	34	34	33
	45	43	43	42	42	40	40	39	38	37	36	35	34	34	33	31
	43	43	42	42	40	40	39	38	37	36	35	34	34	33	31	30
	43	42	42	40	40	39	38	37	36	35	35	33	33	31	30	26
	42	42	40	40	38	38	37	36	35	35	33	33	31	30	27	22
	42	40	40	38	38	37	37	35	35	33	33	31	30	28	24	20

企業難易度表 ※数字はその企業の難易度スコア

マスコミ
76:朝日新聞社 ／ 73:NHK、中日新聞社、KADOKAWA ／ 72:日本経済新聞社、読売新聞社、三菱総合研究所 ／ 70:テレビ大阪、電通東日本、時事通信社 ／ 69:中京テレビ放送、博報堂プロダクツ ／ 67:長野放送 ／ 66:オリコム、北海道新聞社 ／ 61:山陽放送

コンサル等
73:みずほ情報総研、三菱UFJリサーチ＆コンサルティング ／ 72:日本総合研究所 ／ 71:野村総合研究所 ／ 70:マクロミル ／ 69:インテージ ／ 68:日本工営 ／ 65:パシフィックコンサルタンツ、商エリサーチ、帝国データバンク

通信・ソフト
72:日本電信電話、日鉄ソリューションズ、ビジネスエンジニアリング ／ 71:キーウェアソリューションズ、NECソリューションイノベータ、NTTコムウェア、日立ソリューションズ、電通国際情報サービス、ニッセイ情報テクノロジー ／ 70:TIS、日立システムズ、日本ユニシス、三菱総研DCS、JSOL ／ 68:インフォーメーション・ディベロップメント ／ 67:伊藤忠テクノソリューション ／ 66:都築電気、tdiグループ、図研 ／ 65:アグレックス、菱友システムズ ／ 64:ゼンリン ／ 63:ぐるなび、オージス総研、中電シーティーアイ ／ 62:フォーカスシステムズ、エヌアイディ ／ 61:富士ソフト、トヨタシステムズ ／ 59:東芝情報システム

▼商社・卸売り
73:伊藤忠商事、伊藤忠丸紅鉄鋼 ／ 70:メタルワン、兼松、長瀬産業 ／ 69:松田産業、マクニカ、トーハン ／ 68:日本紙パルプ商事、キヤノンマーケティングジャパン ／ 67:岩谷産業、ユアサ商事、蝶理、ヤギ ／ 66:伊藤忠建材 ／ 65:大同工業、三谷商事、因幡電機産業、山善 ／ 64:スズケン、伯東 ／ 63:鈴与商事、豊通マシナリー、西華産業、菱電商事 ／ 62:ダイワボウ 情報システム ／ 61:立花エレック、ドウシシャ、東京エレクトロンデバイス、旭食品 ／ 60:マルイチ産商、トヨタモビリティーパーツ、デザインアーク、ヤマエ久野

▼金融
73:日本生命保険、損保ジャパン ／ 72:第一生命保険 ／ 71:日本マスタートラスト信託銀行、福岡銀行、東京センチュリー、ジェーシービー ／ 70:信金中央金庫、明治安田生命保険、富国生命保険、朝日生命保険、三井住友あいおい生命保険、芙蓉総合リース ／ 69:東京海上日動あんしん生命保険 ／ 68:住友生命保険、大樹生命保険、SOMPOひまわり生命保険、三井住友海上保険 ／ 67:十六銀行、商工中金、岡三証券、JECC、イオンフィナンシャルサービス ／ 66:日本カストディ銀行、群馬銀行、滋賀銀行、広島銀行、大同生命保険 ／ 65:伊予銀行、日本コープ共済生活協同組合連合会、リコーリース、SMBCコンシューマーファイナンス ／ 64:常陽銀行、八十二銀行、紀陽銀行、阿波銀行、肥後銀行、鹿児島銀行、あいおいニッセイ同和損害保険、住友三井オートサービス、昭和リース ／ 63:青森銀行、七十七銀行、第四北越フィナンシャル・グループ ／ 62:百十四銀行、四国銀行 ／ 61:みちのく銀行、福邦銀行、長野銀行、大垣共立銀行、中国銀行、琉球銀行 ／ 60:岩手銀行、山形銀行、大光銀行、十八親和銀行 ／ 59:みなと銀行、南日本銀行、荘内銀行

▼電機・自動車・機械
73:富士通、東芝、日本光電、いすゞ自動車 ／ 72:ブリジストン、三菱重工業、富士ゼロックス、キヤノンメディカルシステムズ ／ 71:三菱電機、トヨタ自動車、クボタ、ダイキン工業、日本ヒューレットパッカード、SUBARU、三井海洋開発 ／ 70:コマツ、NEC、コニカミノルタ、京セラ、セイコーホールディングス、アドバンテスト、アイシン精機、豊田自動織機、IHI、タクマ ／ 69:キオクシア、オリンパス、TOYO TIRE、新明和工業、シマノ、DMG森精機 ／ 68:セイコーエプソン、キーエンス、島津製作所、日本ヒューレットパッカード、日立パワーソリューションズ、NEC プラットフォームズ、日亜化学工業、アズビル、住友ゴム、ジャパンマリンユナイテッド、川崎重工業、アマノ、オルガノ、三菱パワー ／ 67:東芝三菱電機産業システム、ルネサスエレクトロニクス、日野自動車、スタンレー電気、三井E&Sグループ、ヤマハ発動機、住友重機 ／ 66:京セラドキュメントソリューション、マックス、古野電機、アルプスアルパイン、テルモ、ミツバ、矢崎総業、日清紡ホールディングス、日本発条、古河機械金属 ／ 65:ヒロセ電機、トヨタ車体、TPR、ユアサ、日立建機、アマダ、日立造船、栗田工業 ／ 64:日新電機、日本電子、太陽誘電、トプコン、東京計器、東海理化、住友電装、日本製鋼所、牧野フライス製作所 ／ 63:東芝テック、ダイヘン、フォスター電機、シンフォニアテクノロジー、タムロン、ジーテクト、大同メタル工業、リョービ、コベルコ建機、東光高岳、不二越、オークマ、芝浦機械、三浦工業 ／ 62:サンケン電気、シチズン時計、マレリ、フタバ産業、三愛工業、オートリブ、サノヤスホールディングス、THK、ダイフク、ミツトヨ、荏原製作所 ／ 61:アジレント・テクノロジー、ホーチキ、サンデンホールディングス、ハイレックスコーポレーション、トピー工業、エイチワン、ジヤトコ、アドヴィックス、ダイキョーニシカワ ／ 60:日東電工、三井ハイテック、トヨタ自動車東日本、豊田鉄工、武蔵精密工業 ／ 59:タムラ製作所、太平洋工業 ／ 58:シロキ工業

▼化学
72:東レ ／ 71:富士フイルム ／ 68:旭化成グループ

▼食品・水産
71:森永製菓 ／ 70:ニチレイグループ、日本ハム ／ 69:宝ホールディングス、サッポロビール、江崎グリコ ／ 68:雪印メグミルク、日清オイリオグループ、ハウス食品、伊藤ハム ／ 67:テーブルマーク、エスビー食品、キユーピー ／ 66:カゴメ ／ 65:不二製油、プリマハム、亀田製菓 ／ 64:井村屋グルー プ ／ 63:昭和産業 ／ 62:ケンコーマヨネーズ、丸大食品、神戸屋 ／ 61:フジパングループ本社、フィード・ワン ／ 60:ホクト

▼農林
64:カネコ種苗

▼印刷・紙パルプ
67:凸版印刷 ／ 66:トッパン・フォームズ ／ 63:王子ホールディングス

▼ 医薬品
73:塩野義製薬 ／ 71:小野薬品工業 ／ 69:中外製薬 ／ 68:小林製薬、大日本住友製薬、田辺三菱製薬、杏林製薬 ／ 66:大正製薬、日本新薬 ／ 63:東和薬品、鳥居薬品

▼化学・化粧品

72:住友化学、クラレ/71:ミルボン/70:帝人、日本触媒/68:信越化学工業、カネカ、日本ゼオン、日産化学/67:JSR、三洋化成工業、東洋インキCSホールディングス、サカタインクス/65:東洋紡、ADEKA/64:トクヤマ、堺化学工業/63:ダイセル、藤森工業/62:藤倉化成/61:アイカ工業

▼衣料・繊維

69:オンワード樫山/68:ワコール/66:三陽商会/63:セーレン

▼ガラス・土石

72:AGC/70:日本碍子/68:日本特殊陶業/65:黒崎播磨/63:日本板硝子/61:日本電気硝子/60:吉野石膏

▼金属製品

67:SUMCO、LIXIL/66:YKK/64:東洋製缶GH/63:YKKAP/61:三協立山/60:三和シヤッター工業株、文化シヤッター

▼鉄鋼・非鉄

72:住友電気工業/71:古河電気工業/70:住友金属鉱山/68:DOWAホールディングス/67:大同特殊鋼/66:栗本鐵工所/65:田中貴金属グループ/61:昭和電線HD、アサヒプリテック

▼その他のメーカー

58:ミズノ、デサントジャパン、オカムラ/67:アシックスグループ、河合楽器製作所/66:タカラスタンダード、三菱鉛筆/65:ローランド、コクヨ/64:リンナイ/60:アイリスオーヤマ、ウッドマン/59:イトーキ

▼建築

73:鹿島、日揮ホールディングス/72:大林組、大成建設/69:清水建設、竹中工務店、横川ブリッジホールディングス/68:西松建設、新菱冷熱工業/66:前田建設工業、三機工業/65:鉄建建設、大成ロテック、中電工/64:熊谷組、大気社、関電工/63:東亜建設工業、ダイダン/62:鴻池組、東洋建設/61:ピーエス三菱、東芝プラントシステム、住友電設、九電工/60:東洋熱工業、きんでん/59:福田組

▼住宅・マンション

71:三井不動産レジデンシャル、日鉄興和不動産/65:東急コミュニティー/62:パナソニックホームズ、日本総合住生活/61:トヨタホーム、一条工務店、スターツグループ/59:穴吹興産

▼不動産

73:住友不動産、野村不動産/72:森トラスト/65:三井不動産リアルティ、東急リバブル

▼電力・ガス
71:九州電力 ／ 69:沖縄電力 ／ 65:京葉瓦斯 ／ 58:東北電力

▼石油
68:ENEOSグループ、コスモエネルギーホールディングス ／ 61:富士石油

▼デパート
72:高島屋 ／ 70:丸井グループ

▼コンビニ
64:ミニストップ ／ 63:ファミリーマート

▼スーパー
63:カスミ ／ 60: アクシアルリテイリンググループ ／ 59:イトーヨーカ堂、フジ、ユニバース、ヨーク

▼外食・昼食
69:日本マクドナルド ／ 61:モスフードサービス

▼家電量販・薬局・ホームセンター
63:ノジマ、マツモトキヨシ ／ 62:クリエイトエス・ディ、総合メディカルグループ、東急ハンズ

▼その他小売り
64:AOKIホールディングス ／ 63:アルペン ／ 60:青山商事 ／ 59:愛知トヨタ東海林

▼鉄道・航空・運輸
73:東急 ／ 71:日本郵船 ／ 70:日本航空、京浜急行電鉄、名古屋鉄道 ／ 68:小田急電鉄 ／ 65:丸全昭和運輸 ／ 64:東日本旅客鉄道、安田倉庫 ／ 63:西濃運輸、山九、鴻池運輸

▼ゲーム
69:バンダイナムコエンターテイメント

▼レジャー
68:オリエンタルランド ／ 61:ジェイアール東海ツアーズ

▼その他サービス
66:共立メンテナンス、ワタベウェディング ／ 60:日本空調サービス

実力診断テスト 全52問／制限時間35分

（答えは36ページ）

非言語分野（全30問）

【問題】

⑴ ある商品に4割の利益を見込んで定価をつけましたが売れないので、定価の15%引きで売ったところ、760円の利益がありました。この商品の原価はいくらですか。

A 1000円　B 2500円　C 3000円　D 4000円　E 4500円
F 5000円　G A～Fのいずれでもない

⑵ この商品が定価で売れたとすると利益はいくらになりますか。

A 910円　B 1160円　C 1500円　D 1600円　E 1890円
F 2000円　G A～Fのいずれでもない

【問題】 原価5000円で100枚仕入れたシャツを売ることにしました。

⑶ 仕入れた枚数の5分の1が売れ残っても損をしないためには定価を原価の何%増し以上にすれば良いでしょうか。

A 5%　B 10%　C 12%　D 15%　E 20%
F 25%　G A～Fのいずれでもない

⑷ 原価の2割の利益を見込んで定価をつけましたが、何枚か売れ残ったので定価の10%引きで残りを売り切ったところ、90400円の利益が得られました。割引で売ったシャツは何枚ですか。

A 10枚　B 12枚　C 14枚　D 16枚　E 18枚
F 20枚　G A～Fのいずれでもない

【問題】 ある商品を分割払いで買うことにしました。初回は商品価格の6分の1を支払い、残りを15回で均等払いにすることにしました。

(5) 2回目以降の支払い金額は1回あたり商品価格のどれくらいになりますか。

A $\frac{1}{18}$　B $\frac{1}{16}$　C $\frac{1}{15}$　D $\frac{1}{14}$　E $\frac{1}{12}$
F $\frac{1}{10}$　G A～Fのいずれでもない

(6) 全部で7回払った時点で残りの支払いを3回の均等払いにして支払いを完了することにしました。そのときの1回分の支払額は当初の均等払いの金額の何倍ですか。

A 2倍　B 3倍　C 3.5倍　D 4倍　E 4.2倍
F 5倍　G A～Fのいずれでもない

【問題】
(7) ある美術館の入館料は1人1000円で、30人を超す団体の場合、30を超えた分については1人あたり3割引になります。何人かの団体が入館したところ、1人あたりの入館料の平均が775円になりました。美術館に入館したのは何人ですか。

A 60人　B 90人　C 120人　D 150人　E 180人
F 210人　G A～Fのいずれでもない

【問題】 A、B、Cの3人が日帰り旅行に出かけました。このとき、Aは3人分の交通費14800円を支払い、3人分の食事代はBから10000円を受け取ったCが不足分を足して支払いました。旅行後に3人が支払った金額を均等にするためにCがAに5600円、Bにいくらかを支払うことになりました。

(8) 3人分の食事代はいくらでしたか。

A 5600円　B 9800円　C 12800円　D 14000円　E 15600円
F 19800円　G A～Fのいずれでもない

(9) CがBに支払った金額はいくらでしたか。

A 800円　B 3200円　C 4400円　D 6300円　E 7200円
F 9200円　G A～Fのいずれでもない

【問題】
(10) みかんと桃とりんごが沢山あります。この中から8個をカゴに入れようと思います。どの果物も少なくとも1つは選ぶとすれば何通りの選び方がありますか。

A 14通り　B 21通り　C 24通り　D 27通り　E 54通り
F 81通り　G A～Fのいずれでもない

(11) 選ばない果物があってもよいとすれば（りんご8個、みかん5個と桃3個など）何通りの選び方がありますか。

A 21通り　B 28通り　C 45通り　D 63通り　E 81通り
F 100通り　G A～Fのいずれでもない

【問題】 1から8まで書かれたカードが1枚ずつあります。このカードをよく切って重ねます。

(12) 4の倍数のカードが一番上と一番下になる確率はどれくらいですか。

A $\frac{1}{128}$　B $\frac{1}{64}$　C $\frac{1}{32}$　D $\frac{1}{28}$　E $\frac{1}{14}$
F $\frac{1}{4}$　G A～Fのいずれでもない

(13) 3の倍数のカードが続いて重なる確率はどれくらいですか。

A $\frac{1}{128}$　B $\frac{1}{64}$　C $\frac{1}{32}$　D $\frac{1}{28}$　E $\frac{1}{14}$
F $\frac{1}{4}$　G A～Fのいずれでもない

【問題】

⒁ 赤、橙、黄、緑、青、藍、紫の7色で下のような旗を塗り分けます。同じ色を何度使ってもよいとすれば、何通りの旗ができますか。ただし隣り合った区画に同じ色を使ってはいけません。

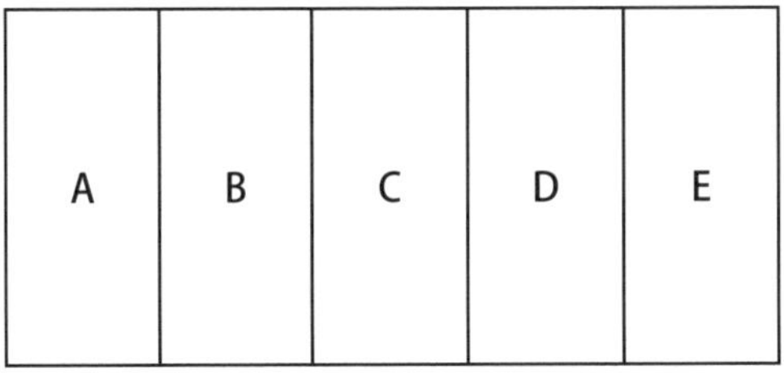

A 21通り　**B** 2520通り　**C** 5040通り　**D** 7560通り　**E** 9072通り
F 10080通り　**G** A～Fのいずれでもない

【問題】 2つの検定PとQを120人の学生が受検しました。Pに合格した学生は受検者の75%で、検定Qに合格した学生は65人であることがわかっています。

⒂ どちらか一方だけ合格した学生が75人だとすると、どちらも不合格だった学生は何人ですか。

A 5人　**B** 6人　**C** 10人　**D** 12人　**E** 15人
F 18人　**G** A～Fのいずれでもない

⒃ どちらも不合格だった学生が11人だとすると検定Pだけ合格した学生は何人ですか。

A 38人　**B** 44人　**C** 48人　**D** 55人　**E** 60人
F 62人　**G** A～Fのいずれでもない

【問題】

⒄ ある学生の集団にデジタル機器（パソコン・スマホ・デジカメ）の所有についてのアンケートを行ったところ、以下のような結果になりました。

・パソコンを持っている……………………… 22人
・スマホを持っている………………………… 20人
・3つのうちどれか2つだけ持っている……… 13人
・デジカメを持っていない…………………… 21人
・どの機器も持っていない学生はいない。

この結果から3つとも所有している学生は何人と考えられますか。

A 1人　B 2人　C 3人　D 4人　E 5人
F 6人　G A～Fのいずれでもない

【問題】

(18) ・理系の学生は論理的である。
・勤勉な学生は暗記が得意である。
・論理的な学生は暗記が得意である。

以上の命題が正しいとき、これらからいつでも正しくいえるものは次のどれですか。

①勤勉な学生は理系である。　②暗記が得意ではない学生は理系ではない。
③暗記が得意な学生は勤勉である。　④論理的でない学生は勤勉ではない。
⑤理系ではない学生は暗記が得意ではない。　⑥暗記が得意な学生に理系ではないものもいる。

A ①と②　B ③と④　C ⑤と⑥　D ①と⑤　E ②と⑥
F ②と⑤　G A～Fのいずれでもない

【問題】 5円切手と6円切手を使って色々な金額を作ります。例えば15円なら5円切手を3枚、23円なら5円切手1枚と6円切手3枚で作ることができます。

(19) このとき、どのように組合わせても作ることができない金額は何種類ありますか。

A 4種類　B 6種類　C 8種類　D 10種類　E 12種類
F 14種類　G A～Fのいずれでもない

⒇ 同様に考えて20円切手と21円切手をどのように組合せても作ることができない金額は何種類ありますか。

A 19種類　**B** 57種類　**C** 114種類　**D** 133種類　**E** 152種類
F 190種類　**G** A ～ Fのいずれでもない

【問題】
(21) ある人が2地点を往復します。行きは一定の速さで20分進んでは20分休むことを繰り返したら、6時間20分かかりました。帰りは行きよりも毎時2km遅い速さで30分進んで10分休むことを繰り返したら行きよりも1時間10分早く帰ることができました。2地点はどれくらい離れているでしょうか。

A 15km　**B** 20km　**C** 30km　**D** 40km　**E** 60km
F 80km　**G** A ～ Fのいずれでもない

【問題】 太郎君は8時30分に学校に着く予定で自転車で毎時10kmで家を出たら、予定よりも6分早く着きました。次の日も同じ時刻に家を出発しようとしたら自転車が壊れていたので毎時6kmで歩いて向かったところ8時32分に到着しました。

(22) 太郎君の家から学校までの距離はどれくらいですか。

A 1km　**B** 1.2km　**C** 1.5km　**D** 2km　**E** 2.4km
F 3km　**G** A ～ Fのいずれでもない

(23) 太郎君が同じ時刻に家を出て8時30分に学校に到着するためにはどれくらいの速さで向かえば良いですか。

A 毎時$6\frac{2}{3}$km　**B** 毎時7km　**C** 毎時8km　**D** 毎時$8\frac{1}{3}$km
E 毎時9km　**F** 毎時9.6km　**G** A ～ Fのいずれでもない

【問題】

⑷ 円周の長さが180cmの円周上の1点からA、B、Cの3点が同時に出発し、同じ方向に回り続けます。この3点を結んだときに初めて正三角形になるのは何秒後ですか。なおA、B、Cの速さはそれぞれ毎秒11cm、毎秒7cm、毎秒3cmです。

A 10秒後　B 12秒後　C 15秒後　D 20秒後　E 30秒後
F 45秒後　G A～Fのいずれでもない

【問題】 ある学校で600人が投票を行い、3人の代表委員を選挙で選ぶことになりました。この委員には6人が立候補しています。立候補者も投票権があるものとします。

㉕ この選挙に立候補した花子さんは最低で何票獲得すれば当選するでしょうか。

A 101票　B 121票　C 150票　D 151票　E 200票
F 201票　G A～Fのいずれでもない

㉖ 開票途中では表のようになりました。

立候補者	花子さん	Aさん	Bさん	Cさん	Dさん	Eさん
得票数	78	85	35	120	90	42

花子さんが当選するにはあと何票必要でしょうか。

A 44票　B 45票　C 52票　D 53票　E 72票
F 73票　G A～Fのいずれでもない

【問題】

㉗ ある大学の入学者について、今年は昨年に比べて男子が10%増えましたが、女子は5%減少しました。その結果、今年の入学者は昨年と同じ780人となりました。今年の男子の入学者数は何人ですか。

A 247人　B 260人　C 286人　D 494人　E 520人
F 572人　G A～Fのいずれでもない

【問題】

(28) アメリカ人が日本に入国する時に500ドルを日本円に換えました。旅行がキャンセルになってしまい、円をドルに戻すことにしましたが、1ドルあたり5円上がっていたので480ドルになってしまいました。円に交換したときはいくらになっていたでしょうか。なお、手数料などは考えないものとします。

A 50000円　B 60000円　C 62500円　D 70000円　E 72500円
F 75000円　G A～Fのいずれでもない

【問題】　下のグラフはある国の輸出品目についての割合と総額を表したものになります。これについて以下の問いに答えてください。

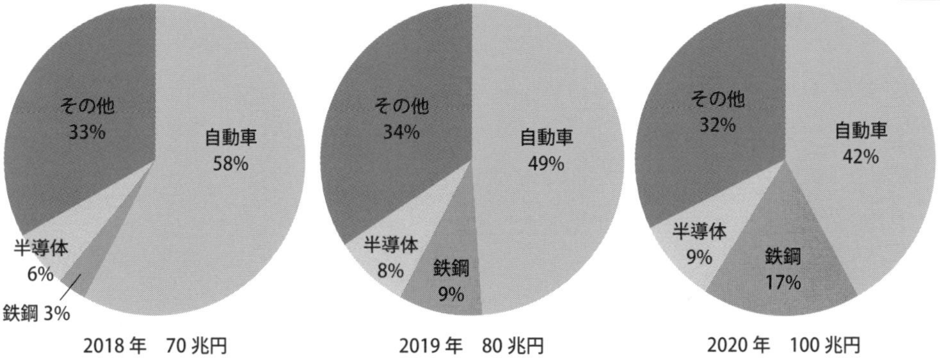

(29) 2019年の対前年増加額が2番目に大きいものはどれですか。

A 自動車　B 鉄鋼　C 半導体　D その他

(30) グラフより正しくいえることは次のうちどれですか。

A 自動車の輸出額は減少し続けている。
B その他の輸出額は2018年から2019年は増加したが2020年には減少している。
C 2018年から2019年の半導体の増加額は2019年から2020年の半導体の増加額の2倍となる。
D 2020年の自動車の輸出額は、2018 年の鉄鋼の輸出額の20倍である。
E 自動車と鉄鋼の輸出割合の合計が6割を上回ったことはない。

言語分野（22問）

【問題】 次の意味を持つ語をAからEの中から選びなさい。

(1) 絶え間なく進歩すること
A 朝三暮四
B 森羅万象
C 電光石火
D 花鳥風月
E 日進月歩

(2) 少しも逆らわずに言いなりになること
A 不言実行
B 言語道断
C 唯々諾々
D 意気投合
E 以心伝心

(3) 過去を思い出す
A 喚起
B 思索
C 回顧
D 反芻
E 追求

(4) がまんできないこと
A 鼻につく
B 鼻持ちならない
C 鼻をあかす
D 鼻を折る
E 鼻であしらう

【問題】 例の関係と同じ関係になる言葉を(5)～(8)からそれぞれ選びなさい。
例／建設：破壊

(5) 創業：
A 廃業
B 脱稿
C 合併
D 開店
E 個人

(6) 綿密：
A 粗野
B 厳密
C 粗密
D 杜撰
E 凡庸

(7) 努める：
A 諦める
B 怠る
C 眺める
D 競う
E 休む

(8) ひるむ：
A 勇む
B そりかえる
C しりごむ
D なごむ
E 渋る

【問題】 次の文章の下線部の働きが、同じものを選びなさい。

(9) コロナで会社を休む
A 台風で飛行機が止まる
B 政策内容で激論する
C 今ではすでに消えてしまっている
D 原宿で買ってきたコート
E 赤鉛筆で書かないこと

(10) ボッチャをしたことがない
A 彼は忙しいということだ
B できるだけよく噛むことにしている
C 上司の言うことに従う方がいい
D 講師として教えたことがある
E ここで出しゃばることはない

【問題】 例に示した語句の関係と同じ関係になるものは、ア〜ウのどれか。
A〜Gの中から1つ選べ。

(11) 例／スマホ：多機能通信
ア ギター：演奏
イ 旅客機：運輸
ウ 注射：ワクチン

A アだけ　**B** イだけ　**C** ウだけ　**D** アとイ　**E** イとウ
F アとウ　**G** A〜Fのいずれでもない

(12) 例／フェンシング：スポーツ
ア 電子レンジ：家電
イ チェア：テーブル
ウ 建築物：マンション

A アだけ　**B** イだけ　**C** ウだけ　**D** アとイ　**E** イとウ
F アとウ　**G** A〜Fのいずれでもない

【問題】

⒀ 次のア、イ、ウに書かれた文章を並び替えて正しい文にするための順番を選びなさい。

ア 森林限界を越えると、それまで歩きやすかった登山道が、急に岩のゴロゴロした岩塊斜面に変わるのがわかるはずである。
イ このことは森林限界を越えて少し上がったところから見下ろすとよくわかる。
ウ つまり岩塊斜面の存在が森林限界を押し上げているのである。
エ 森林限界付近で地形や植物をよく観察してみよう。
オ そしてそれに応じて植物も林から低木に移行する。

A アーエーイーオーウ　B アーエーオーウーイ　C エーアーウーイーオ
D エーアーオーイーウ　E エーアーイーウーオ

【問題】 次の使い方と同じものを選びなさい。

⒁ それは小学生でも知っている
A これでは死んでも死にきれない
B Rockでも聴こうか
C どこへでも行くよ
D 彼女のことは今でも忘れない
E それでもできそうにない

⒂ 紳士らしい振る舞いがいい
A 木陰にいるのはウグイスらしい
B 彼の言動はとても学生らしい
C どうやら電車は遅れるらしい
D 明日は台風が来るらしいよ
E 彼女は正直な人らしい

【問題】

⒃ 次の文を読んで、問いに答えなさい。

ア 人間の指紋の場合と同じようです。
イ その模様は1頭1頭異なっており、個々のトラを正確に識別することができます。
ウ トラは森の中でじっとしているとその模様と色の効果によりほとんど目につきません。
エ シベリアトラには黒とオレンジ色の縞模様があります。
オ しかし、冬の野原に出ると、その姿は雪に映えます。

アからオを意味が通るように並べ替えた場合、イの次にくる文章を選びなさい。

A ア　**B** ウ　**C** エ　**D** オ　**E** イは最後の文章

【問題】

⒄ AからEの語句を空欄〔1〕から〔5〕に入れて意味が通る文を完成させたとき、〔5〕に当てはまるものを選びなさい。

食生活を [1] [2] [3] [4] [5] 生存力は弱体化する。

A 世代を重ねるにつれ遺伝子の均一化が進み
B 非常に限定されたものになるうえ
C それらが消滅したときの代用植物が
D 依存していると
E ごく限られた生物種に

【問題】

⒅ 次の文を読んで、各問に答えなさい

ア また、この地域にはもう一つ、あちこちの道を走る魅力あるものがあります。
イ ケニアを旅行したことがある人なら、旅の話をする時に最上級の讃辞を惜しみません。
ウ 威厳に満ちた雌のゾウ、堂々としたライオン、あかね色の日没。
エ それは、多目的で、融通の利くマタトゥという乗り物です。
オ どれも旅行者の心に鮮やかに残る光景です。

アからオを意味が通るように並べ替えた場合、ウの順番はどこかを選びなさい。

A アの前　B イの後　C ウは最後　D エの前　E オの後

【問題】 次の長文を読んで問いに答えなさい。

苦悩とは現実の自分と「ワクワクする自分」との間のギャップから起こるものだ。こうすれば「ワクワクする」という「生命の輝き」が現実によって抑え込まれている。そこに苦悩が生じるのだ。

だから①「苦悩」とは、自分の「ワクワクすること」に気づく大きなチャンスなのである。自分ではまだ自分が何を求めているのかが分からない。何に「ワクワクする」のかが分からない。自分の「生命力」のありかが分からない。しかし、現実に私は「苦悩」しているという場合、その「苦悩」に向き合い、その苦悩の意味を探求していくことで、自分が本当に何を求めているのか、どんなことにワクワクするのかが逆に分かってくるのである。

もっとも②「苦悩」とはそういった「ワクワク」と「現実」の[ア]の極限状態であって、「苦悩」とまではいかない葛藤もある。それは現実への「違和感」という形で現れてくる。「何か違うんじゃないか」といった感覚である。 みんなから「いい人」だと言われ続けて生きてきた、でもこのごろ何か違和感がある。何か違うんじゃないか。そんな感覚である。

そうした違和感や苦悩が、むしろ「生きる意味」を明らかにしていく。それらは私たちの生きている現実に対しての私たちの内部からの「異議申し立て」だからだ。私は本当はそんなことをやりたくない。私はもうそんな生き方にうんざりだ。そうした③自分自身の隠れた「声」を聞き届けることこそが、私たちの未来への指針となるのだ 。

人生の中で苦悩や違和感があること。それは私たちの「生きる意味の再構築」に必要不可欠である。あるときに「私は生きる意味をつかんだ！」と得心しても、それはときがたつにつれ現実に合わなくなっていくことも多い。「就職して仕事の面白さに目覚めた！ 学生時代のようにフラフラ生きるのではなく、仕事に打ち込んで社会的にも大きな貢献をするぞ！」と二〇代半ばで新たな「生きる意味」に出会って快調に人生を走り続けたとしても、そのまま八〇歳まで行けるとはとても思えない。あるときから「この働き方ではちょっと体が持たない」とか、「子供からもっと一緒にいたいと言われた」とか「何で俺にはあいつみたいに趣味がないんだろう」とか、様々な「違和感」が襲ってくる。しかし、その「違和感」はむしろ「生きる意味を創り直すこと」のチャンスなのである。

（上田紀行『生きる意味』）

⑲ 下線①「『苦悩』とは……チャンスなのである。」とあるが、その理由を述べた次の文の[　　]に当てはまる言葉を文中から選んだ組み合わせとして正しいものを選びなさい。

苦悩に向き合い、その苦悩の［１］を探求することで、自分の［２］が分かってくるから

	1	2
A	違和感	現実
B	葛藤	生命力
C	現実	極限状態
D	再構築	違和感
E	意味	生きる意味

⑳ 下線部②の空所［ア］にあてはまる語を文中から選びなさい。

「苦悩」とはそういった「ワクワク」と「現実」の［ ア ］の極限状態であって、

A 苦悩
B 探求
C 葛藤
D 貢献
E 生命

㉑ 下線部②「自分自身の隠れた『声』」とは何のことですか。

A 生きる意味の再構築
B 葛藤の極限状態
C 内部からの異議申し立て
D 現実への違和感
E 生命の輝き

㉒ この要旨として最も適切なものを選びなさい。

A 私たちは「苦悩」や「違和感」を持つことで「生きる意味」を再構築できる
B「生きる意味をつかんだ」と思っても時がたつにつれて現実に合わなくなる
C 私たちは若い頃に出会った「生きる意味」を最後まで持ち続けるわけではない
D 私たちは生きていくうえで様々な現実への「違和感」に襲われるものだ
E 生きている間にワクワクと苦悩がなければ人生は空しいものになる

●実力診断テスト解答●

非言語分野

(1) 答え：D

原価をxとおく。

売値 $= x \times (1 + 0.4) \times (1 - 0.15) = 1.19x$

利益 $= 1.19x - x = 0.19x = 760$ 円

$x = 760 \div 0.19 = 4000$ 円

(2) 答え：D

$4000 \times 0.4 = 1600$ 円

(3) 答え：F

全体の5分の4を売って元をとるには、売価はその逆数の4分の5を定価にかければ良い。

$\frac{4}{5} \times \frac{5}{4} = 1$

原価の $\frac{5}{4}$ 倍なので、1.25倍。よって $1.25 - 1 = 0.25 = 25\%$

(4) 答え：D

定価 $= 5000 \times (1 + 0.2) = 6000$ 円（利益は1000円）

値引き後 $= 6000 \times (1 - 0.1) = 5400$ 円（利益は400円）

値引きした枚数をxとおく。

$1000 \times (100 - x) + 400x = 90400$ 円

$x = 16$ 枚

(5) 答え：A

全体を1とする。$(1 - \frac{1}{6}) \div 15 = \frac{1}{18}$

(6) 答え：B

$\frac{1}{6} + \frac{1}{18} \times 6 = \frac{1}{2}$ …7回までの支払い総額

$(1 - \frac{1}{2}) \div 3 = \frac{1}{6}$ …残り3回の1回あたり

$\frac{1}{6} \div \frac{1}{18} = 3$ 倍

(7) 答え：C

入館者をx人とおく。

1000円の3割引きは700円であることも考え、

$1000 \times 30 + 700 \times (x - 30) = 775x$

$x = 120$

(8) 答え：C

CがAに5600円支払うことで精算が済むので、

14800－5600＝9200円　…　一人当たりの負担額

9200×3＝27600円　…　3人の支払い総額

27600－14800＝12800円　…　3人の食事代

(9) 答え：A

BはCに10000円渡して(支払って)いるので、

10000－9200＝800円をCからBに支払えばよい

(10) 答え：B

8個の○を2つの仕切りで分けると考えます。下のように

○｜○○○○｜○○○（みかん1個、桃4個、りんご3個）

○○○○｜○｜○○○（みかん4個、桃1個、りんご3個）

とします。仕切りを入れられる箇所は○の間の・7箇所になります。

○・○・○・○・○・○・○・○

7箇所から2箇所を選ぶので

$${}_7C_2 = \frac{7 \times 6}{2 \times 1} = 21\text{通り}$$

(11) 答え：C

○8個と仕切り2個の並び方を考えます。

○｜｜○○○○○○○（みかん1個、桃0個、りんご7個）

｜○○○○○○○○｜（みかん0個、桃8個、りんご0個）

こちらは10個のものを並べる中から2箇所を選んで仕切りを入れるので、

$${}_{10}C_2 = \frac{10 \times 9}{2 \times 1} = 45\text{通り}$$

(12) 答え：D

カードの重なり方は8！＝40320通り

4の倍数は4のカードと8のカード。これが上下になるのは2通り。

残りの6枚は自由に並んでよいから、

2×6！＝1440通り

求める確率は

$$\frac{1440}{40320} = \frac{1}{28}$$

(13) 答え：F

3の倍数は3のカードと6のカード。これを1枚のカードとして

$7! = 5040$通り

3と6の上下2通りを考えて、

$2 \times 7! = 10080$通り

求める確率は

$$\frac{10080}{40320} = \frac{1}{4}$$

(14) 答え：E

Aから順番に塗っていきます。まずは7通り。

BにはA以外の6色、CにはB以外の6色、DにはC以外…として、

$7 \times 6 \times 6 \times 6 \times 6 = 9072$通り

(15) 答え：A

$120 \times 0.75 = 90$人…P合格

全体の120人はa、b、c、dの4つのうちに含まれるので、

$a + b + c + d = 120$

		P		
		○	×	計
Q	○	a	b	65
	×	c	d	
	計	90		120

表より $a + b = 65$　　$a + c = 90$

よって、

$a + b + a + c = 155$

どちらか一方だけ合格したものはbとcでありこれが75人なので

$2a + (b + c) = 2a + 75 = 155$

$2a = 155 - 75 = 80$人

$a = 40$人

両方とも不合格となった学生は

$d = 120 - (a + b + c) = 5$人

(16) 答え：B

		P		
		○	×	計
Q	○	a	b	65
	×	c	11	
	計	90		120

表より$a + b + c = 120 - 11 = 109$人

$a+b+a+c-(a+b+c)=65+90-109=46$…つまり、$a=46$人
Pだけ合格した学生はcなので
$90-46=44$人

⒄ 答え：D

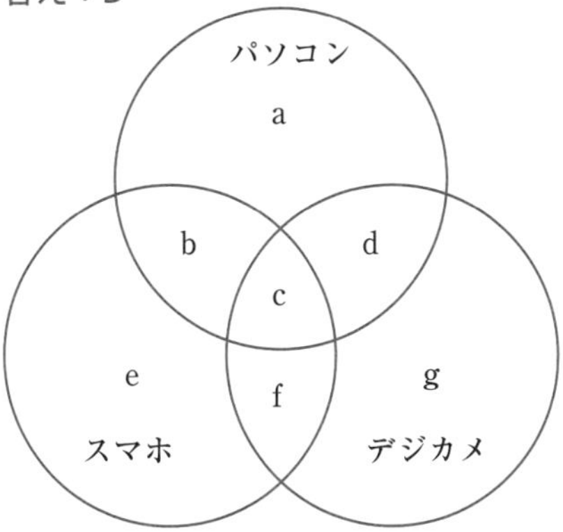

$a+b+c+d=22$：パソコンを持つ……①
$b+c+e+f=20$：スマホを持つ ……… ②
$b+d+f=13$：2つだけ持つ …………… ③
$a+b+e=21$：デジカメを持たない……④

(3つとも持たない学生はいないので必ずa ～ gのどれかに含まれる)
3つとも所有はcなので、方程式を解いてcを求める。
①＋②
$a+2b+2c+d+e+f=42$……⑤
③＋④
$a+2b+d+e+f=34$……⑥
⑤－⑥
$2c=8$
$\therefore c=4$人

⒅ 答え：E
『理系の学生は論理的である』という命題は『理系の学生』という集団は必ず『論理的』という集団に含まれることになります。同様に『論理的な学生』という集団は必ず『暗記が得意』という集団に含まれます。これを図示すると以下のようになります。

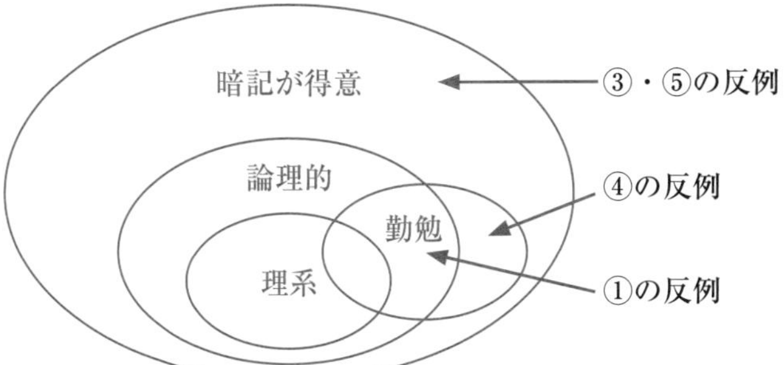

図より、理系→論理的→暗記得意となり、『理系の学生は暗記が得意』が導けます。
『AであるならばBである』という命題が正しいとき、『BでないならばAでない』という命題も正しくなり、この2つの関係を対偶といいます。上で導かれた『理系の学生は暗記が得意』の対偶を取ると、
『暗記が得意でない学生は理系ではない』が導けます。→②
命題が正しいというのは、その命題がいつでも成立し例外がないことをいうので、①③④⑤の命題については図の部分が反例となり、いつも正しいとはいえません。
例えば①について考えると『勤勉な学生でも理系でない者』がいるので①は必ず成立するとはいえなくなるのです。
⑥は理系の外側で、暗記が得意という学生もいるので正しいことになります。
以上より②と⑥が正しい。

⒆ 答え：D

表にすると以下のようになる。

1	2	3	4	5	6
7	8	9	10	11	12
13	14	15	16	17	18
19	20	21	22	23	24
25	26	27	28	29	30

□は5円のみ、＿は6円のみで作ることができる。
～は5円と6円の組合せでできる。
1円、2円、3円、4円、7円、8円、9円。
13円、14円、19円の10種類が作れない。
よって、10種類。

⒇ 答え：F

同様な表をかくと

1	2	3	……	19	20	21
22	……		39	40	41	42

⋮

初めの行は1円から19円までの19通り、2行目は一つ減って18通り、と繰り返していくので

$19+18+17+\cdots+1=(1+19)\times19\div2=190$種類

(21) 答え：D

実際に歩いている時間がどれくらいなのかを考えます。

行き：6時間20分÷(20＋20)＝9 余り20分

歩いた時間＝20×(9＋1)＝200分

帰り：6時間20分ー1時間10分＝5時間10分

5時間10分÷(30＋10)＝7 余り30分

歩いた時間＝30×(7＋1)＝240分

行きと帰りに歩いた時間の比は200：240＝5：6

距離は同じなので、速さの比は時間の比の逆比となり、

行き：帰り＝6：5

この比の差である1が行きと帰りの速さの差2km/時なので、行き：12km/時、帰り：10km/時となります。帰りに歩いたのは240分＝4時間ですから、2地点の距離は

10×4＝40km

(22) 答え：D

自転車も歩きも進んだ距離は同じですから、速さの比＝10km/時：6km/時＝5：3より、かかった時間の比は自転車：歩き＝3：5となります。

家を出る時刻は同じなので、6分前に到着と2分後(8時32分)到着の8分差が、比の差の2にあたるので1＝4分となり、自転車＝12分、歩き＝20分となります。

これより太郎君が家を出発する時刻は8時12分となります。家から学校までの距離は自転車で考えて、

10km/時×$\frac{12}{60}$＝2km

(23) 答え：A

8時12分に出発して8時30分に到着するには2kmの道のりを18分＝$\frac{18}{60}$時間で進むので　2÷$\frac{18}{60}$＝$\frac{20}{3}$＝6$\frac{2}{3}$/時

(24) 答え：C

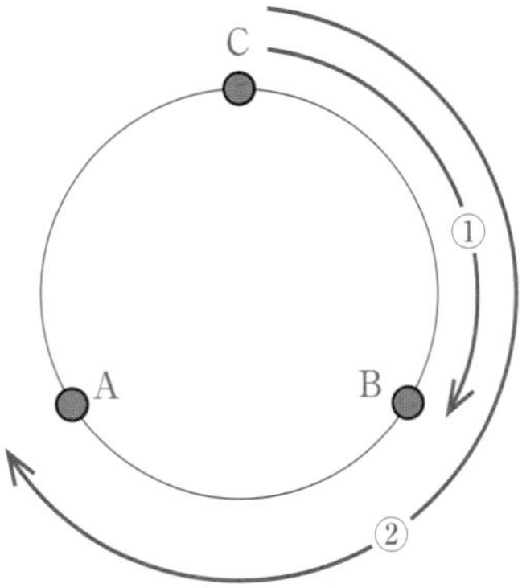

3点が同時に移動することを考えるのは少々面倒です。一番遅いCから見たA、Bの2点がどのように動くか考えます。

A＝11ー3＝8cm/秒　　B＝7ー3＝4cm/秒

A、Bの速さは2：1ですから正三角形は図のようになります。

円周は180cmですから、BはCから見て

180÷3＝60cm進みます。

60÷4＝15秒後

(25) 答え：D

選挙問題は何人が立候補しても『当選者数＋1人で争う』ことがポイントです。
6人が立候補していても3人が当選するのですから、実質4人で争って3位以内に入れば良いのです。投票数は600あるので、

$600 \div 4 = 150$

この場合は4人が同数となってしまい、3人は選ぶことができませんがこれより1票でも多い151票を獲得すれば3位以上は確定（絶対に4位以下にはならない）します。
よって、151票

(26) 答え：D

現在の得票数78を151からひいて73票としてはいけません。すでに、

$78 + 85 + 35 + 120 + 90 + 42 = 450$票

が開票されているので、残り$600 - 450 = 150$票の配分を考えます。
当選確定のための最小得票数は、上位4人が最も均等に競り合った結果勝てたときの得票数になります。現時点で得票数の高い4人（この時点で花子さんは4位です）のみで考えます。4人が得票数1位のCさんに並んだとします。この時点で$42 + 35 + 30 = 107$票が開票されます。
残り$150 - 107 = 43$票を4人で争います。

$43 \div 4 = 10$ 余り3

4人が10票ずつ獲得し、残りの3票を1票ずつ取った3人が当選します。
4人の流れは以下のようになります。

花子さん：	78＋42	→	120＋10＋1	当選
Aさん：	85＋35	→	120＋10＋1	当選
Cさん：	120	→	120＋10＋1	当選
Dさん：	90＋30	→	120＋10	落選

以上より花子さんは$42 + 10 + 1 = 53$票

(27) 答え：C

昨年の男子をx人、女子をy人とおきます。
昨年：$x + y = 780$
今年：$x \times (1 + 0.1) + y \times (1 - 0.05) = 780$
これを解くと$x = 260$、$y = 520$となります。求めるものは今年の男子入学者数ですから、$260 \times (1 + 0.1) = 286$人

(28) 答え：B

ドルから円に交換したときを1ドル＝x円、
円からドルに戻したときを1ドル＝y円とします。
$500 \times x = 480 \times y$　よって、$x : y = 480 : 500 = 24 : 25$

比の差である1が5円にあたります。
ですから$x=24\times5=120$円、$y=25\times5=125$円
となり、円に交換したときは$500\times120=60000$円

⑵ 答え：D
グラフの割合だけで判断してはいけません。輸出総額が年度ごとに異なるので輸出額を問われているときは、総額×割合で考える必要があります。

	自動車	鉄鋼	半導体	その他	総額
2018年	40.6兆円	2.1兆円	4.2兆円	23.1兆円	70兆円
2019年	39.2兆円	7.2兆円	6.4兆円	27.2兆円	80兆円
2020年	42兆円	17兆円	9兆円	32兆円	100兆円

2018年から2019年で増加額が2番目に大きいのはその他の4.2兆円です。
割合の増加が2番目に大きい半導体を選んではいけません。

⑶ 答え：D
A　割合は減少し続けますが額は2020年に増加に転じます。　→　×
B　輸出額は増加し続けます。　→　×
C　割合では2倍となりますが、増加額では2019年から2020年の方が大きくなる。　→　×
D　2018年の鉄鋼は2.1兆円、2020年の自動車は42兆円で20倍です。　→　○
E　2018年は$58+3=61\%$　→　×

言語分野

⑴ 答え：E
A：目先にとらわれて同じ結果になることがわからない、B：宇宙空間に存在する一切のものごと、C：行動などが非常に迅速、D：自然の美しい景色

⑵ 答え：C
A：黙ってなすべきことを実行する、B：もってのほか、許せない、D：お互いの気持ちが合う、E：自分が思うことが言葉を使わなくても相手に伝わること

⑶ 答え：C

A：呼び起こす、呼び覚ます、B：論理的に筋道を立てて考える、D：繰り返し考える、よく味わう、E：目的を達するまでどこまでも追い求める

⑷ 答え：B

A：呆れていやになる、C：出し抜いてびっくりさせる、D：恥をかかせる、E：そっけない態度をとる

⑸ 答え：A

「創業」は、新しく業を営むこと。「廃業」は営業を止めることなので反対語(反意語)の関係

⑹ 答え：D

「綿密」は注意が行き届いて、手ぬかりがないこと。「杜撰」は「いいかげんなこと」。反対語(反意語)の関係。

⑺ 答え：B

「努める」は、事をなしとげるため力を尽くす。「怠る」は、やろうとしない気持ち。反意語の関係。

⑻ 答え：A

「ひるむ」は「しり込みする」「気後れする」という意味。反対語は「勇む」。

⑼ 答え：A

コロナで会社を休む：「原因(〜のために)」の働き

A：「原因」の働き、B：「目的(〜について)」の働き、C：「動作・作用の期限・限度」の働き、D：「場所」の働き、E：「手段・方法(〜を使って)」の働き

⑽ 答え：D

ボッチャをしたことがない：「経験」の働き

A：「伝聞」の働き、B：「習慣」の働き、C：「内容」の働き、D：「経験」の働き、E：「必要」の働き

⑾ 答え：D

「スマホ：多機能通信」の関係は、「製品：用途」の関係。

⑿ 答え：A

「フェンシング：スポーツ」は「フェンシング＜スポーツ」の包含関係。イの「チェア：テーブル」は共に家具の一つ。ウの「建築物：マンション」は、「建築物＞マンション」

で、前後の位置が違う。

⒀ 答え：D

エ—ア—オ—イ—ウ

1文目は本論全体のテーマとなるので、そのような文を選ぶと、(ア)か(エ)になる。(ア)では、森林限界付近を越えたときの説明があり、(エ)を受けていることが分かるため、冒頭は(エ)→(ア)に決まる。その結果、植物の生態変化も起こる：(オ)。それをまとめる内容が続く：(イ)。「つまり」で結ぶ文章で閉める：(ウ)。

また、答えに迷ったら、その順番の選択肢に多く選ばれている文字を選ぶと、合う確率が高い。

⒁ 答え：C

例文は“〜でさえも”と、ましてそれ以上は言うまでもない、ということを表している。

A：“ 〜となっても”

B：“みたいなもの”

C：“ 〜でさえも”

D：“今となっても”

E：“であっても”

の意味。

⒂ 答え：B

例文は「いかにも〜だ」という“ふさわしい”意味の接続助詞。

A：“かもしれない”様態の推測

C：“ 〜のようだ”伝聞

D：“〜のようだ”伝聞

E：“かもしれない”様態の推測

B以外は様態や伝聞を表す推定の助動詞。

⒃ 答え：A

どれが最初の文章なのかを考えながら全体を読んでいくと、「トラ」、「縞模様」、「色」というキーワードが出ているので、テーマはトラの色や模様についてと分かる。そこから初めに来る文を探す。

アは「人間の指紋の場合と同じよう」と何かについての記述の後にくる文である。イは「その模様」となっているので、模様についての記述が先にあるはずである。エだけが「トラ」には「縞模様がある」という条件提示文になっている。エを受けてイが「その模様」について説明し、さらにイのたとえがアであると分かる。よってここまでの順番はエーイーアとなる。次にオは「しかし、冬の野原に出ると」と打ち消しの後、場所が書かれているので、その前に場所が書かれた文がくることになる。よって、残りのウとオでは、「ウ—オ」の順番になる。文章全体の順番は、「エ—イ—ア—ウ—

オ」。

(17) 答え：A
食生活を[1] E：ごく限られた生物種に[2] D：依存していると、[3] C：それらが消滅したときの代用植物が[4] B：非常に限定されたものになるうえ、[5] A：世代を重ねるにつれ遺伝子の均一化が進み、生存力は弱体化する。という文になる。

(18) 答え：B
文章のキーワードは、「ケニア」、「旅」、「讃辞」、「威厳」、「魅力」。ここから、テーマはケニアに関する自然の感動だと分かる。最初の文章は時間、場所など全体の概略が書かれたものが来るのでイになる。そこに関する感動の情報はウとオ。オでは「どれも」といくつかの例を想定した書き方なので、ウ—オになる。ここまでのまとめは「イ—ウ—オ」。
アは話題を変える接続詞「また」があるので次はそれがつづく。よって全体の順序は、「イ—ウ—オ—ア—エ」。

(19) 答え：E
後の部分で詳しく説明している。「ワクワクすること」=「『生命力』のありか」であることをおさえてとらえる。

(20) 答え：C
何に「ワクワクする」のかが分からない。自分の「生命力」のありかが分からない。しかし、現実に私は「苦悩」しているということから、自分の想いと現実の隔たりの中での苦悩（=葛藤）になる。

(21) 答え：D
直前の「私は本当はそんなことをやりたくない。私はもうそんな生き方にうんざりだ」が、現実の自分の状況に対する「何か違うんじゃないか」という感覚の具体例であることから考える。

(22) 答え：A
最終段落の初めの「人生の中で苦悩や違和感があること。それは私たちの『生きる意味の再構築』に必要不可欠である」、最後の「しかし、その『違和感』はむしろ『生きる意味を創り直すこと』のチャンスなのである」より判断する。
要旨は文頭か文章の最後に書かれていることが多いので、そこを重点的に読んでみる。

【第2章】

実践！1日30分

0
日目

第2章　実践！ 1日30分

基本計算の確認

重要度　★

練習日：(　　月　　日)(　　月　　日)(　　月　　日)

「速く」「正確」に解く力をつける。

- 同じ数でまとめ、残りの数を( )に入れる
- 分母をそろえて分子だけ(＋)(－)する
- 一の位が0になるよう数を選ぶ

(答えは別冊 242 ページ)

問題1 □

次の計算をしなさい。

$18\times14+36\times18+21\times50-50\times9$

問題2 □

次の計算をしなさい。

$$\frac{1}{6}+\frac{1}{12}+\frac{1}{20}+\frac{1}{30}+\frac{1}{42}+\frac{1}{56}$$

問題3 □

$98.7^2-21.3^2$を計算しなさい。

問題4 □

次の計算をしなさい。

$19.19+28.28+37.37+46.46+55.55+64.64+73.73+82.82+91.91$

問題5 □

次の計算をしなさい。

$(-2)^3\times(-2^4)+(-3^2)\times(-3)^2$

問題6 □

次の式をみたす□の値を求めなさい。

$0.32 \div 0.08 \times \square - 2 \times \square = 0.25$

問題7 □

次の計算をしなさい。

$$1-\frac{1}{2}+\frac{2}{3}-\frac{3}{4}+\frac{4}{5}$$

問題8 □

$(x-1)(x+1)-8+(x+1)(3x+1)$を因数分解しなさい。

問題9 □

$x+y=8$、$xy=5$のとき、$xy-2x-2y$はいくらか。

問題10 □

問題9と同じ条件で、$(2x+y)(x+2y)$はいくらか。

問題11 □

$\frac{3R+1}{2}+\frac{H}{5}=4$ をRについて解きなさい。

問題12 □

N、M、Bは1から9までの互いに異なる整数のとき、$\frac{N+M+B}{NMB}$ の最大値はいくらか。

問題13 □

次の計算をしなさい。

$$0.5 \times \frac{2}{5} + 0.5 \div \frac{5}{8}$$

問題14 □

A、B、C、Dを1桁の正の整数とする。次の等式が成り立つとき、A+B+C+Dはいくらか。

$$\frac{1}{A}-\frac{1}{B}=\frac{1}{12} \quad \frac{1}{C}-\frac{1}{D}=\frac{3}{10}$$

1日目

第2章　実践！ 1日30分

金銭の問題

重要度 ★★★

練習日：(　　月　　日)(　　月　　日)(　　月　　日)

おカネの計算は定価・原価・利益で決まる

定価・原価・利益・売値

①定価＝原価＋利益（原価×x%）

②売値＝定価－割引価格（定価×割引率）

①

②
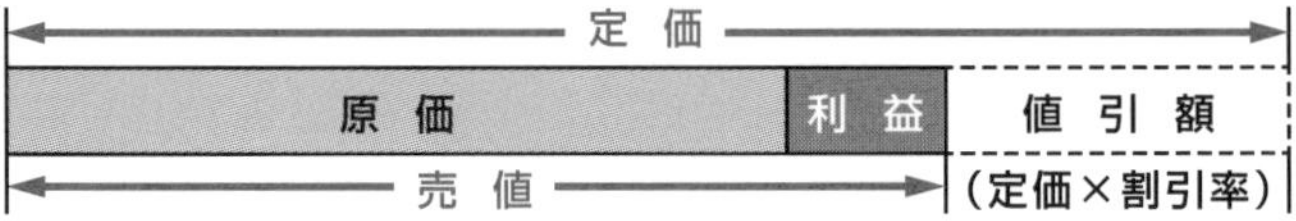

例題1　□

5000円で仕入れた商品に30%の利益を加えた定価はいくらか。

A 6200円　**B** 6500円　**C** 6800円　**D** 7000円　**E** 7200円

【解き方】

利益＝原価×30%より、5000×30%＝5000×0.3＝1500円

定価＝原価＋利益より、5000＋1500＝6500円　　答え　B　6500円

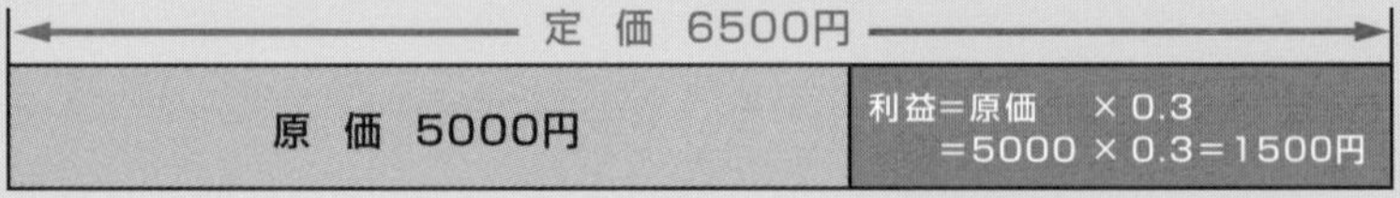

例題2 □

定価10000円の商品を25%引きで売ったときの売値はいくらか。

A 6000円 **B** 6500円 **C** 7000円 **D** 7500円 **E** 8000円

【解き方】

「割引額25%」を求める：10000×0.25＝2500円

売値＝定価－割引額より、10000－2500＝7500円　　答え　D　7500円

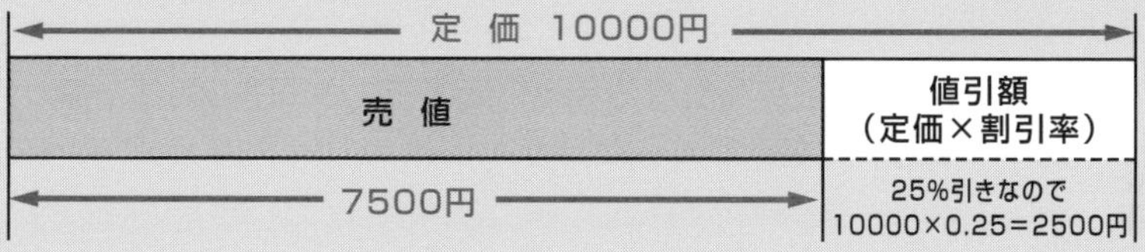

例題3 □

原価が2800円のとき、例題２の商品の利益はいくらか。

A 4600円 **B** 4700円 **C** 5000円 **D** 5100円 **E** 5400円

【解き方】

売値7500円、原価2800円なので、

求める利益は「売値－原価」より

7500－2800＝4700円　　答え　B　4700円

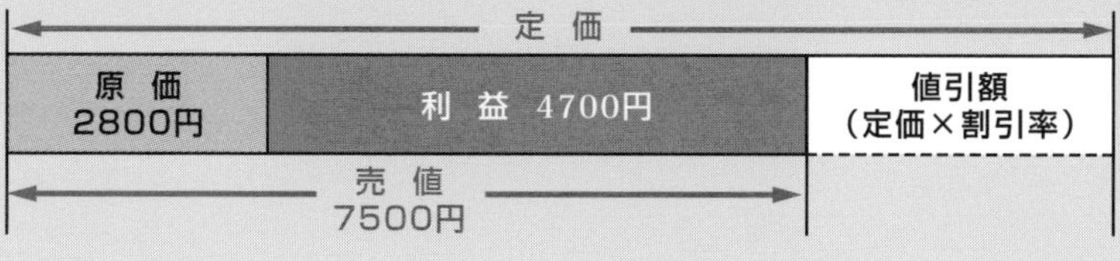

（答えは別冊244ページ）

練習問題 1 金銭の問題	制限時間 12分 （1問平均1分12秒）	1回目□分	/10問
		2回目□分	/10問
		3回目□分	/10問

【問題1】　原価8500円の酒に3割6分の利益を見込んで定価をつけた。定価はいくらか。

A　9830円　　B　10860円　　C　11420円　　D　11560円　　E　12380円

【問題2】　1100円のペンを20%引きで売ったところ、300円の利益があった。このペンの仕入れ値はいくらか。

A　550円　　B　560円　　C　570円　　D　580円　　E　590円

【問題3】　原価4000円の生地で服を作り8割の利益をつけて定価にした。売れ残った服を定価の40%引きにしてアウトレットで売った。このとき利益はいくらか。

A　280円　　B　300円　　C　320円　　D　340円　　E　360円

【問題4】　定価25000円のスーツをセールの時に見たら18750円になっていた。これは定価の何%引きになるか。

A　20%　　B　25%　　C　30%　　D　35%　　E　40%

【問題5】　15000円で仕入れた洋酒を2割8分の利益をのせて定価にした。年末まで売れ残ったので定価の2割引きで売った。このとき利益は原価の何%か。

A　2%　　B　2.1%　　C　2.3%　　D　2.4%　　E　2.6%

【問題6】 原価2400円のメロンを定価の4割引きで売り、原価の2割の利益を得るためには定価をいくらにすればいいか。

A 3800円　B 4000円　C 4200円　D 4500円　E 4800円

【問題7】 あるケーキを定価の7%引きで売ったら304円の利益があり、10%引きで売ると145円の利益になった。このケーキの原価はいくらか。

A 4580円　B 4625円　C 4825円　D 4850円　E 4985円

【問題8】 輸入小物を仕入れ値の40%の利益を見込んで定価をつけた。これをバーゲンで定価の1割5分引いて売ったために利益は1140円になった。この輸入小物を定価で売っていたらいくらの利益になっていたか。

A 2400円　B 2500円　C 2800円　D 2900円　E 3200円

【問題9】 定価7200円のパンツを定価の25%引きで売ると、原価の8%の利益があった。この商品の原価はいくらか。

A 4800円　B 5000円　C 5200円　D 5500円　E 5800円

【問題10】 ある傘がセールの時に定価の15%引きで売られた。それが年末にさらに20%引きになった。このときその値段は定価の何%値下がりしたことになるか。

A 26%　B 28%　C 30%　D 32%　E 34%

（答えは別冊246ページ）

練習問題 2 金銭の問題	 制限時間 **14** 分 （1問平均1分24秒）	1回目　□　分	/10問
		2回目　□　分	/10問
		3回目　□　分	/10問

【問題1】　定価6000円の商品を2700円値引きして売値をつけた。この売値は定価の何％か。

A　45％　　B　50％　　C　55％　　D　60％　　E　65％

【問題2】　180gで200円の商品を何％値下げしたら、150gで160円になるか。

A　4％　　B　5％　　C　6％　　D　7％　　E　8％

【問題3】　15000円の4割は8000円の何％になるか。

A　55％　　B　60％　　C　65％　　D　70％　　E　75％

【問題4】　原価6000円で仕入れたワインを15％の利益を見込んで定価をつけた。3ダース売れたときの利益はいくらか。

A　28200円　　B　30200円　　C　31500円　　D　32400円　　E　34800円

【問題5】　スーツに定価の15％引きで値段をつけたら20400円だった。このスーツの定価はいくらか。

A　22500円　　B　23800円　　C　24000円　　D　25000円　　E　26200円

【問題6】 ある靴を定価の25%引きで売ると1200円の利益があり、30%引きで売ると800円の利益があった。この商品の仕入値はいくらか。

A 3500円　B 3800円　C 4000円　D 4500円　E 4800円

【問題7】 定価36000円の時計を定価の25%引きで売ると、原価の8%の利益がある。この時計の原価はいくらか。

A 20000円　B 22000円　C 24000円　D 25000円　E 28800円

【問題8】 ある商品を定価の10%引きで売ると3800円の利益があり、定価の25%引きで売ると1000円損になる。この商品の原価はいくらか。

A 20000円　B 22000円　C 24000円　D 25000円　E 28800円

【問題9】 AとBの2つの商品がある。Aは原価の60%増しの定価がつけられ、Bは原価の80%増しの定価がついている。Aを1つとBを2つ定価で買うと合計58000円で、Aの定価はBの定価より9400円高い。Bの定価を求めなさい。

A 12000円　B 14200円　C 15400円　D 16200円　E 18800円

【問題10】 原価2000円の品物に原価にいくらか利益を見込んで定価をつけたが売れなかったので、大売出しの日に定価から割引して売った。このとき利益の割合の半分の割合で割引きをして売ったところ利益が240円あった。利益は原価の何%だったか。

A 30%　B 32%　C 35%　D 40%　E 42%

2日目

第2章　実践！ 1日30分

金銭の精算

重要度 ★★★

練習日：(　　月　　日)(　　月　　日)(　　月　　日)

参加者の支払いを割り勘する

1人分の金額＝合計金額÷人数

支払った金額ー1人分の金額＝返してもらう金額

1人分の金額ー支払った金額＝さらに払う金額

例題　□

Nさん、Mさん、Bさんの3人で食事をした。Nさんは3000円、Mさんは4500円支払った。

① 支払った合計金額はいくらか。

A 1500円　**B** 3000円　**C** 4500円　**D** 7500円　**E** 10000円

② 3人とも均等に支払う場合、1人分はいくらになるか。

A 1250円　**B** 1500円　**C** 2000円　**D** 2250円　**E** 2500円

③ BさんはNさんにいくら払えばよいか。

A 500円　**B** 750円　**C** 1000円　**D** 1250円　**E** 1500円

④ BさんはMさんにいくら払えばよいか。

A 1000円　**B** 1250円　**C** 1500円　**D** 1750円　**E** 2000円

【解き方】

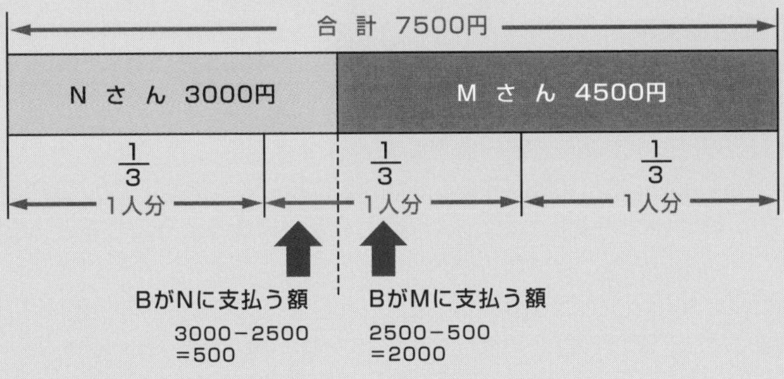

① 合計金額を求める：3000＋4500＝7500円
NとMが支払った金額の合計がすべてになる。

答え D 7500円

② 1人分の支払い額を求める
「全体÷人数」より、7500÷3＝2500円

答え E 2500円

③ **BがNとMに支払う金額を求める**
Nは3000円支払っているが、1人分2500円でいいので
NがBから受け取れる金額：3000−2500＝500円

答え A 500円

④ Mは4500円払っているので、同様に
MがBから受け取れる金額：4500−2500＝2000円

答え E 2000円

(答えは別冊 248 ページ)

練習問題 1 金銭の精算	制限時間 **5** 分 (1 問平均 1 分 15 秒)	1 回目　　分	／4 問
		2 回目　　分	／4 問
		3 回目　　分	／4 問

【問題1】 W、B、Cの3人で飲み会をした。代金は全部で18000円だった。Wが8000円、Bが10000円支払った。そのあと入ったカラオケ代はCがまとめて4800円支払った。3人が同じ支払いになるようにすると、CはBにいくら払うことになるか。

A　2400円　**B**　2800円　**C**　3200円　**D**　4800円　**E**　5200円

【問題2】 MとHが2人で飲み会をした。会計をするときMはHのお金10000円を預かって支払いをした。代金は13000円だったのでMが3000円不足分を支払った。HはMに先月4000円借りていた。そして精算の時MがHに「君から預かった10000円を持って行ったが4000円貸していたので6000円を預かったことになる。支払いで3000円私が立て替えたので、差額の3000円を折半して1500円をあなたに払えば精算ができる」と話した。Mはいくら損をするか。

A　1000円損する　**B**　1500円損する　**C**　2000円損する
D　2500円損する　**E**　3000円損する

【問題3】 Sさん、Kさん、Eさんの3人がバーベキューをした。その際、Sさんは2700円で野菜を買い、Kさんは3300円で肉を買った。Eさんは燃料を調達した。精算する時、SさんはEさんに1600円支払い、KさんはEさんに1000円を支払った。このとき燃料代はいくらだったか。

A　4300円　**B**　4900円　**C**　6400円　**D**　6900円　**E**　7400円

【問題4】 I君、T君が2人で先生の誕生日プレゼントを買いに行った。このときI君は6000円をT君に渡し、T君が10000円のシャツを買った。I君は元々8000円T君に貸していた。シャツ代を同額ずつ負担するとき、どう支払えばいいか。

A　TがIに9000円支払う　**B**　IがTに9000円支払う　**C**　TがIに4500円支払う
D　IがTに4500円支払う　**E**　TがIに1000円支払う

（答えは別冊 249 ページ）

練習問題 2 金銭の精算	制限時間 6 分 （1 問平均 1 分 30 秒）	1 回目　　分	／4 問
		2 回目　　分	／4 問
		3 回目　　分	／4 問

L、M、SがKのために合格祝いをした。Lは24000円の鞄を買い、Mは8000円の万年筆を買った。Sがタクシー代を出した。それまでにSはLから2000円、Mから3000円お金を借りていた。Kの家に入る前に代金の精算を行ったとき、LはMから3900円もらった。

【問題1】 1人分の支払額はいくらになるか。

A 8200円　B 8900円　C 10200円　D 11900円　E 12100円

【問題2】 Sが払ったタクシー代はいくらか。

A 2400円　B 2900円　C 3400円　D 3600円　E 3700円

【問題3】 借りたお金を考えない場合、誰が誰にいくら支払えばいいか。AからJの中から選べ。

A MはLに3900円支払う
B SはLに8200円支払う
C MはLに2000円、SはLに8000円支払う
D MはLに2400円、SはLに8200円支払う
E MはLに3900円、SはLに8000円支払う
F MはLに4100円、SはLに8200円支払う
G MはLに3200円、SはLに8000円支払う
H MはLに3900円、SはLに8200円支払う
I MはLに4100円、SはLに8000円支払う
J AからIのいずれでもない

【問題4】 SがLにすべての精算として支払った金額はいくらか。

A 8400円　B 9200円　C 10200円　D 11900円　E 12100円

第2章　実践！1日30分

3日目

金銭の分割（分割払い）

重要度 ★★★

練習日：(　月　日)(　月　日)(　月　日)

ローンの支払額などの分割払いの考え方

1回の支払額＝（全体－支払分）÷回数

支払総額 ＝ 1として割合を考える

例題1 □

沖縄旅行のために旅行代金の支払額の40%を頭金に支払った。残りを10回払いにするとき、1回分の支払額は全体のいくら分になるか。但し利息はかからないものとする。

A $\frac{3}{20}$　B $\frac{5}{24}$　C $\frac{3}{25}$　D $\frac{5}{36}$　E $\frac{3}{50}$

【解き方】

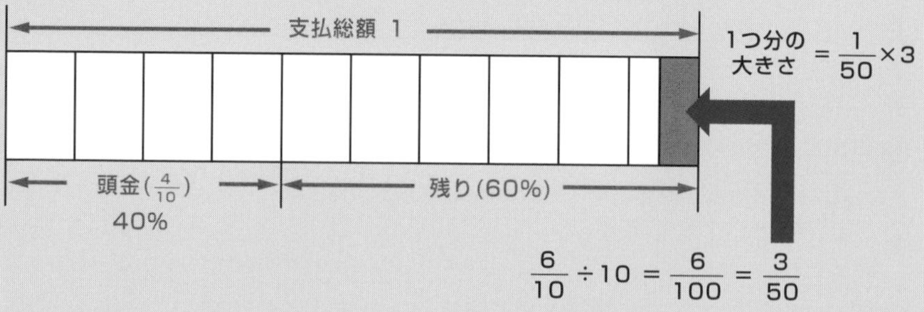

●全体＝1とする

●残額を求める：頭金40%($\frac{4}{10}$)をひいた残りなので、$1-\frac{4}{10}=\frac{6}{10}$

●1回分の大きさを計算する：

これを10回で割った1回分は、$\frac{6}{10}\div 10=\frac{6}{100}=\frac{3}{50}$

答え　E $\frac{3}{50}$

例題2　□

例題1のあと残額を7回まで支払ったとき、残額は全体のいくら分になっているか。

A $\frac{1}{50}$　**B** $\frac{7}{50}$　**C** $\frac{9}{50}$　**D** $\frac{17}{50}$　**E** $\frac{27}{50}$

【解き方】

●7回支払ったので、残りは3回分になっているので、$\frac{3}{50}\times 3=\frac{9}{50}$

または、

●全体が1で、頭金40%($\frac{2}{5}$)なので、残りは$\frac{3}{5}=(\frac{30}{50})$

$\frac{3}{50}$を7回支払ったので$\frac{3}{50}\times 7=\frac{21}{50}$　よって、$\frac{30}{50}-\frac{21}{50}=(\frac{9}{50})$

答え　C $\frac{9}{50}$

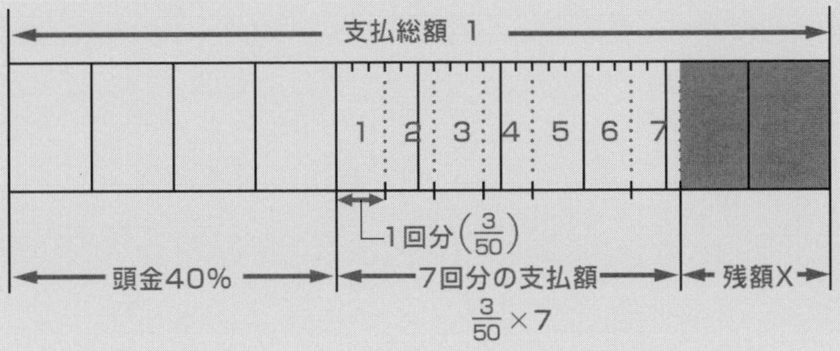

（答えは別冊250ページ）

練習問題 金銭の分割（分割払い）	制限時間 9分 （1問平均1分）	1回目 □ 分	／9問
		2回目 □ 分	／9問
		3回目 □ 分	／9問

パソコンを買うときに価格の1/3を頭金に支払った。残りを5回均等で支払うことにした。但し利息はかからないものとする。

【問題1】　1回目の支払額は総額のいくら分になるか。

A $\frac{2}{15}$　　B $\frac{3}{15}$　　C $\frac{4}{15}$　　D $\frac{5}{15}$　　E $\frac{7}{15}$

【問題2】　3回支払った後の支払合計は、総額のいくら分になるか。

A $\frac{2}{15}$　　B $\frac{7}{15}$　　C $\frac{8}{15}$　　D $\frac{11}{15}$　　E $\frac{13}{15}$

家のリフォームをした後、支払を何回かで終えるようにした。1回目にまず総額の$\frac{1}{6}$を支払った。但し利息はかからないものとする。

【問題3】　残りを8回で終えるように組んで3回支払った場合、支払額は全体のいくら分か。

A $\frac{15}{48}$　　B $\frac{17}{48}$　　C $\frac{19}{48}$　　D $\frac{21}{48}$　　E $\frac{23}{48}$

【問題4】　2回目に総額の$\frac{2}{3}$を支払った。3回目にすべて支払う。3回目は2回目のいくら分になるか。

A $\frac{2}{5}$　　B $\frac{1}{6}$　　C $\frac{1}{3}$　　D $\frac{1}{4}$　　E $\frac{3}{4}$

スマートフォンを買い替えた。購入時に総額の$\frac{1}{10}$を支払い、残りの支払いを12回の均等払いにした。但し利息はかからないものとする。

【問題5】　残りの1回分の支払額は全体のどれだけに当たるか。

A　$\frac{1}{20}$　　B　$\frac{2}{30}$　　C　$\frac{3}{40}$　　D　$\frac{4}{50}$　　E　$\frac{6}{50}$

【問題6】　4回目の支払いが終わった時点で、残額は全体のどれだけに当たるか。

A　$\frac{3}{10}$　　B　$\frac{2}{5}$　　C　$\frac{1}{2}$　　D　$\frac{4}{5}$　　E　$\frac{3}{5}$

ある実験の観察をするのに、最初にKが4日行って全体の$\frac{1}{5}$を終えた。残りをJが1人で観察したところ、Kが始めてから16日で仕上がった。

【問題7】　Kが1日にする仕事量は、Jが1日でする仕事量のどれだけに当たるか。

A　$\frac{3}{2}$　　B　$\frac{2}{3}$　　C　$\frac{3}{4}$　　D　$\frac{4}{3}$　　E　$\frac{1}{15}$

【問題8】　9日目を終えたときに、この観察は全体のどれだけ終了したことになるか。

A　$\frac{2}{5}$　　B　$\frac{7}{15}$　　C　$\frac{3}{5}$　　D　$\frac{5}{12}$　　E　$\frac{8}{15}$

【問題9】　残りが全体の$\frac{1}{5}$になるのに、J１人で仕事をするとあと何日かかるか。

A　3日　　B　4日　　C　5日　　D　6日　　E　7日

第2章　実践！1日30分

4日目 代金と個数

重要度 ★

練習日：(　　月　　日)(　　月　　日)(　　月　　日)

求める数を x として方程式を立てる

1. 個数の式を立てる

2. 代金の式を立てる

3. 求める数 x が残るように残りの数 y を消す

例題1 □

1本70円のマーカーと1本100円のサインペンを合わせて16本買ったら1300円だった。マーカーは何本買ったか。

A 4本　　B 6本　　C 8本　　D 10本　　E 12本

【解き方】

マーカーの数を x 本、サインペンを y 本とする

個数の式：マーカーとサインペン合わせて16本なので、

$x + y = 16$ …… ①

代金の式：マーカーの代金は、1本70円で x 本買うので、$70x$ 円

サインペンの代金は、1本100円で y 本買うので、$100y$ 円

合計が1300円より、

$70x + 100y = 1300$ …… ②

連立方程式をたてて求める値を計算する。

$$x + y = 16 \quad \cdots\cdots ①$$
$$70x + 100y = 1300 \quad \cdots\cdots ②$$

これを解くときにマーカーの本数を知りたいので、サインペンの数を揃えて0にする。

① ×100 − ②

$$\begin{array}{rrcl} & 100x + 100y & = & 1600 \\ -) & 70x + 100y & = & 1300 \\ \hline & 30x & = & 300 \\ & x & = & 10 \end{array}$$

答え　D　10本

例題2　□

賞金を2人で分けたら、安倍さんは全体の$\frac{3}{4}$より6000円少なく、小池さんは全体の$\frac{1}{3}$より1000円多かった。この賞金はいくらだったか。

A 52000円　**B** 54000円　**C** 56000円　**D** 58000円　**E** 60000円

【解き方】

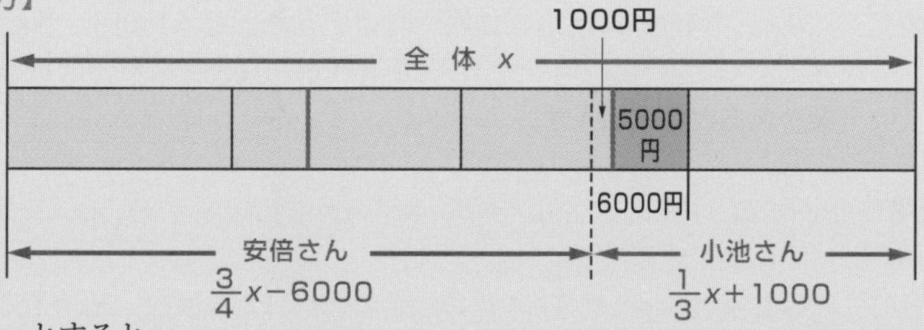

全体を x とすると、

安倍さんは、全体の$\frac{3}{4}$より6000円少ないので、$\frac{3}{4}x - 6000$　…… ①

小池さんは、全体の$\frac{1}{3}$より1000円多かったので、$\frac{1}{3}x + 1000$　…… ②

① ＋ ② ＝ 全体 x なので

$$(\frac{3}{4}x - 6000) + (\frac{1}{3}x + 1000) = x$$

xの分母を揃える、

$$\frac{3}{4}x + \frac{1}{3}x - x = 6000 - 1000$$
$$\frac{9}{12}x + \frac{4}{12}x - \frac{12}{12}x = 5000$$
$$\frac{1}{12}x = 5000$$
$$x = 5000 \times 12$$
$$x = 60000$$

答え　E　60000円

（答えは別冊 253 ページ）

練習問題 代金と個数	制限時間 12分 （1問平均1分30秒）	1回目　□　分	／8 問
		2回目　□　分	／8 問
		3回目　□　分	／8 問

【問題1】 同じ値段のみかんを20個買おうと思ったが、持っていたお金では300円足りないことがわかった。そこでみかんを15個にしたら400円残った。持っていたお金はいくらだったか。

A　2500円　　B　2800円　　C　3000円　　D　3200円　　E　3500円

【問題2】 麻友さんは36000円、彩香さんは20000円持っていました。2人とも同じチケットを買ったので麻友さんの残金は彩香さんの残金の3倍になった。チケット1枚の値段はいくらですか。

A　8000円　　B　9000円　　C　10000円　　D　11000円　　E　12000円

【問題3】 この街の路線バスは全区間同一料金で、おとなは160円、子どもは80円である。おとなと子どもが15人乗って1920円支払った。このバスに乗ったおとなは何人か。

A　8人　　B　9人　　C　10人　　D　11人　　E　12人

【問題4】 ほうじ茶600ｇと煎茶200ｇの代金の合計は2960円で、ほうじ茶400ｇと煎茶500ｇの代金の合計は4100円である。それぞれ100ｇずつの値段の合計はいくらか。

A　880円　　B　890円　　C　900円　　D　910円　　E　920円

【問題5】 妹と兄の持っていた金額の比は2:5であった。兄が持っていたお金から3000円を妹に渡したので、兄の金額は妹の金額の2倍より4200円少なくなった。妹は最初いくら持っていたか。

A　8800円　　B　9000円　　C　9200円　　D　9600円　　E　9800円

【問題6】 ある輸入小物の原価は1個250円である。この商品を何個か仕入れ、原価の30％の利益を見込んで定価をつけて販売したところ、10個売れ残ったが利益は2750円であった。この小物をいくつ仕入れたか。

A 56個　B 60個　C 64個　D 72個　E 80個

【問題7】 もも5個となし6個買うと1530円になる。ところがももは10個買うと1個の値段が20円ずつ値引きされる。そこでもも10個となし4個を買ったら代金は1820円だった。値引き前のもも1個の値段となし1個の値段を求めなさい。

A もも120円　なし150円
B もも130円　なし140円
C もも140円　なし130円
D もも150円　なし120円
E もも150円　なし130円
F もも160円　なし150円
G もも160円　なし120円
H もも180円　なし150円
I AからHのいずれでもない

【問題8】 2種類のワインP、Qがある。Pを原価より3割高く売り、Qを原価より300円安く売ると、合計で1500円利益がある。Pを原価より300円安く売り、Qを原価より30％高く売ると合計で300円利益がある。このときP、Qの原価を求めなさい。

A Pは6000円　Qは5000円
B Pは3000円　Qは4000円
C Pは4000円　Qは3000円
D Pは5000円　Qは2000円
E Pは3000円　Qは3000円
F Pは4000円　Qは4000円
G Pは6000円　Qは2000円
H Pは3000円　Qは5000円
I AからHのいずれでもない

5
日目

第2章　実践！ 1日30分

速さ・時間・距離

重要度 ★★★

練習日：(　　月　　日)(　　月　　日)(　　月　　日)

ハジキの基本をおさえる

1. 距離 ＝ 速さ×時間

2. 時間 ＝ 距離÷速さ

3. 速さ ＝ 距離÷時間

㋖ョリ
㋩ヤサ × ㋜カン

※キョリは
必ず分子

例題1　□

時速85ｋｍの列車が3時間に進む距離は何kmか。

【解き方】

「距離＝速さ×時間」より、85×3＝255km

答え　255km

例題2　□

405ｋmの道のりを時速90ｋmで走ったときにかかる時間はいくらか。

【解き方】

「時間＝距離÷速さ」より、405÷90＝4.5時間

答え　4.5時間

例題3　□

2時間で120ｋm走る列車の時速はいくらか。

【解き方】

「速さ＝距離÷時間」より、120÷2＝60km/時

※単位は「km÷時間」なので、「km/時」

答え　60km/時

例題4　□

360kmの道のりを分速2kmで進むときにかかる時間はいくらか。

【解き方】

単位をkmと時間にあわせる。

「分」を「時」にするので、× 60する。

分速2kmを時速に替える。2 × 60 ＝ 120km/時

時速120kmで360kmの道のりを進むときにかかる時間になる。

360 ÷ 120 ＝ 3時間

答え　3時間

覚えておこう！

※1時間＝60分＝3600秒

※時速60kmと分速1kmは同じ速さ

（答えは別冊 255 ページ）

練習問題 1

速さ・時間・距離

制限時間 4分
（1問平均30秒）

1回目	□分	/8問
2回目	□分	/8問
3回目	□分	/8問

【問題1】 時速72kmは秒速何mか。

A　16m/秒　B　20m/秒　C　24m/秒　D　30m/秒　E　36m/秒

【問題2】 分速64mで歩く人が40分で歩く距離は何mか。

A　2340m　B　2460m　C　2480m　D　2520m　E　2560m

【問題3】 900mの道のりを分速50mで歩くときにかかる時間は何分か。

A　11分　B　12分　C　15分　D　18分　E　21分

【問題4】 20分で1km歩く人の速さは分速何mか。

A　20m/分　B　30m/分　C　40m/分　D　50m/分　E　60m/分

【問題5】 分速240mの自転車が35秒間に進む距離は何mか。

A　120m　B　130m　C　140m　D　150m　E　160m

【問題6】 546kmの距離を時速210kmで走るときにかかる時間は何分か。

A　56分　B　128分　C　143分　D　156分　E　164分

【問題7】 分速400mの自転車が24km進むのにかかる時間は何時間か。

A　0.6時間　B　1時間　C　1.2時間　D　1.6時間　E　1.8時間

【問題8】 秒速12mで走る選手の速さは時速何kmか。

A　40.2km/時　B　41.2km/時　C　41.3km/時

D　42.3km/時　E　43.2km/時

（答えは別冊 255 ページ）

練習問題 2

速さ・時間・距離

制限時間 **8** 分

（1 問平均 2 分）

1 回目	□ 分	／4 問
2 回目	□ 分	／4 問
3 回目	□ 分	／4 問

【問題1】 A市からB町まで3日かけて移動した。1日目は24km進み、2日目はB町までの残りの距離の $\frac{2}{3}$ を歩いた。3日目は全体の距離の $\frac{2}{9}$ を歩いてB町に着いた。A市からB町までの距離は何kmか。

A 56km　**B** 64km　**C** 72km　**D** 86km　**E** 92km

【問題2】 妹は家から2kmのところにある体育館に向かって走って行った。兄は妹が家を出てから15分後に同じ道を自転車で追いかけた。兄ははじめ毎分200mの速さで追いかけたが、5分たっても妹に追いつけなかった。そこで兄はこのままでは追いつかないのではと思いスピードを分速240mに上げてさらに追いかけた。妹の歩く速さは毎分80mである。家から何mの位置で追いつくか。

A 1700m　**B** 1750m　**C** 1800m　**D** 1850m　**E** 1900m

【問題3】 直君と虎君が同時にホールを出て大学までの道を往復する。2人は大学から13mのところで出会い、直君がホールに戻った時、虎君はホールの50m手前にいた。ホールと大学との距離は何mか。

A 144m　**B** 210m　**C** 264m　**D** 325m　**E** 386m

【問題4】 本社Nから36km離れたL研究所まで往復した。行きは本社Nから2時間歩き、タクシーに乗って42分後にL研究所に着いた。帰りは研究所Lから1時間歩き、そこからタクシーに乗り、48分で本社Nに戻った。このとき、タクシーの速さは時速何kmだったか。但し歩く速さとタクシーの速さはそれぞれ一定であるとする。

A 36km/時　**B** 40km/時　**C** 42km/時　**D** 46km/時　**E** 52km/時

6日目

第2章　実践！1日30分

旅人算

重要度 ★★★

練習日：（　月　日）（　月　日）（　月　日）

2つの向きに進むモノの距離と時間・速さを求める

［1分ごとの2人の距離］

1. 同じ方向に進む（2 人の速さの差）

2. 反対方向に進む（2 人の速さの和）

例題1　□

40m/分で歩く雄大君と30m/分で歩くウイカさんが、1周350mの校庭を同じ位置から同時に出発する。2人が同じ向きに進むとき雄大君がウイカさんに追いつくのは何分後か。

【解き方】

同じ向きに出発する場合、1分ごとの2人の距離＝2人の速さの「差」

① 1分後の二人の距離の差：40－30＝10m

②「全体の距離÷2人の速さの差＝再び出会う時間」より、

：350÷10＝35分後

答え　35分後

例題2　□

2人が反対の方向に進む場合、2人が出会うのは出発してから何分後か。

【解き方】

反対に進む場合：1分ごとの2人の距離＝2人の速さの「和」

① 1分後の2人の差は、40＋30＝70m

②「全体の距離÷2人の速さの和＝再び出会う時間」より、

350÷70＝5分

答え　5分後

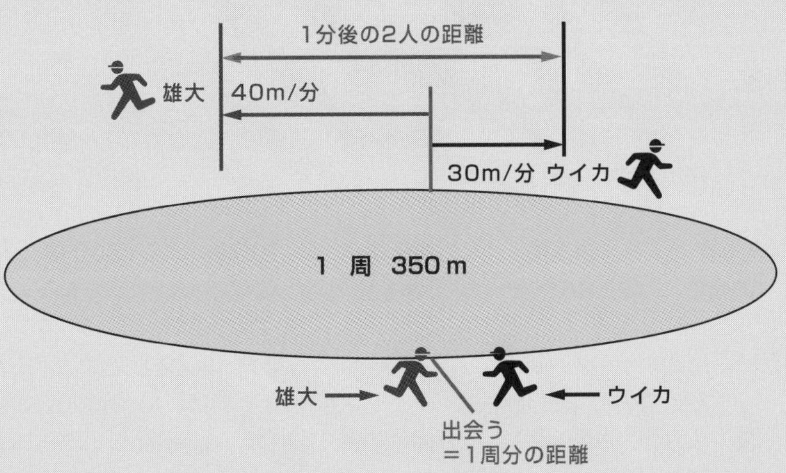

覚えておこう！

・追いつく：速いほうが1周分多く進む

・出会う：2人の進んだ距離の合計が1周分

（答えは別冊257ページ）

練習問題 旅人算	制限時間 **16**分 （1問平均2分）	1回目　　分	／8問
		2回目　　分	／8問
		3回目　　分	／8問

【問題1】　1周14kmのランニングコースをVさんとNさんが同じ地点から反対方向に走っていく。Vさんは時速15km、Nさんは時速20kmで走る時、2人が出会うのは何分後か。

A　8分後　　B　10分後　　C　12分後　　D　15分後　　E　18分後
F　20分後　　G　24分後　　H　36分後　　I　AからHのいずれでもない

【問題2】　バス停から合宿所まで21kmある。Jは時速6kmでバス停から合宿所に向かい、Pは合宿所から時速8kmでバス停に向かった。2人が同じ時間に出発すると出会うのは何分後か。

A　50分後　　B　60分後　　C　70分後　　D　80分後　　E　90分後
F　100分後　　G　110分後　　H　120分後　　I　AからHのいずれでもない

【問題3】　周囲6kmの城がある。この城をAは自転車で、Bは徒歩で同じところから反対方向に出発する。2人が同時に出発すれば、AとBは20分後に出会うが、AがBよりも12分遅れて出発すれば、Aが出発してから18分後にBと出会う。このとき、A、Bが同時に出発した時、1分後の2人の距離を求めよ。

A　200m　　B　250m　　C　300m　　D　350m　　E　400m
F　450m　　G　500m　　H　550m　　I　AからHのいずれでもない

【問題4】　円形のランニングコースをカスミさんは14km/時、タオさんは10km/時で走る。同じ地点から同時に反対方向に進むと8分で2人は出会った。このランニングコースの長さはいくらか。

A　2000m　　B　2200m　　C　2600m　　D　2800m　　E　3000m
F　3200m　　G　3500m　　H　3800m　　I　AからHのいずれでもない

【問題5】 1周10kmの池の周りを彩は18km/時、由紀は15km/時の自転車で走る。彩がスタートした30分後に由紀が同じ方向に走っていった。このとき、彩が最初に由紀を追い越すのは、由紀がスタートしてから何分後か。

A 5分後　B 8分後　C 12分後　D 15分後　E 18分後
F 20分後　G 21分後　H 24分後　I AからHのいずれでもない

【問題6】 1周4.5kmのサイクリングコースを梨乃さんは18km/時で、麻友さんは15km/時で走る。同じ地点から走る時、麻友さんが出発して7分後に梨乃さんが同じ方向に走っていった。梨乃さんが麻友さんに追いつくのは、梨乃さんが出発してから何分後か。

A 5分後　B 5.5分後　C 6分後　D 6.5分後　E 7分後
F 7.5分後　G 8分後　H 8.5分後　I AからHのいずれでもない

【問題7】 4.2kmの池の周りをT君とG君が自転車で走る。2人が反対方向に進んだ。T君が18km/時で走ったら8分24秒後にG君と出会った。G君の速さは時速何kmか。

A 5 km/時　B 8 km/時　C 12 km/時　D 15 km/時　E 18 km/時
F 20 km/時　G 21 km/時　H 24 km/時　I AからHのいずれでもない

【問題8】 T君とP君が円形の競技場をジョギングする。T君は4.8km/時で、P君は3.6km/時で進む。P君が5分先に走り出し、T君は同じ位置から同じ方向にP君に向かって走り出した。しばらくするとT君はP君に追いついた。そこは出発地点まであと100mの所だった。この円形競技場の長さはいくらか。

A 1200m　B 1300m　C 1400m　D 1500m　E 1600m
F 1700m　G 1800m　H 1900m　I AからHのいずれでもない

7
日目

第2章　実践！1日30分

時刻表

重要度 ★★★

練習日：(　　月　　日)(　　月　　日)(　　月　　日)

時刻表を使ったハジキの実践問題

1. 時刻表から質問のハ・ジ・キを選び出す

2. 残りの数を条件文から計算する（残りのハ・ジ・キから答えを計算する）

例題　□

時刻表を見て、次の問いに答えよ。

時刻表		
9:30	P駅	発車
:34	Q駅	到着
:35		発車
:38	R駅	到着
:40		発車
:45	S駅	到着

⑴ P駅を9時30分に出発した電車がQ駅に到着した時刻は9時34分だった。P駅とQ駅の距離が4kmのとき、列車の速さは時速何kmか。

A　45km/時　B　50km/時　C　55km/時
D　60km/時　E　65km/時　F　70km/時

⑵ Q駅とR駅の間も同じ速さで進んだ時、Q－R駅間の距離は何kmか。

A　2km　　B　2.5km　　C　3km
D　3.5km　　E　4km　　F　4.5km
G　5km　　H　AからGのいずれでもない

(3) R駅からS駅まで7.5kmの距離を快速に乗り換えた。この列車の速さが90km/時のとき、R－S駅間の乗車時間は何分何秒か。

A　2分10秒　　B　2分48秒　　C　3分15秒
D　3分55秒　　E　4分18秒　　F　4分57秒
G　5分　　H　AからGのいずれでもない

【解き方】

(1) 速さを求めるので、距離と時間がわかればいい。
距離：4km、時間：4分と時刻表からわかるので単位を合わせて計算する。
4km＝4000mなので、「速さ＝距離÷時間」より、
4000÷4＝1000m/分
これを時速に替えるので1時間＝60分より、60倍すればいい。
1000×60＝60000m/時＝60km/時

答え　D　60km/時

(2) 距離を求めるので、速さと時間をさがす。
速さ：60km/時＝1000m/分、時間：38分－35分＝3分
「求める距離＝速さ×時間」より、1000×3＝3000m＝3km

答え　C　3km

(3) 時間を知りたいので、距離と速さをさがす。
距離は7.5km＝7500m、速さは90km/時と書いてある。
これを分速に直すと90000m/時＝90000÷60＝1500m/分
「求める時間＝距離÷速さ」より、7500÷1500＝5分

答え　G　5分

（答えは別冊259ページ）

練習問題 1 時刻表	制限時間 4分 （1問平均1分20秒）	1回目　　分	／3 問
		2回目　　分	／3 問
		3回目　　分	／3 問

ハイキングをするためにN地点に集合した。ここを8時50分にスタートし、M地点まで歩いて行った。そこで30分休憩し、10時5分に歩き始めた。その後10時55分に目的地のB地点に着いた。

ハイキング時刻表

N地点	8:50発	
		3.6km
M地点	9:35着	
	10:05発	
		x km
B地点	10:55着	

【問題1】　N－M間の距離が3.6kmだった。このとき進んだ速さの平均は時速何kmか。

A　4.2km/時　B　4.4km/時　C　4.6km/時　D　4.8km/時　E　5km/時
F　5.2km/時　G　5.4km/時　H　AからGのいずれでもない

【問題2】　N－M間と同じ速さで進んだ場合、M－B間の距離は何kmか。

A　2km　B　2.5km　C　3km　D　3.5km　E　4km
F　4.5km　G　5km　H　AからGのいずれでもない

【問題3】　このハイキングに参加する梨乃さんが遅刻をした。梨乃さんがN地点に着いた時刻は9時35分だった。この時刻から休みなしで進んで行ってB地点に皆と同じ時刻に着こうと思う。梨乃さんは分速何mで行けばいいか。

A　42m/分　B　44m/分　C　46m/分　D　50m/分　E　76m/分
F　95m/分　G　98m/分　H　AからGのいずれでもない

（答えは別冊 260 ページ）

練習問題 2 時刻表	制限時間 **5** 分 （1 問平均 1 分 15 秒）	1 回目 □ 分	／**4** 問
		2 回目 □ 分	／**4** 問
		3 回目 □ 分	／**4** 問

K君は自転車でS駅からU海岸まで走っていった。途中S駅から12km離れたTデパート前で休憩した。Tデパート前からU海岸まではS駅からTデパートまでの速さの1.4倍の速さに変えた。

サイクリング時刻表

	時刻	距離
S駅	出発10:00	
		12km
T店		
	到着10:40	
	出発11:10	
		xkm
U海岸		
	到着11:30	

【問題1】 K君のS－T間の速さは時速何kmか。

A 2km/時　B 14km/時
C 16km/時　D 18km/時
E 20km/時　F 22km/時
G 24km/時　H AからGのいずれでもない

【問題2】 K君のT－U間の速さは時速何kmか。

A 15.2km/時　B 16.4km/時　C 18.6km/時　D 21.8km/時
E 22.2km/時　F 24.8km/時　G 25.2km/時　H AからGのいずれでもない

【問題3】 T－U間の距離は何kmか。

A 8.2km　B 8.4km　C 8.8km　D 9km
E 9.2km　F 9.4km　G 9.6km　H AからGのいずれでもない

【問題4】 S駅－U海岸間の距離を休まずに50分以内で行くためには、時速何km以上の速さで行く必要があるか。

A 18.2km/時　B 20.4km/時　C 21.6km/時　D 22.8km/時
E 23.6km/時　F 24.5km/時　G 25.2km/時　H AからGのいずれでもない

8
日目

第2章　実践！ 1日30分

通過算

重要度 ★★★

練習日：(　　月　　日)(　　月　　日)(　　月　　日)

モノの移動を把握する問題

「長さ」のとらえ方

1. 定点を通過→列車の長さ

2. 固定物を通過→列車＋固定物

3. 列車を通過→２台の列車の長さ

「速さ」のとらえ方

4. すれ違う場合：列車の速さの「和」

追い越す場合：列車の速さの「差」

例題　□

長さ160mの列車が秒速20mで走っている。

⑴ この列車がホームに立っている駅員の前を通過するのにかかる時間は何秒か。

A　4秒　　B　6秒　　C　8秒　　D　10秒　　E　12秒

⑵ この列車が長さ560mの鉄橋を渡り始めてから渡り終わるまでにかかる時間は何秒か。

A　12秒　　B　18秒　　C　24秒　　D　30秒　　E　36秒

(3) この列車がトンネルに入り始めてから完全に抜けるまでの時間が48秒のとき、このトンネルの長さは何mか。

A　560m　　B　640m　　C　800m　　D　960m　　E　1680m

【解き方】

(1)

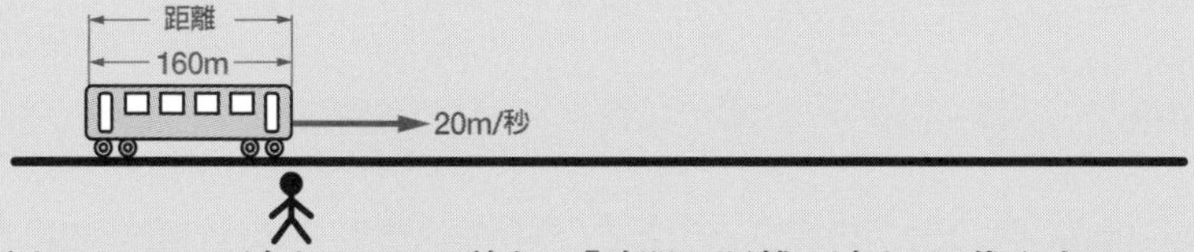

長さ：160m、速さ：20m/秒を、「時間＝距離÷速さ」に代入する。
160÷20＝8秒

答え　C　8秒

(2)

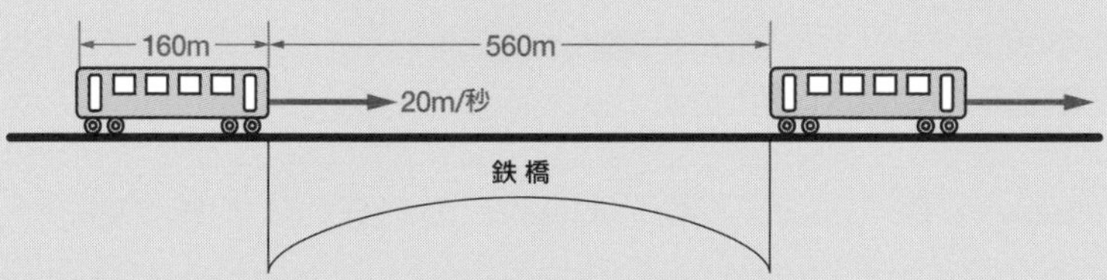

「長さ＝列車＋橋の長さ」より、160＋560＝720m
「時間＝距離÷速さ」より、720÷20＝36秒

答え　E　36秒

(3)

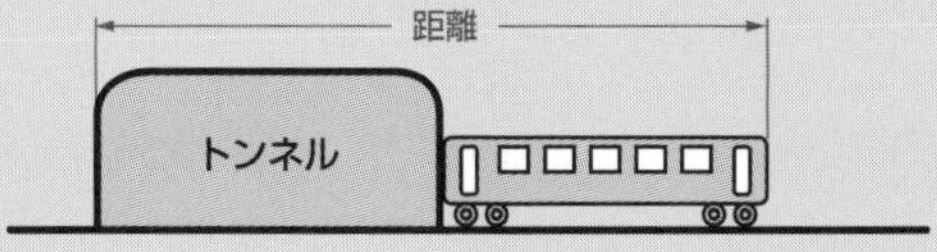

48秒間に列車が進んだ距離は「速さ×時間」より、20×48＝960m
これが「トンネルと列車の和」なので、トンネルの長さは、
960－160＝800m

答え　C　800m

（答えは別冊260ページ）

練習問題 1 通過算	 制限時間 **5** 分 （1問平均1分）	1回目 □ 分	／5 問
		2回目 □ 分	／5 問
		3回目 □ 分	／5 問

【問題1】　長さ240m、秒速15mで走る列車がある。

⑴ 踏切で立っている人を通過するのにかかる時間は何秒か。

A　12秒　　**B**　14秒　　**C**　16秒　　**D**　18秒　　**E**　20秒

⑵ この列車が長さ360mの橋を渡るとき、渡り始めてから渡り切るまでにかかる時間は何秒か。

A　30秒　　**B**　32秒　　**C**　34秒　　**D**　38秒　　**E**　40秒

⑶ この列車が、向かいから来た秒速25mの特急列車とすれ違う時間は15秒だった。この特急列車の長さは何mか。

A　180m　　**B**　200m　　**C**　240m　　**D**　300m　　**E**　360m

【問題2】　山間を走るトロッコ列車が長さ570mのトンネルに入り始めてから完全に抜けるのに30秒かかった。次の長さ1820mのトンネルでは、入り始めてから完全に抜けるのに80秒かかった。

⑴ このトロッコ列車の速さは秒速何mか。

A　18m/秒　**B**　20m/秒　**C**　25m/秒　**D**　28m/秒　**E**　30m/秒

⑵ このトロッコ列車の長さは何mか。

A　180m　　**B**　182m　　**C**　190m　　**D**　192m　　**E**　200m

（答えは別冊 262 ページ）

練習問題 2 通過算	制限時間 4 分 （1 問平均 1 分）	1 回目 □ 分	／4 問
		2 回目 □ 分	／4 問
		3 回目 □ 分	／4 問

【問題1】 一定の速さで走る特急列車が長さ240mの鉄橋を渡り始めてから渡り終わるまで21秒かかり、しばらく走ると長さ1080mのトンネルに入り始めてから抜け出るまでに１分3秒かかった。

⑴ この特急列車の長さは何mか。

A 126m　B 144m　C 156m　D 168m　E 180m

⑵ この列車が2780mのトンネルを通り抜けるとき、トンネルの中に列車が完全に入っている時間は何秒間か。

A 100秒　B 110秒　C 120秒　D 130秒　E 140秒

【問題2】 ２クラスが遠足に出かけ、列を作って歩くと84mの行列になった。途中、つり橋があり、そこを渡った。列が橋を渡るのに3分45秒かかった。この行列の最後尾までがつり橋に入り終わってから先頭が橋を出るまでに15秒かかった。つり橋の長さは何mか。

A 88m　B 90m　C 92m　D 94m　E 96m

【問題3】 列車AがP駅を出発しQ駅まで進む。快速列車BはQ駅からP駅のほうに向かう。列車BがQ駅を出た55秒後に列車AはP駅を出発する。Bの速さが毎秒20m、列車Aが一定の速さでP駅からQ駅まで進むとき、AとBが出合って15秒後に列車BはP駅まで進み、Aは100秒後にQ駅に到着する。このときP駅とQ駅の距離は何mか。

A 1600m　B 1650m　C 1700m　D 1750m　E 1800m

9日目

第2章　実践！ 1日30分

流水算

重要度 ★

練習日：(　月　日)(　月　日)(　月　日)

2つの流れをあわせた速さを求める

「速さ」のとらえ方

1. 上りの速さ（船の速さ－川の流れ）

2. 下りの速さ（船の速さ＋川の流れ）

「船の速さ」だけでなく、「川の流れ」を加えた考え方の問題

例題　□

静水時15km/時で進む船が、流れが時速5kmの川を下る。

(1) この船がこの川をP地点からQ地点まで80km下るのにかかる時間は何時間か。

A　1時間　　B　2時間　　C　3時間　　D　4時間　　E　5時間

(2) この船でこの川をQ地点からP地点まで80km上るのにかかる時間は何時間か。

A　4時間　　B　5時間　　C　6時間　　D　7時間　　E　8時間

【解き方】

(1)

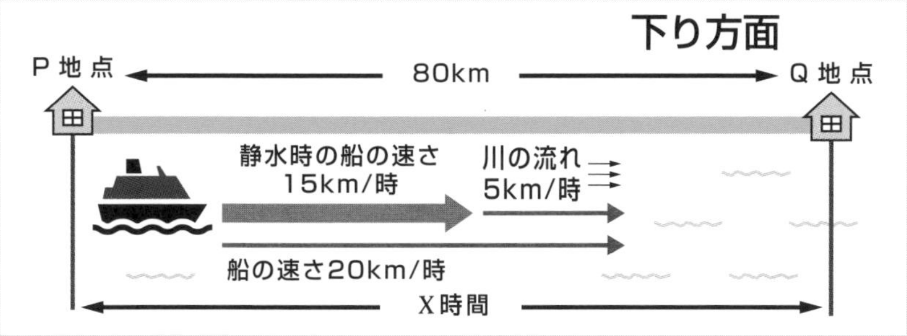

PQ間の距離：80km

下りの速さ（静水時の船の速さ＋川の流れの速さ）＝15＋5＝20km/時

かかる時間 x :「時間＝距離÷速さ」より、80÷20＝4

答え　D　4時間

(2)

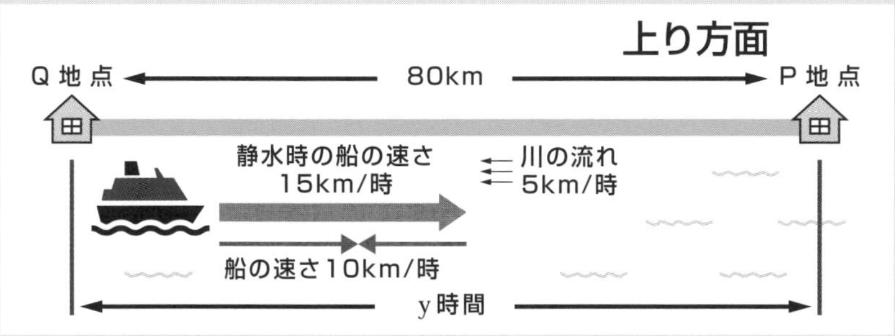

QP間の距離：80km

上りの速さ（静水時の船の速さ－川の流れの速さ）＝15－5＝10km/時

かかる時間 y :「時間＝距離÷速さ」より、80÷10＝8

答え　E　8時間

（答えは別冊 264 ページ）

練習問題 流水算	制限時間 **10**分 （1問平均1分25秒）	1回目　　分	／7 問
		2回目　　分	／7 問
		3回目　　分	／7 問

【問題1】　T乗場からG乗場まで24kmある川を船で往復すると、上りは4時間かかり、下りは3時間かかった。

(1) この川の流れの速さは時速何kmか。

A　0.2km/時　**B**　0.4km/時　**C**　0.6km/時　**D**　0.8km/時　**E**　1km/時

(2) 静水時の船の速さは時速何kmか。

A　4km/時　**B**　5km/時　**C**　6km/時　**D**　7km/時　**E**　8km/時

【問題2】　2地点P－Q間を流れる川がある。この距離は12kmある。ここを船で往復するのに上りは5時間、下りは3時間かかった。このとき川の流れの速さは時速何kmか。

A　0.4km/時　**B**　0.5km/時　**C**　0.6km/時　**D**　0.7km/時　**E**　0.8km/時

【問題3】　上流にあるK市から18km下流にあるG町に流れる川がある。この川をG町からK市へ上っていくのに2時間かかる船が、K市からG町へ下るのにかかる時間は何時間何分か。但し静水時の船の速さは一定である。また川の流れの速さは3km/時である。

A　1時間6分　**B**　1時間12分　**C**　1時間15分　**D**　1時間18分　**E**　1時間20分

【問題4】　ある日、船で126kmの川を上った。その時にかかった時間は14時間だった。次の日、雨の後増水して川の流れは昨日の1.2倍になっていたので、同じところを上るのに15時間かかった。この船の静水時の速さは時速何kmか。

A　10km/時　**B**　12km/時　**C**　13km/時　**D**　14km/時　**E**　15km/時

【問題5】 遊覧船Hは静水時18km/時の速さで、ある川のP地点からQ地点を往復する。また遊覧船Rも静水時の速さが18km/時でQ地点を出発してP地点との間を往復する。次のグラフは遊覧船HとRの位置の関係を表したものである。

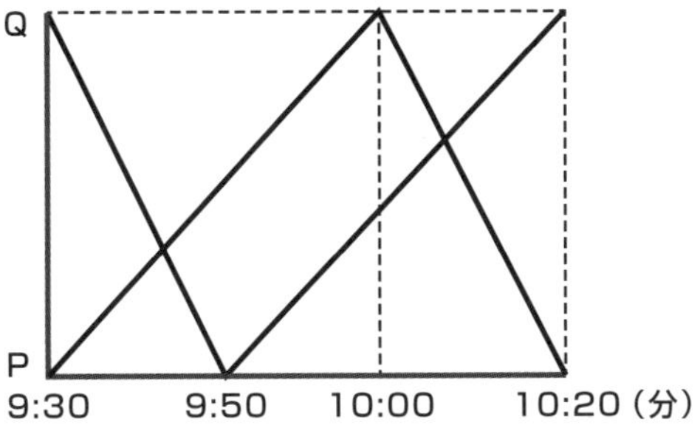

(1) P地点とQ地点の距離は何kmか。

A　4.8km　　B　5.4km　　C　6.2km　　D　6.8 km　　E　7.2km

(2) 遊覧船Hと遊覧船Rが同時に9：30に出発した。この2つの遊覧船が出合う時間は何分後と何分後か。但し遊覧船Hと遊覧船Rは、それぞれQ地点、P地点に到着したらただちに引き返すものとする。

A　10分後、24分後　　B　10分後、30分後　　C　12分後、34分後
D　12分後、38分後　　E　14分後、34分後　　F　14分後、42分後
G　18分後、36分後　　H　18分後、46分後
I　AからHのいずれでもない

第2章　実践！ 1日30分

10 日目

濃度算 1

重要度 ★★

練習日：(　　月　　日)(　　月　　日)(　　月　　日)

シオの量を求めて濃度の公式にあてはめる

シオと水の場合

1. シオの量 ＝ (%)×(g)÷100

2. 濃　度 ＝ $\dfrac{\text{シオ} \times 100}{\text{シオ} + \text{水量}}$

パターンは3つ

その1：**水を加える場合** ➡ **分母に【＋x】する**

その2：**水を蒸発させる** ➡ **分母に【−x】する**

その3：**シオを混ぜる** ➡ **分母・分子に【＋x】する**

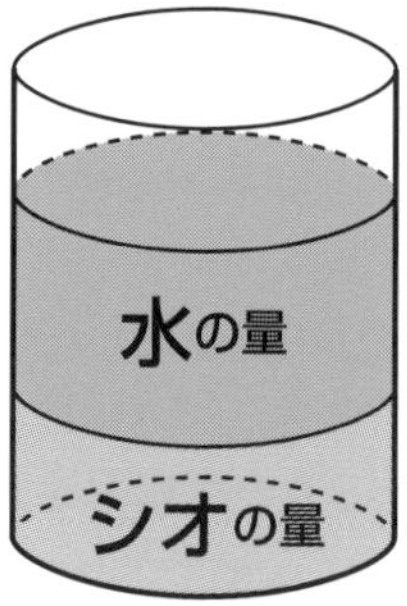

食塩水

例題1　□

次の問いのシオの量を求めよ。

(1) 4%の食塩水100gにシオは何g入っているか。

(2) 5%の食塩水300gにシオは何g入っているか。

(3) 6%の食塩水400gにシオは何g入っているか。

(4) 8%の食塩水500gにシオは何g入っているか。

(5) 12%の食塩水3kgにシオは何g入っているか。

【解き方】　公式1を使って解く

"【%】×【g】"だけ計算し、00は頭の中で省いておく。

(1) シオの量＝[%]×[g]÷100＝ 4 ×100÷100=4　答え　4g
(2) 5×3　＝15　答え　15g
(3) 6×4　＝24　答え　24g
(4) 8×5　＝40　答え　40g
(5) 3kg＝3000gなので「00」をとり30にする。12×30＝360　答え　360g

例題2　□

次の問いの濃度を求めよ。

(1) シオ4g、水96gの食塩水の濃度は？
(2) シオ5g、水95gの食塩水の濃度は？
(3) シオ5g、水100gの食塩水の濃度は？
(4) シオ20g、水300gの食塩水の濃度は？
(5) シオ32g、水368gの食塩水の濃度は？

【解き方】　公式2を使って解く

(1) $\frac{4\times100}{4+96}=\frac{400}{100}=4$　答え　4%

(2) $\frac{5\times100}{5+95}=\frac{500}{100}=5$　答え　5%

(3) $\frac{5\times100}{5+100}=\frac{500}{105}\fallingdotseq4.76$　答え　4.76%

(4) $\frac{20\times100}{20+300}=\frac{2000}{320}=6.25$　答え　6.25%

(5) $\frac{32\times100}{32+368}=\frac{3200}{400}=8$　答え　8%

例題3　□

4%の食塩水100gに100gの水を加えると何%の食塩水になるか。

【解き方】　公式2のその1を使って解く

〝水を加える〟場合は、「分母だけに＋x」する。

シオの量＝[%]×[g]÷100＝4×1＝4g

濃度の公式にあてはめると、シオの量＝4gなので

濃度(%)＝$\frac{4\times100}{100+100}=\frac{400}{200}=\frac{4}{2}=2$　答え　2%

（答えは別冊 267 ページ）

練習問題 1

濃度算 1

制限時間 5 分

（1 問平均 1 分）

1 回目	分	／5 問
2 回目	分	／5 問
3 回目	分	／5 問

【問題1】　12％の食塩水200gに水を加えて6％にしたい。水を何g加えればよいか。

A　100g　　B　120g　　C　140g　　D　160g　　E　200g

【問題2】　8％の食塩水400gがある。ここから何gの水を蒸発させると10％の食塩水になるか。

A　50g　　B　60g　　C　70g　　D　80g　　E　90g

【問題3】　15％の食塩水200gに塩を加えて20％にしたい。シオを何g加えればよいか。

A　8.5g　　B　10g　　C　12.5g　　D　14g　　E　15.5g

【問題4】　8％の食塩水に水を100g入れたら6％の濃度に変わった。この食塩水ははじめ何gあったか。

A　200g　　B　240g　　C　250g　　D　280g　　E　300g

【問題5】　7％の食塩水に6gのシオを加えたら濃度が10％の食塩水に変わった。はじめの食塩水は何gあったか。

A　150g　　B　180g　　C　210g　　D　240g　　E　270g

（答えは別冊 268 ページ）

練習問題 2 濃度算 1	 制限時間 **5** 分 （1 問平均 1 分）	1 回目 □ 分	／5 問
		2 回目 □ 分	／5 問
		3 回目 □ 分	／5 問

【問題1】 水215gに塩を35g入れると濃度は何%になるか。

A 12%　　B 13%　　C 14%　　D 15%　　E 16%

【問題2】 3%の食塩水から水を50g蒸発させたら、濃度が5%に変わった。元の食塩水は何gあったか。

A 120g　　B 125g　　C 130g　　D 135g　　E 140g

【問題3】 200gの食塩水に11.4gの食塩が溶けている。これを8%の濃度にするには何gの食塩を加えればいいか。

A 2g　　B 3g　　C 4g　　D 5g　　E 6g

【問題4】 食塩の量と水の量の比が3：17のとき、この食塩水の濃度は何%か。

A 12%　　B 13%　　C 14%　　D 15%　　E 16%

【問題5】 濃度 x %の食塩水に食塩を20g加えると、 9%の食塩水が930gできる。濃度 x はいくらか。

A 7%　　B 8%　　C 9%　　D 10%　　E 11%

11日目

第2章　実践！1日30分

濃度算2

重要度★★★

練習日：(　　月　　日)(　　月　　日)(　　月　　日)

2つの異なる種類を混ぜ合わせ結果を求める

“異なる濃度を混ぜる”場合

1. それぞれのシオの量の合計を出す

2. それぞれの食塩水の合計を出す

3. 方程式で値を求める

例題　□

10%の食塩水400 gに4%の食塩水200 gを加えると何%の食塩水になるか。

【解き方】　公式1を使って解く

① シオの量：10%の食塩水400 gの場合

(%)×(g)÷100＝10×400÷100＝10×4＝40 g

→：4%の食塩水200 gの場合

(%)×(g)÷100＝4×200＝8g

2つの食塩水を混ぜたシオの量：40＋8＝48 g

② 混ぜた食塩水の量：400＋200＝600 g

③ 濃度を求める式を立てる

$$\underset{(x)}{\text{濃度}} = \frac{\text{シオ}\times 100}{\text{シオ}+\text{水}} = \frac{(40+8)\times 100}{400+200} = \frac{4800}{600} = \frac{48}{6} = 8\,\%$$

答え　8%

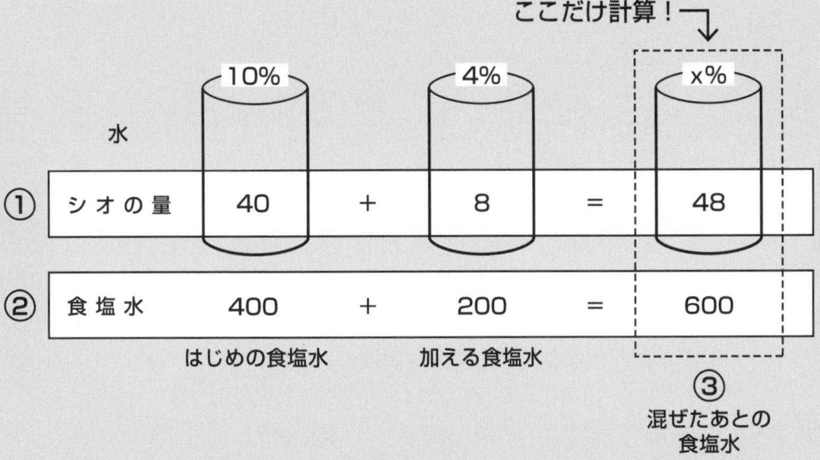

別解：
混ぜた後の食塩水の濃度をx%とする。
シオの量に注目すると、
①より48g、③より x ×600÷100＝6x
これらは等しいので、6x＝48
これを解いて x ＝8

（答えは別冊 270 ページ）

練習問題 濃度算 2	制限時間 **17**分 （1 問平均 1 分 42 秒）	1 回目　　分	/10問
		2 回目　　分	/10問
		3 回目　　分	/10問

【問題1】　9％の食塩水400ｇに４％の食塩水100gを加えると、何％になるか。

A　2%　　B　3%　　C　4%　　D　5%　　E　6%
F　7%　　G　8%　　H　9%

【問題2】　８％の食塩水300ｇに何％かの食塩水を混ぜて６％の食塩水を500ｇ作りたい。混ぜる食塩水は何％か。

A　2.5%　　B　3%　　C　4%　　D　4.5%　　E　5%

【問題3】　5％の食塩水に8％の食塩水を混ぜて7％の食塩水を600ｇ作りたい。８％の食塩水は何ｇ混ぜればよいか。

A　100 g　　B　200 g　　C　300 g　　D　400 g　　E　500 g

【問題4】　3％の食塩水400ｇと12％の食塩水500ｇがある。これらの食塩水から同じ量の水を蒸発させて、その後でこの2つを混ぜたら10％の濃度の食塩水になった。蒸発させた水の量は何ｇか。

A　80 g　　B　90 g　　C　94 g　　D　98 g　　E　102 g

【問題5】　2つの容器A、Bに濃度の異なる食塩水が入っている。Aから240g、Bから120g取り出して混ぜると8％の食塩水になり、Aから80g、Bから160ｇ取り出して混ぜると10％の食塩水になる。容器Aの食塩水の濃度はいくらか。

A　6%　　B　8%　　C　10%　　D　12%　　E　14%

【問題6】 4%の食塩水200gが入っている容器Jと、10%の食塩水120gが入っている容器Kがある。

(1) この容器Jからxg、容器Kからygの食塩水をとって混ぜ合わせると8%の食塩水が60gできた。このときygはいくらか。

A 20g　B 26g　C 32g　D 36g　E 40g

(2) (1)での操作を行った後に、容器Jと容器Kに残っている食塩水を混ぜて6%の食塩水を作りたい。このとき最大で何gの食塩水が出来るか。

A 180g　B 200g　C 240g　D 280g　E 320g

【問題7】 食塩水Aは200g、食塩水Bは250gである。Aから120g、Bから80g取り出して混ぜ合わせたら、10.6%の食塩水ができた。また、余った2つの食塩水を混ぜると9.62%になった。このときBの食塩水の濃度は何%か。

A 7%　B 7.5%　C 8%　D 8.5%　E 9%

【問題8】 濃度の異なる3種類の食塩水P、Q、Rがある。Pを200gとQを100g混ぜると濃度2%の食塩水になる。Qを100gとRを300g混ぜると濃度5.5%の食塩水ができる。また、Rを300gとPを200g混ぜるとQの濃度と同じになる。このときRの濃度はPの濃度の何倍か。

A 4.2倍　B 4.8倍　C 5.4倍　D 5.8倍　E 6倍

【問題9】 10%の食塩水が1ℓ入った容器がある。ここから0.1ℓを使い、同じ量の水を入れる。次も同じ容器から0.1ℓを使ってまた同じ量の水を入れた。このように6回繰り返した。最後の食塩水はおよそ何%になっているか。

A 4.8%　B 4.9%　C 5.1%　D 5.3%　E 5.6%

12
日目

ブラックボックス

重要度 ★★

練習日：(　　月　　日)(　　月　　日)(　　月　　日)

ボックスの前後の数字から、ボックス内の計算方法を類推する

基本の考え方

1. ボックス符号は
[×][÷][＋][−] から始める

2. 次に計算法則をあてはめる
最大公約数、最小公倍数、素数など

解き方のコツ

◎必ずボックス内の記号は、１つだけ。

◎予測する場合は、四則計算【 ×・÷・＋・− 】から考える。残りの記号の可能性は、公倍数・公約数・素数などの条件が加わったものが多い。

◎ボックス内の記号や数字が決まれば、ボックスの記号を書き込んで計算する。

例題1　□

次のボックスに当てはまる計算符号を選べ。

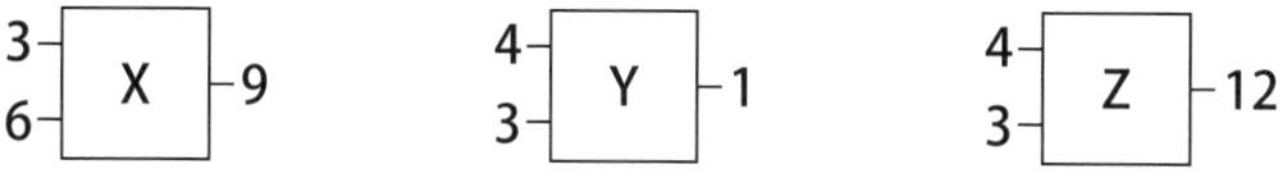

	A	B	C	D	E
X	−	×	＋	＋	÷
Y	＋	×	÷	−	−
Z	×	＋	＋	×	×

← 1つずつあてはめる

【解き方】

ボックスXの場合、どうすれば3と6が9になるかを考える。まず計算しやすい［×］［÷］［＋］［−］の四則を代入して値を見る。このとき、ボックスの前の3と6の順番を変えてはいけない。

3(　)6＝9になるように符号を考える。3＋6＝9が成立。

よって、X＝＋

ボックスYも同様に考える。

4(　)3＝1　これは、4−3＝1が成り立つ。

よって、Y＝−

ボックスZも同様に、4(　)3＝12となるので、4×3＝12

よって、Z＝×となる。

これらに当てはまる組み合わせはD。

答え　D

ポイント！

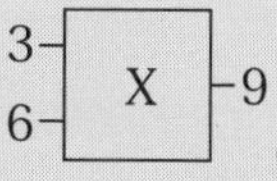

の場合、3□6＝9とみること。

6□3＝9とは見ないように！

ボックス左の数字は上から下に並べること。

（答えは別冊275ページ）

練習問題 1 ブラックボックス	制限時間 5 分 （1問平均1分）	1回目　□分	／5 問
		2回目　□分	／5 問
		3回目　□分	／5 問

【問題1】　次のP、Q、Rのような装置がある。

X：0,1,2,3,4・・
Y：1,2,3,4,5・・
Z：1,3,5,7,9・・

X：9,8,6,5,4・・
Y：3,4,2,1,0・・・
Z：3,2,3,5,0・・・

X：1,2,3,4,5・・・
Y：2,3,4,5,5・・・
Z：4,7,10,13,15・・・

(1) 次の装置の場合、Zはいくらか。

A　10　　B　11　　C　12　　D　13
E　14　　F　15　　G　16　　H　17

(2) 次の装置のXの値を求めよ。

A　20　　B　21　　C　23　　D　24
E　25　　F　26　　G　27　　H　30

(3) 次の装置の ア の値を求めよ。

A　2　　B　3　　C　4　　D　5
E　6　　F　8　　G　10　　H　12

(4) 次の装置の Z の値を求めよ。

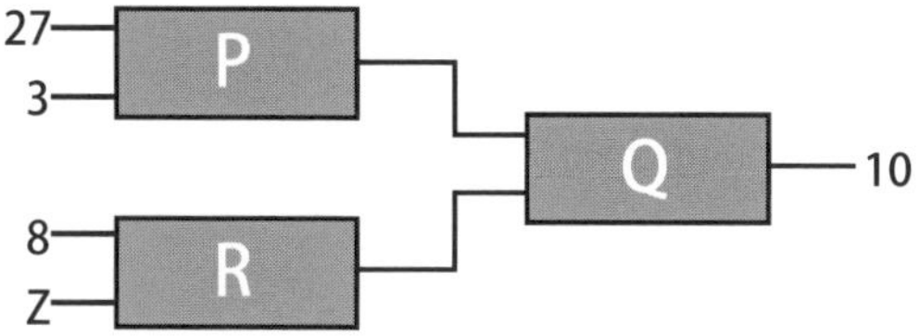

A　3　　B　10　　C　12　　D　13
E　−13　　F　−12　　G　−10　　H　−3

【問題2】　ボックス内の符号をそれぞれ、X=[+]、Y=[−]、Z=[×] として「FIN」の値を求めよ。

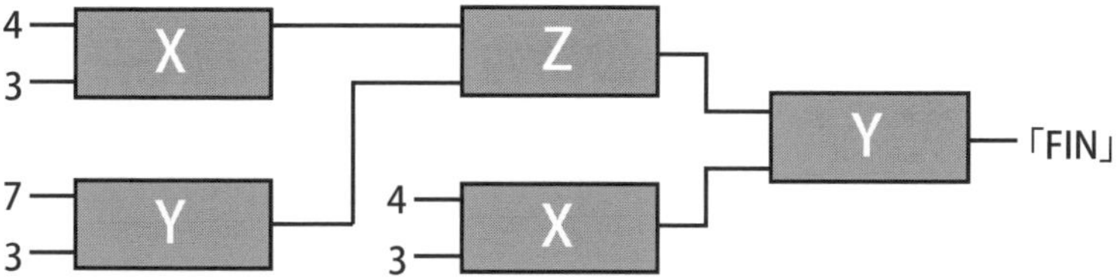

A　4　　B　−4　　C　12　　D　21　　E　36

（答えは別冊 277 ページ）

練習問題 2 ブラックボックス	制限時間 **6** 分 （1 問平均 2 分）	1 回目　□　分	／**3** 問
		2 回目　□　分	／**3** 問
		3 回目　□　分	／**3** 問

【問題1】　次の複雑な装置がある。次の問いに答えよ。

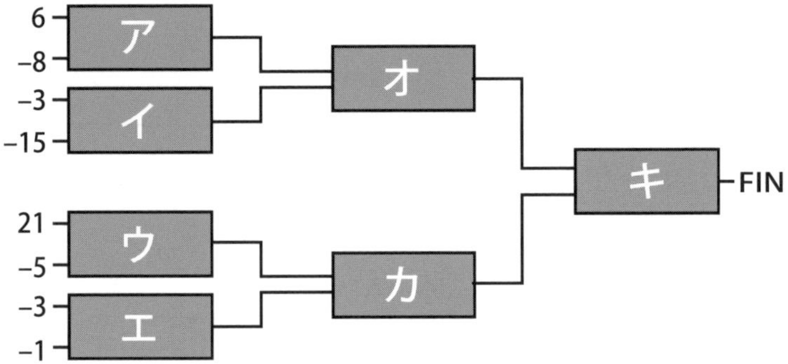

(1) ア＝[$2x+y$]、イ＝[$2x+y$]、カ＝[÷] のとき、残りの ウ、エ、オ、キ に同じ符号が入る。「FIN」が –21 のとき、どんな符号が使われるのか。

A　[×]　**B**　[–]　**C**　[＋]　**D**　[÷]
E　素数　**F**　最小公倍数　**G**　最大公約数　**H**　該当なし

(2) 上の装置で、ア＝[$\frac{1}{2}x \times y$]、イ＝[–]、ウ＝[＋]、エ＝[$2x+y$]、オ＝[÷]、カ＝[×]、キ＝[最大公約数] が当てはまるとき、「FIN」はいくらになるか。

A　0　**B**　1　**C**　2　**D**　3
E　4　**F**　5　**G**　–1　**H**　該当なし

(3) ア＝[×]、イ＝[＋]、ウ＝[–]、オ＝[–]、カ＝[＋]、キ＝[＋]にしたら、「FIN」＝–1 になった。このとき、「エ」にはどんな符号がくるか。

A　[×]　**B**　[–]　**C**　[＋]か[–]　**D**　[÷]か[×]
E　素数　**F**　最小公倍数　**G**　最大公約数　**H**　該当なし

（答えは別冊 280 ページ）

練習問題 3 ブラックボックス	制限時間 **4** 分 （1 問平均 2 分）	1 回目□分	／**2** 問
		2 回目□分	／**2** 問
		3 回目□分	／**2** 問

【問題1】 次の装置の計算をするときの問題に答えよ。
このとき、ア＝［＋］、イ＝［×］、エ＝［$2x+y$］、オ＝［－］、カ＝［÷］、キ＝［－］である。

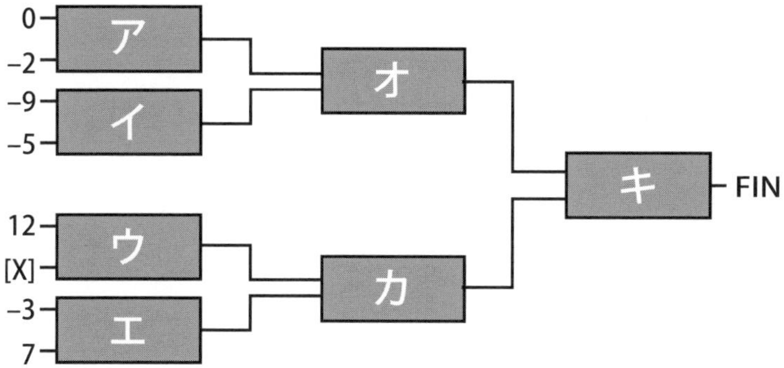

⑴ ウの符号を間違って、［＋］ではなく［×］にしたために、「FIN」が 49 になった。［X］に当てはまる数字は何だったか。

A 0　**B** −3　**C** −5　**D** −8
E 6　**F** 12　**G** 36　**H** 該当なし

⑵ 正しい記号を入れたときの「FIN」はいくらになるか。

A −51　**B** −48　**C** −16　**D** −3
E 12　**F** 47　**G** 96　**H** 該当なし

13 日目

第2章　実践！ 1日30分

順　列

重要度 ★★★

練習日：(　月　日)(　月　日)(　月　日)

出てきた順に種類を数える

順列：出た数を順番に並べる

10個から4個取り出して順に並べる方法

↓スタートの数

＝10×9×8×7＝5040通り

（10×9×8×7 の4つ）

取り出した順番に並べる種類を数える

例：A、B、C、Dの4種類のカードを出た順番に並べる

A — B — C — D
A — B — D — C

A — C — B — D
A — C — D — B

A — D — B — C
A — D — C — B

Aが先頭 ：6通り

先頭はA･B･C･D ： 4種類あるので、

6×4＝24通り

例題1 □

コインを2回投げるとき、表、裏の出方は何通りあるか。

【解き方】

コインには表、裏の2通りの出方がある。(○●)(○○)

2回投げるから、2×2＝4通り　(●○)(●●)

答え　4通り

例題2 □

1・2・3の3枚のカードを使って、2ケタの数を作ると何種類できるか。

【解き方】

3枚のカードから2枚使って並べるから、

${}_3P_2 = 3 \times 2 = 6$通り

答え　6通り

例題3 □

A・B・C・D・Eの5枚のカードに、それぞれ1、2、3、4、5の数字が書かれてある。その中から4枚取り出して4ケタの数を作ると何種類作れるか。

【解き方】

5枚のカードから4枚取り出して並べるから、

${}_5P_4 = 5 \times 4 \times 3 \times 2 = 120$通り

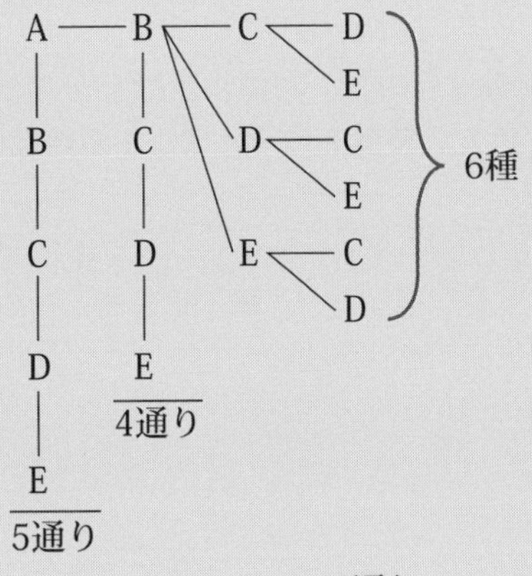

よって、5×4×6＝120通り

答え　120通り

（答えは別冊 281 ページ）

練習問題 1

順　列

制限時間 8 分

（1 問平均 1 分 36 秒）

1 回目	分	／5 問
2 回目	分	／5 問
3 回目	分	／5 問

【問題 1】 1・2・3・4の4枚のカードを順に取り出すときに出る数の並び方は何通りあるか。

A　8通り　　B　12通り　　C　16通り　　D　20通り　　E　24通り

【問題 2】 6人の中から2つの異なる役員を選ぶ方法は何通りあるか。

A　18通り　　B　24通り　　C　26通り　　D　30通り　　E　36通り

【問題 3】 男子3人、女子2人から、委員長と副委員長を選ぶ方法は何通りあるか。

A　8通り　　B　12通り　　C　16通り　　D　20通り　　E　24通り

【問題 4】 4枚のカードにそれぞれ1・2・3・4が書かれてある。このカードから2枚取り出して2けたの整数を作るとき、偶数は何通りあるか。

A　6通り　　B　7通り　　C　8通り　　D　10通り　　E　12通り

【問題 5】 サイコロを3回投げ、最初に出た数は百の位、次に出た数を十の位、3回目に出た数を一の位として3けたの整数を作るとき、5の倍数になるのは何通りあるか。

A　28通り　　B　36通り　　C　42通り　　D　46通り　　E　52通り

（答えは別冊 281 ページ）

練習問題 2 順　列	制限時間 **10** 分 （1 問平均 2 分）	1 回目　　分	／**5** 問
		2 回目　　分	／**5** 問
		3 回目　　分	／**5** 問

【問題 1】　0・1・2・3・4・5 の 6 種類の数字が現れるディスプレイがある。但しどの数字も重複して現れないこととする。

⑴ 5の倍数になる6ケタの数はいくつあるか。

A　24通り　　**B**　60通り　　**C**　96通り　　**D**　132通り　　**E**　216通り

⑵ この6種類の数字を使って偶数を作ると、何通りの整数ができるか。

A　96通り　　**B**　120通り　　**C**　192通り　　**D**　216通り　　**E**　312通り

【問題 2】　図のように縦に直線が 5 本、横に直線が 4 本等間隔で並んでいる。この直線によってできる正方形は何個あるか。

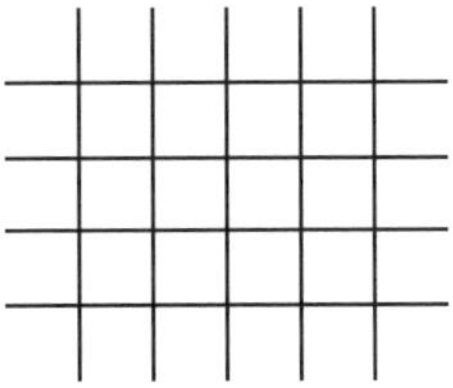

A　12個　　**B**　16個　　**C**　20個　　**D**　24個　　**E**　28個

【問題 3】　A、B、C、D、E、F の 6 人が一列に並ぶとき、A 君と B さんが隣り合う並び方は何通りあるか。

A　20通り　　**B**　30通り　　**C**　60通り　　**D**　120通り　　**E**　240通り

【問題 4】　A、B、C、D、E の 5 人が円卓に座るとき、座り方は何通りあるか。

A　12通り　　**B**　24通り　　**C**　36通り　　**D**　60通り　　**E**　120通り

14 日目

第2章　実践！1日30分

組み合わせ

重要度 ★★★

練習日：(　　月　　日)(　　月　　日)(　　月　　日)

取り終えた後の種類を数える

10個の中から４個を取り出すときの組み合わせ

スタートの数

$${}_{10}C_4 = \frac{10 \times 9 \times 8 \times 7}{4 \times 3 \times 2 \times 1} = 210\text{通り}$$

4つ

【考え方】P－Q－Rとした場合、Q－P－R、Q－R－P、R－Q－P、R－P－Q、P－R－Qの6組は出た順番は違ってもすべてP、Q、Rと同じなので１つとする。

例題1　□

男子3人、女子2人のサークルがある。

⑴ 男子の中から1人、女子の中から1人を選ぶ方法は何通りあるか

A　4通り　　B　6通り　　C　8通り　　D　10通り　　E　12通り

⑵ この5人から3人を選ぶ方法は何通りあるか。

A　4通り　　B　6通り　　C　8通り　　D　10通り　　E　12通り

【解き方】

⑴ 男子3人から1人選ぶ選び方は、${}_3C_1=3$通り、女子2人から1人を選ぶ選び方は2通り。よって、$3\times2=6$通り

答え　B　6通り

⑵ 5人から3人を選ぶので、${}_5C_3=\frac{5\times4\times3}{3\times2\times1}=5\times2=10$通り

答え　D　10通り

（答えは別冊 283 ページ）

練習問題 1 組み合わせ	制限時間 **6** 分 （1 問平均 1 分 12 秒）	1 回目 □ 分	／**5** 問
		2 回目 □ 分	／**5** 問
		3 回目 □ 分	／**5** 問

【問題1】 W、K、R、Mの4人の中から当番に2人選ぶ。選び方は何通りあるか。

A 4通り　**B** 6通り　**C** 8通り　**D** 10通り　**E** 12通り

【問題2】 5冊の同じノートをN、M、Bの3人にすべて配る。1人には必ず1冊は渡すことにすると、配り方は何通りあるか。

A 4通り　**B** 5通り　**C** 6通り　**D** 7通り　**E** 8通り

【問題 3】 2 泊 3 日の旅行プランがあり、これには 6 か所の名所が載っている。

⑴ シンゴ君はこの中の2か所を回りたい。この名所の選び方は何通りあるか。

A 14通り　**B** 15通り　**C** 16通り　**D** 18通り　**E** 20通り

⑵ ショウ君はこの中の5か所を回りたい。この名所の選び方は何通りあるか。

A 6通り　**B** 10通り　**C** 24通り　**D** 36通り　**E** 48通り

【問題 4】 待合室に 5 つの椅子が 1 列に並べてある。ここで 3 人が椅子に座って待つとき、座り方は何通りあるか。

A 6 通り　**B** 10 通り　**C** 12 通り　**D** 14 通り　**E** 15 通り

（答えは別冊 283 ページ）

練習問題 2 組み合わせ	制限時間 **7** 分 （1 問平均 1 分 24 秒）	1 回目　　分	／5 問
		2 回目　　分	／5 問
		3 回目　　分	／5 問

【問題 1】 A・B・C・D・E・F・G の 7 人が一列に並ぶ。このとき、A と G が両端にくる並び方は何通りあるか。

A　20通り　　B　60通り　　C　120通り　　D　240通り　　E　360通り

【問題 2】 青石が 6 個、白石が 2 個、赤石が 1 個ある。これを一列に並べて飾りたい。何通りの組み合わせがあるか。

A　100通り　　B　160通り　　C　212通り　　D　252通り　　E　368通り

【問題 3】 3、4、5、6、7、8 の 6 つの数字を使って 3 けたの整数を作るとき、出来る整数は何通りあるか。ただし、同じ数字を何度使ってもよい。

A　10通り　　B　20通り　　C　60通り　　D　120通り　　E　216通り

【問題 4】 8 つの異なる賞の商品がある。これをアーツ、ビリー、サップの 3 人がもらう権利を得た。アーツが 3 個、ビリーが 2 個、サップが 3 個受け取る場合、何通りの分け方があるか。

A　120通り　　B　360通り　　C　480通り　　D　560通り　　E　720通り

【問題 5】 次の A 地点から出発し、途中 P 点を通って目的地となる W 地区に最短で行く方法は何通りあるか。

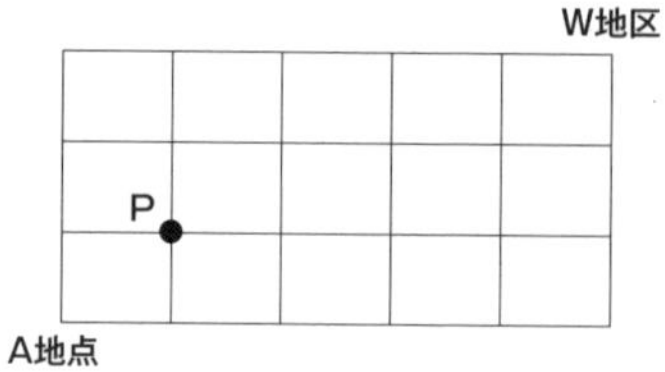

A　15通り　　B　20通り　　C　25通り　　D　30通り　　E　35通り

（答えは別冊 284 ページ）

練習問題 3

組み合わせ

制限時間 8 分
（1 問平均 1 分 36 秒）

1 回目	分	／5 問
2 回目	分	／5 問
3 回目	分	／5 問

【問題 1】 碁盤の目の区画の町で P 点に事務所を持つ会社がある。ここから Q 社、R 社、M 社に営業に出かける。

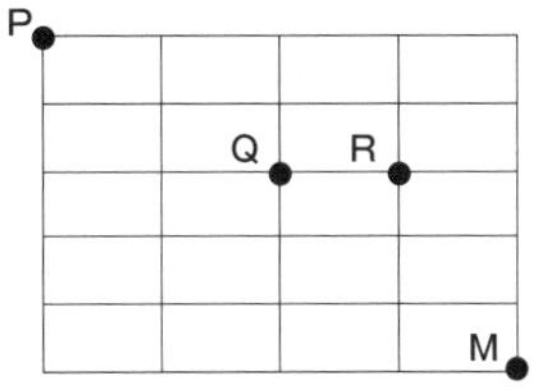

(1) P社からM社に最短で行く方法は何通りあるか。

A 114通り　B 116通り　C 118通り　D 120通り　E 126通り

(2) P社を出てQ社に寄ってからM社に向かう場合、最短の道筋は何通りあるか。

A 60通り　B 64通り　C 72通り　D 80通り　E 86通り

(3) P社を出てR社に寄らずにM社に向かう場合、最短の道筋は何通りあるか。

A 64通り　B 86通り　C 95通り　D 104通り　E 116通り

【問題 2】 イベントのために集めた 6 人のスタッフを、L、M、N の 3 部屋に分ける。

(1) 空き部屋があってもいい場合、6人の入れ方は何通りあるか。但し3つの部屋に入る人数は制限しないものとする。

A 64通り　B 86通り　C 95通り　D 104通り　E 729通り

(2) 3つの部屋のうち、Lには1人、Mには2人、Nには3人と人数が決まった場合、6人の分け方は何通りあるか。

A 40通り　B 46通り　C 52通り　D 60通り　E 62通り

15日目

第2章　実践！ 1日30分

確　率

重要度 ★★★

練習日：(　　月　　日)(　　月　　日)(　　月　　日)

全体を1としてあてはまる割合を求める

主な種類

1. コインの裏・表

2. サイコロの目

3. 色玉を使う

4. くじをひく

5. 人の並べ替え

$$\frac{\text{条件になる種類}}{\text{すべての種類}}$$

例題　□

(1) 異なるコインを２枚投げるとき、2枚とも裏が出る確率はいくらか。

A $\frac{1}{2}$　　B $\frac{1}{4}$　　C $\frac{1}{5}$　　D $\frac{1}{6}$　　E $\frac{1}{8}$

(2) サイコロを２つ転がすとき、2つの数の和が10以上になる確率はいくらか。

A $\frac{1}{3}$　　B $\frac{1}{4}$　　C $\frac{1}{5}$　　D $\frac{1}{6}$　　E $\frac{1}{8}$

⑶ 赤玉２個、白玉３個の合計5個の中から2個取り出したとき、赤玉1個、白玉1個になる確率はいくらか。

A $\frac{1}{6}$　　B $\frac{5}{6}$　　C $\frac{2}{5}$　　D $\frac{3}{5}$　　E $\frac{4}{5}$

⑷ ６本のくじから２本を順に引く。あたりが1本あるとき最初にあたりを引く確率はいくらか。

A $\frac{1}{2}$　　B $\frac{1}{3}$　　C $\frac{1}{4}$　　D $\frac{1}{5}$　　E $\frac{1}{6}$

【解き方】

⑴ コインは、それぞれ裏と表の２面あるので、表-表、表-裏、裏-表、裏-裏の4通り。この中で2枚とも裏は1組だけなので $\frac{1}{4}$

答え　B　$\frac{1}{4}$

⑵ サイコロの面は、１～６までの６つある。$6\times6=36$
2つの和が10以上になる組み合わせは、
(6,6)(6,5)(6,4)(5,6)(5,5)(4,6)の6通りなので、$\frac{6}{36}=\frac{1}{6}$

答え　D　$\frac{1}{6}$

⑶ 全体は5個から2個とるので、${}_5C_2=\frac{5\cdot4}{2\cdot1}=10$
赤玉2個のうち1個取るので、${}_2C_1=2$
白玉3個のうち1個取るので、${}_3C_1=3$
よって$2\times3=6$　確率は$\frac{6}{10}=\frac{3}{5}$

答え　D　$\frac{3}{5}$

⑷ くじの数は６本なので取る取り方は６種類ある。この中にあたりが1本入っているので、その確率は $1\div6=\frac{1}{6}$

答え　E　$\frac{1}{6}$

（答えは別冊 285 ページ）

練習問題 1 確　率	制限時間 **8** 分 （1 問平均 1 分 36 秒）	1 回目 □ 分	／5 問
		2 回目 □ 分	／5 問
		3 回目 □ 分	／5 問

【問題 1】 サイコロを 1 つ投げるとき、次の確率を求めよ。

(1) 4の目が出る確率

A $\frac{1}{6}$　B $\frac{1}{5}$　C $\frac{1}{4}$　D $\frac{1}{3}$　E $\frac{1}{2}$

(2) 5 以上の目が出る確率

A $\frac{1}{6}$　B $\frac{1}{4}$　C $\frac{1}{3}$　D $\frac{1}{5}$　E $\frac{1}{2}$

【問題 2】 2 枚のコイン A、B を投げるとき、 1 枚は表、 1 枚は裏が出る確率を求めよ。

A $\frac{1}{6}$　B $\frac{1}{3}$　C $\frac{1}{5}$　D $\frac{1}{2}$　E $\frac{1}{8}$

【問題 3】 5、6、7 と書かれたカードを 1 枚ずつ 2 回続けて引き、引いた順に十の位、一の位の数とする 2 けたの整数を作る。このとき、この 2 けたの整数が偶数になる確率を求めよ。

A $\frac{1}{6}$　B $\frac{1}{8}$　C $\frac{1}{3}$　D $\frac{1}{4}$　E $\frac{1}{5}$

【問題 4】 男子 2 人、女子 2 人の中から 2 人選んで選手にするとき、選手が男女 1 人ずつになる確率を求めよ。

A $\frac{5}{6}$　B $\frac{3}{4}$　C $\frac{2}{3}$　D $\frac{1}{4}$　E $\frac{1}{5}$

（答えは別冊 285 ページ）

練習問題 2 確　率	制限時間 6 分 （1 問平均 1 分 30 秒）	1 回目 □ 分	／4 問
		2 回目 □ 分	／4 問
		3 回目 □ 分	／4 問

【問題 1】 6 本のうち 3 本が当たりのくじがある。このくじを 1 本引き、それを戻して再度引くとき、1 回目は当たり、2 回目ははずれくじを引く確率を求めよ。

A $\frac{1}{2}$　B $\frac{2}{3}$　C $\frac{1}{4}$　D $\frac{2}{5}$　E $\frac{3}{4}$

【問題 2】 当たり 4 本、はずれ 4 本のくじがある。これを 2 本同時に引くとき、少なくとも 1 本は当たりの確率を求めよ。

A $\frac{1}{2}$　B $\frac{3}{4}$　C $\frac{5}{8}$　D $\frac{5}{12}$　E $\frac{11}{14}$

【問題 3】 1 から 10 までの数字が 1 つずつ書かれた 10 枚のカードがある。上原さんは 2 から 10 までの偶数が書かれたカードを持ち、中村君は 1 から 9 までの奇数が書かれたカードを持っている。2 人が 1 枚ずつカードを出して数字の大きさを比べるとき、上原さんのほうが大きい数字になる確率はいくらか。

A $\frac{2}{3}$　B $\frac{3}{5}$　C $\frac{1}{2}$　D $\frac{3}{4}$　E $\frac{2}{5}$

【問題 4】 右の袋の中には 3・2・1・0 の数字が書かれた球が入っている。左の袋の中には 4・3・2・1 の数字が書かれた球が入っている。球をよくかき混ぜて、それぞれの袋から 1 つずつ取り出したとき、同じ数字の球が出る確率を求めよ。

A $\frac{3}{4}$　B $\frac{1}{6}$　C $\frac{5}{12}$　D $\frac{9}{14}$　E $\frac{3}{16}$

（答えは別冊 286 ページ）

練習問題 3

確　率

制限時間
12分
（1問平均1分30秒）

1回目	分	／8 問
2回目	分	／8 問
3回目	分	／8 問

【問題 1】　サイコロを投げたとき、出た目に応じてコインを図1のように動くこととする。ただし1が出た場合、コインは移動しない。図2のコインの場所からサイコロを2回投げてコインを移動させたとき、AからIのどこかの位置にコインがくる確率を求めよ。

A $\frac{1}{12}$　　B $\frac{5}{12}$　　C $\frac{7}{12}$　　D $\frac{9}{12}$　　E $\frac{11}{12}$

図1

図2

【問題 2】　4人でじゃんけんを1回だけするとき、次の問いに答えなさい。

(1) 1人だけ勝つ確率はいくらか。

A $\frac{2}{27}$　　B $\frac{4}{27}$　　C $\frac{3}{25}$　　D $\frac{6}{25}$　　E $\frac{9}{31}$

(2) 2人だけが勝つ確率はいくらか。

A $\frac{1}{2}$　　B $\frac{2}{3}$　　C $\frac{3}{5}$　　D $\frac{3}{7}$　　E $\frac{2}{9}$

【問題 3】 4 枚の硬貨を投げて、少なくとも 2 枚は表が出る確率はいくらか。

A $\frac{9}{16}$　　B $\frac{10}{16}$　　C $\frac{11}{16}$　　D $\frac{12}{16}$　　E $\frac{13}{16}$

【問題 4】 A、K、A、I、H、A と書かれた 6 種類のボールが大箱に入っている。ここからボールを 1 個ずつ計 4 個取り出して、A・I・K・H と書かれた 4 つの小箱に左から順に 1 個ずつ入れていく。一度取ったボールは戻さない。

⑴ 大箱から取り出した4個のボールが同じ文字の小箱に入る確率はいくらか。

A $\frac{2}{169}$　　B $\frac{1}{144}$　　C $\frac{2}{125}$　　D $\frac{2}{121}$　　E $\frac{1}{120}$

⑵ 母音が書かれたボールが母音の箱に入り、子音が書かれたボールが子音の箱に入る確率はいくらか。

A $\frac{1}{15}$　　B $\frac{1}{20}$　　C $\frac{1}{25}$　　D $\frac{1}{30}$　　E $\frac{1}{36}$

【問題 5】 大小 2 つのサイコロがある。大のサイコロの目は、1、1、2、5、6、6 である。小のサイコロの目は、1、2、3、4、5、5 である。この大小のサイコロを同時に投げるとき、出た目をそれぞれ P、L とする。このとき P ＞ L となる確率はいくらか。

A $\frac{7}{18}$　　B $\frac{11}{36}$　　C $\frac{11}{18}$　　D $\frac{13}{36}$　　E $\frac{17}{36}$

【問題 6】 1・2・3・4・5 の数字が書かれた 5 枚のカードをよく切って、1 枚ずつ順に 2 枚取り出す。最初に取ったカードの数を十の位、後に取ったカードの数を一の位とする整数をつくる。この整数が 3 の倍数になる確率はいくらか。

A $\frac{3}{8}$　　B $\frac{1}{6}$　　C $\frac{2}{5}$　　D $\frac{3}{4}$　　E $\frac{2}{3}$

16 日目

第2章　実践！1日30分

推論1

重要度 ★★★

練習日：(　　月　　日)(　　月　　日)(　　月　　日)

与えられた条件から、当てはまる答えを探し出す

よく出るパターン

1.「勝敗」に関する判断

2.「席順」に関する判断

3.「割合」に関する判断

4.「大小関係」に関する判断

確実に言えるところから判断する

例題1 □

P、Q、Rの3人が400m走をし、その結果が次のようにわかっている。一番速い人は誰か。

P：2位か3位である　Q：2位でも3位でもない　R：3位ではない

【解き方】

確実に言えることから先に決めていこう。

Pは「2位か3位である」ので1位ではなく、Rは「3位ではない」ので1位か2位であることがわかる。しかし、まだはっきりとした順位は決められない。

だから、もう1つの条件をみる。ここでQは「2位でも3位でもない」ので、ここが1位とわかる。与えられた3つの条件から必ず1つは確実に言える事柄があるので、それを早く見つけると解答がすぐに出る。

	1位	2位	3位
P	×	○	○
Q	○	×	×
R	○	○	×

答え　Q

例題2　□

S、M、Lの３人が作成した論文の枚数を比べてみた。Mの枚数は何枚か。

ア　「MはLより45枚多い」
イ　「Sの枚数は一番少なくて30枚」
ウ　「MとLの枚数の差は、LとSの枚数の差の3倍」

【解き方】
イより、Sは最小で30枚とわかる。
アより、MとLの差が45枚なので、LとSの枚数の差はウにあるように、
　　45÷3＝15枚　M＝L＋45
よって、LはSより15枚多くなるから、30＋15＝45枚、
　　MはLより45枚多いので、45＋45＝90枚

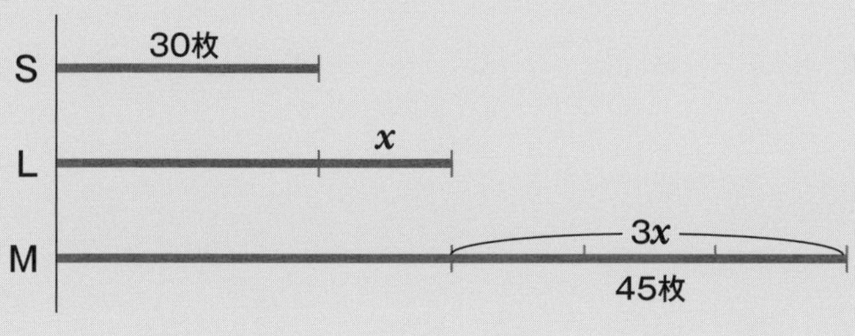

答え　90枚

（答えは別冊 288 ページ）

練習問題 1 推論 1	制限時間 **14** 分 （1 問平均 2 分）	1 回目 □ 分	／7 問
		2 回目 □ 分	／7 問
		3 回目 □ 分	／7 問

【問題1】 A、B、C、Dの4つの大学がある。それぞれについて記念館からの距離を調べてみた。すると、A大学はC大学より遠く、C大学はB大学より近く、B大学はA大学より遠くにあり、D大学はA大学のすぐ近くにあった。記念館から一番遠い大学はどこか。

A　A大学　　**B**　B大学　　**C**　C大学　　**D**　D大学

【問題2】 長さの異なる5つのものさしがある。aはbより長いがcより短く、eはaとbの長さの和に等しく、cとdの長さの和に等しい。このとき、一番長いものさしはどれか。

A　a　　**B**　b　　**C**　c　　**D**　d　　**E**　e

【問題3】 P、Q、R、S、T、Uの6つのフットサルチームが試合をした。その結果が次の通りだった。

PはQに勝った　　TはUに勝った　　QはRに勝った
RはSに負けた　　SはPに負けた　　PはUに負けた

これらの条件だけで、順位がわからないチームはどれか、すべて答えよ。

A　P　　**B**　Q　　**C**　R　　**D**　S　　**E**　T　　**F**　U

【問題4】 S、T、O、Pの4人が1個ずつ宝石を持っている。宝石の色は、赤、青、黄、緑である。

S：「私の宝石は赤色です」
T：「ぼくの宝石は青色です」
O：「私の宝石は黄色です」
P：「私の宝石は黄色ではない」

もしSだけが嘘をついているとすると、Sの宝石の色は何色になるか。

A 赤　　**B** 青　　**C** 黄　　**D** 緑

【問題5】 V、W、X、Y、Zのタイルに5つの数字が書かれてある。そのうち4つは、11、110、121、130であることがわかった。5つの数字で一番大きい数字は130である。
このとき、ア：V−Y＝W　イ：X−W＝Z　ウ：W×W＝X　であった。
5つの数の平均はいくらか。

A 88.2　　**B** 91.4　　**C** 92.6　　**D** 95.0　　**E** 98.2

【問題6】 K、L、M、Nの4人がテニスの試合をした。4人ともほかの3人と1回ずつ対戦したが、2回した人もいた。K君は2勝1敗、Lさんは3勝0敗、M君は0勝4敗だった。

⑴ N君は何勝何敗か。

A 0勝4敗　　**B** 1勝3敗　　**C** 2勝2敗　　**D** 3勝1敗　　**E** 4 勝0敗

⑵ K君は誰に勝ったか。

A Lさん　　**B** M君　　**C** N君　　**D** Lさんと M君
E M君とN君　**F** 該当なし

（答えは別冊289ページ）

練習問題 2 推論1	制限時間 10分 （1問平均2分）	1回目　　分	／5問
		2回目　　分	／5問
		3回目　　分	／5問

【問題1】 Pで折り返す長距離走で、Y君は折り返し地点の手前で、折り返してきた先頭の5人とすれ違った。さらに折り返し地点の手前で3人抜き、折り返してきた1人とすれ違った。折り返し後、2人に抜かれてゴールインした。Y君は何位だったか。

A　5位　　B　6位　　C　7位　　D　8位　　E　9位

【問題2】 ある将棋教室に通うP、Q、R、S、Tの5人の年齢について、次のことが分かっている。このことから推測すると、最年少者は何歳か。

●PはQと6歳違う　●RはSと1歳違う　●TとPは4歳違う
●QはRと4歳違う　●SとTは5歳違う
●最年長の年齢は最年少の年齢の2倍である

A　8歳　　B　9歳　　C　10歳　　D　11歳　　E　12歳

【問題3】 JからQの男女8人が列車の先頭に向かって縦1列に並んでいる。前から1番目、2番目、7番目、8番目は女子である。彼らに3つの命令がかけられ、それに従って並び方を変えたところ次のような結果になった。

i）KはJの、LはQの、PはNの後ろになった。
ii）Lの両隣りは女子になった
iii）Jの両隣りは女子で、左側はQであった。

3つの命令
△ 全員、列車の後ろに向きを変える
△ 前から数えて偶数番の者は、すぐ前の者のすぐ右側に並ぶ
△ 前から数えて偶数番の者は、すぐ前の者のすぐ左側に並ぶ

この命令の順序は不明であったが、はじめの縦1列のときの並び方で正しいものを選びなさい。

A　Nは前から8番目に並んでいた。
B　Mは前から5番目に並んでいた。
C　Lは前から4番目に並んでいた。
D　Kは前から2番目に並んでいた。
E　Jは前から6番目に並んでいた。

【問題4】　R～Zの9人がコの字型の机に座って会議をする。その際、着席の様子は以下のア～エの通りである。これらのことから確実に言えるものを選びなさい。

ア　Zの1人おいた両隣にTとXが座った。
イ　Wの正面の席の隣にXが着席した。
ウ　Sの右3人目にYが、左3人目にTが座った。
エ　UとX、WとZは隣に座っていない。

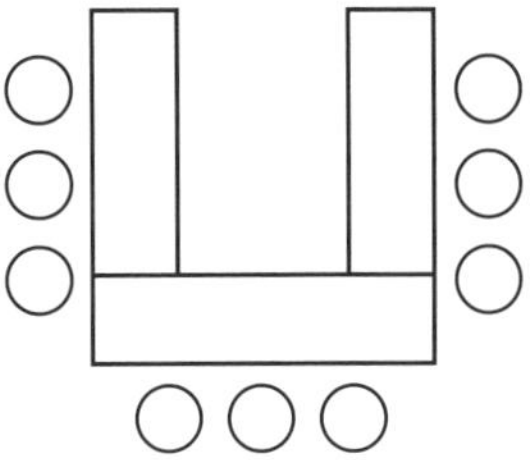

A　Sの1人おいた隣にXがいる。
B　UはRの向かい側に座った。
C　Rの隣にYが座った。
D　Zの2人おいた隣にWが座った。
E　Wの両端にはTとZが座った。

【問題5】　ある雇用センターに12人の登録者を派遣してほしいと要請があった。依頼先企業はN社、M社、B社の３社からであり、派遣の条件は次の通りであった。

1. 毎日、N社に2人、M社に3人、B社に4人派遣すること。
2. 個々の社員には、連続3日勤務、1日休日のスケジュールにする。
3. 同一の会社に派遣する人数をできるだけ多くする。

これらの条件で考えたとき、確実に言えることは何か。A～Eから選びなさい。

A　日によってN社またはB社に派遣者を1人送ればいい。
B　M社のみ派遣される社員は3人である。
C　4日ごとに派遣先企業が変わる派遣者は2人である。
D　日によってN社、M社またはB社に1人派遣される。
E　B社のみに派遣される社員は3人で間に合う。

17日目

第2章　実践！ 1日30分

推論2

重要度 ★★★

練習日：(　　月　　日)(　　月　　日)(　　月　　日)

条件の中で考え、確実なものを選び出す

1. 与えられた条件を図や線で表す

2. 筋道立てて関係をまとめていく

3. 曖昧な部分が、問題に残る

4. 答え方：

①論理を通して残った方を選ぶ

②公式を使って出た確実な方を選ぶ

例題　□

アイドルが全員色紙にサインすることになった。メンバーはN君、K君、G君、S君、T君の5人である。その数について、下のような条件があったとき、2番目に多くサインをした人は誰か。

ア　N君はもっとも多くも、もっとも少なくもなかった。
イ　K君は5人の真ん中の人より多かった。
ウ　S君はG君より少なく、その間には1人いた。
エ　T君はK君とG君の間であった。

A　N君　　B　K君　　C　G君　　D　S君　　E　T君

【解き方】

まず順位と条件を軸にした表を作る。そこにア～エまでの条件で当てはまるものは書き入れ、当てはまらないものは(×)をする。すべてを記入したものが下表である。

順位	1	2	3	4	5
ア	×	N	N	N	×
イ	K	K	×	×	×
ウ	×	×	S	S	S
エ	×	T	T	T	×
	×	×	G	×	×

5位はS君しかいないので決定。1位はK君しかいないので、これも決定。
ウの条件より、G＞？＞Sとなり、3位がG君で決定。
エの条件より、順位はK＞T＞Gとなる。
条件から整理した順位はK＞T＞G＞？＞S。
よって、？には残りのN君が入る。以上より
K＞T＞G＞N＞Sに決まる。

決定者	K	T	G	N	S
解答番号	B	E	C	A	D

答え　E

（答えは別冊 292 ページ）

練習問題 1 推論 2	制限時間 **18**分 （1 問平均 3 分）	1回目 □ 分	／6 問
		2回目 □ 分	／6 問
		3回目 □ 分	／6 問

【問題1】 S社、T社、D社、U社の4種類のコーヒーの中でどれが一番おいしいかアンケートを取ることにし、その前に結果を予想した。

Mさん：T社は1位か2位である。
K君：1位はD社かU社である。
Rさん：U社は2位か3位である。

しかしこの予想はすべて外れた。アンケートの結果、2位になった会社はどこか。

A　S社　　B　T社　　C　D社　　D　U社

【問題2】 大小2種類のターコイズの玉があわせて40個ある。全部の重さは1218gで、小さい玉だけの重さは大きい玉だけの重さより238g重い。小さい玉1個の重さは大きい玉1個の重さの0.8倍である。小さい玉1つの重さは何gか。

A　26g　　B　28g　　C　30g　　D　32g　　E　34g

【問題3】 3種類の機械がある。
Aの機械は、数を7倍する。
Bの機械は、3で割り、小数第一位を四捨五入する。
Cの機械は、34と比べて大きいほうから小さいほうを引く。

(1) これらの機械を125に対しB→C→A→Bという順番で使った。この結果に出てくる数は何か。

A　16　　B　17　　C　18　　D　19　　E　20

（2）62が4回の機械操作を終えた結果31となった。工程は次のような流れであった。Bを使ったあとの数字は何だったか。

「62→□$\xrightarrow{A}$□$\xrightarrow{B}$□→31」

A　34　　B　35　　C　48　　D　65　　E　93

【問題4】　慶太君、ちあきさん、千里さん、ココネさんの4人が資格試験を受けた。試験の解答方式はAかBの選択方式で、1問10点の100点満点であった。その結果が次の表のようになったとき、ココネさんの得点は何点か。

	1	2	3	4	5	6	7	8	9	10	得点
慶太	A	A	B	A	B	B	A	A	B	B	70
ちあき	B	A	A	A	A	B	B	B	A	B	70
千里	B	B	B	B	A	A	B	A	B	A	60
ココネ	B	A	B	B	A	A	A	B	B	A	

A　40点　　B　50点　　C　60点　　D　70点　　E　80点

【問題5】　◎・○・★・●の4種類のカードが、それぞれ3枚ずつ用意されている。◎は1点、○は2点、★が3点、●が4点である。このカードをモエさん、さやかさん、尚美さん、かおりさんの4人が3枚ずつ引き、それぞれ3種類のカードを持っている。尚美さんは★カードを持っている。モエさんとかおりさんは◎カードを持っている。さやかさんとかおりさんの合計点数は3の倍数であることがわかっている。尚美さんの合計は何点か。

A　6点　　B　7点　　C　8点　　D　9点　　E　10点

（答えは別冊296ページ）

練習問題 2 推論 2	制限時間 **12**分 （1問平均2分）	1回目 □ 分	／6 問
		2回目 □ 分	／6 問
		3回目 □ 分	／6 問

【問題1】　K、S、T、N、Hの5人がマラソン競技に出た。この中の1人が優勝し、1人が最下位だった。残りの3人は途中棄権した。そのときの5人の話は次のようなことだった。棄権者はウソをつき、完走者は本当のことを言っている。この中で優勝者はだれか。

K「Nは棄権した。」
S「Kは最下位だった。」
T「Hは棄権した。」
N「Tは最下位だった。」
H「Sは完走した。」

A　K　　**B**　S　　**C**　T　　**D**　N　　**E**　H

【問題2】　5階建てのビルに各階3部屋ずつ事務所がある。ここにS、M、T、W、Fの5社がそれぞれ3部屋ずつ事務所を所有する。次のア～エがわかっているとき、確実に言えることはどれか。

ア　Sの所有する部屋のうち、2つはMの所有する部屋と同じ階にある。
イ　TとFは、それぞれ連続した3つの階に部屋を持つ。
ウ　Tの所有する部屋のうち、2つがWの所有する部屋と同じ階にある。
エ　Sの所有する部屋は、一階おきにある。

A　Mは2階に事務所を持つ
B　Mは4階に事務所を持つ
C　Wは1階に事務所を持つ
D　Wは2階に事務所を持つ
E　Fは4階に事務所を持つ

【問題3】　K、G、M、N、Yの5人が走り幅跳びの競技を行った。
KはGより6cm長く跳んだ。NはMより3cm短かった。
GはMより8.5cm短かった。NはYより1cm長かった。

(1) このとき3番目に長く跳んだのはだれか。

A K　B G　C M　D N　E Y

(2) MとYの跳んだ差はいくらになるか。

A 0.5cm　B 1cm　C 1.5cm　D 2cm　E 4cm

【問題4】 4人の学生P、Q、R、Sが1人の受験番号6528の4つの数字で計算クイズをした。各数字を1回だけ使って合計を10にするというものだ。最初にPが式を立てた。それは(6－5)×2＋8というものだった。残りの3人が計算を終えて、次のように言っていた。この3人の中で「×」を使わなかった人はだれか。

Q 「式の数字の順番はPと同じだけど、違う記号も使った。」
R 「私も数字の順番は同じだけど、(　)を2つ使った。」
S 「私は数字を入れ替えた、(　)は使わなかった。」

A Qだけ　B Rだけ　C Sだけ　D QとR　E QとS
F RとS　G 3人全員　H 3人とも使わない

【問題5】 このデパートは8階建てであり、各階に男性服売り場か女性服売り場がある。これについて、3人から次のような発言があった。但し、このデパートは地上階だけとする。

P 奇数階に必ず女性服売り場がある。
Q 3階と5階は女性服売り場がある。
R 2階と4階には男性服売り場がある。

次の3つの推論で正しいものはどれか。1つ選びなさい。

ア Pが正しければ、Qも必ず正しい
イ Qが正しければ、Rも必ず正しい
ウ Rが正しければ、Pも必ず正しい。

A アだけ　B イだけ　C ウだけ　D アとイ
E アとウ　F イとウ　G アとイとウ　H 正しいものはない

18 日目

第2章　実践！1日30分

グラフの領域

重要度 ★★

練習日：(　　月　　日)(　　月　　日)(　　月　　日)

基本的なグラフの向きや通過点の場所を知っておく

1. 直線

$$y = ax + b$$ （a：傾き、b：切片）

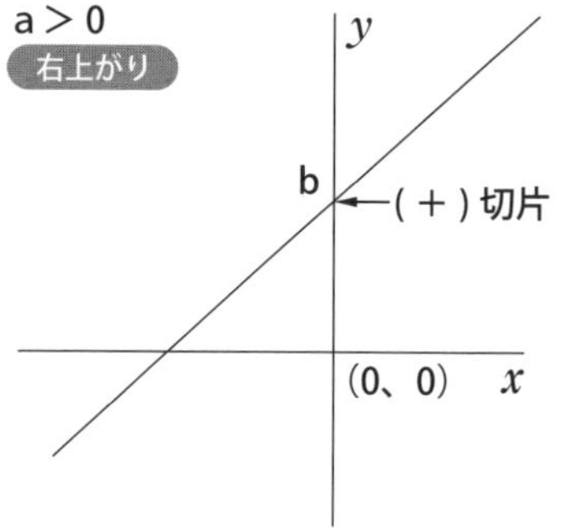

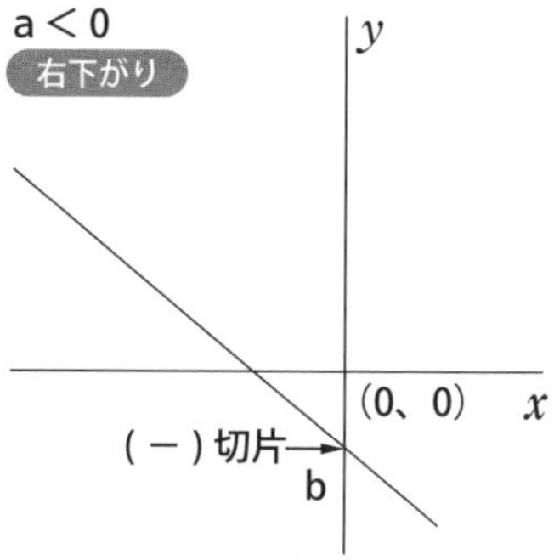

2. 放物線

$$y = ax^2 + b$$ （a：数が大きいほど狭くなる）

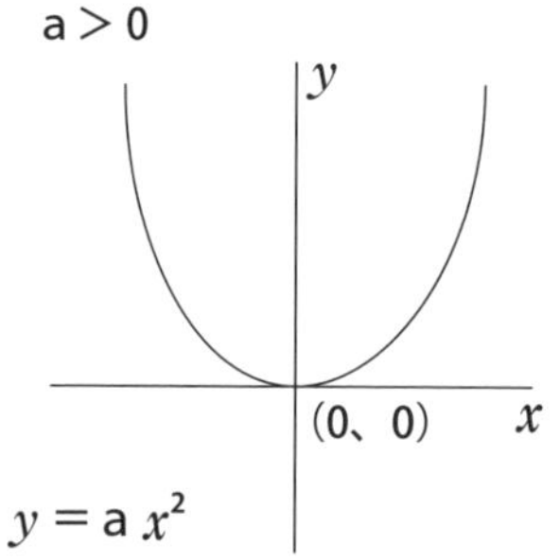

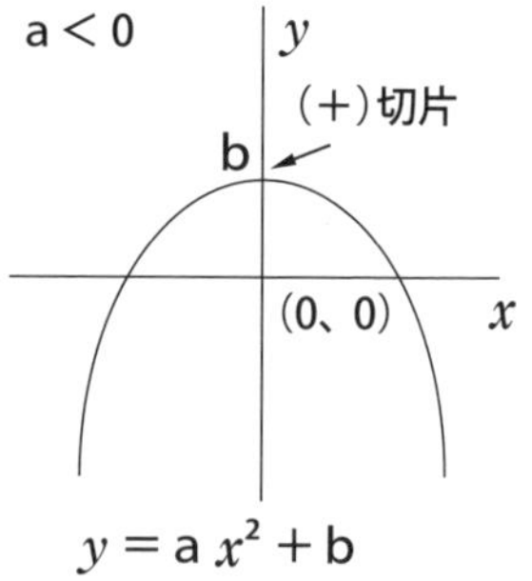

例題1 □

次の関数の式を答えよ。

(1) 傾きが2で、切片が3の直線

(2) 切片が−1で（1、1）を通る直線

(3) （1、−1）、（0、3）を通る直線

(4) $x=3$ のとき $y=-9$ になる2次関数 $y=ax^2$

(5) グラフが（2、2）、（−1、0.5）を通る2次関数 $y=ax^2$

【解き方】

(1) 直線の公式 $y=ax+b$に代入する。

a＝傾き、b＝切片なので、$y=2x+3$　　答え　$y=2x+3$

(2) $y=ax+b$の切片を−1に変えて、(1、1)から、$x=1$、$y=1$を代入する。

$y=ax-1$　　$1=1\times a-1$　　$a=2$　よって、$y=2x-1$

答え　$y=2x-1$

(3) $y=ax+b$に2つの座標を代入する。

(1、−1)を代入すると、$-1=1\times a+b$　・・・①

(0、3)を代入すると、$3=0\times a+b$　・・・②

よって、$b=3$　①−②から、$-4=a$

よって、$y=-4x+3$　　答え　$y=-4x+3$

(4) $y=ax^2$に代入する。

$-9=a\times 3^2$　　$-9=9a$　　$a=-1$

よって、$y=ax^2$に$a=-1$を代入して　$y=-x^2$　　答え　$y=-x^2$

(5) 2つの座標のどちらかを$y=ax^2$に代入すればいい。

(2、2)を代入すると、$2=a\times 2^2$　$2=4a$　　$a=\frac{1}{2}$

(−1、0.5)を代入すると、$0.5=a\times(-1)^2$　　$0.5=a$

どちらも同じ値になる。　よって、$y=\frac{1}{2}x^2$　　答え　$y=\frac{1}{2}x^2$

（答えは別冊 298 ページ）

練習問題 1 グラフの領域	制限時間 2 分 （1 問平均 1 分）	1 回目 □ 分	／2 問
		2 回目 □ 分	／2 問
		3 回目 □ 分	／2 問

【問題1】 次の3つの式によって示される放物線と直線、およびx軸、y軸によって、領域は13に分けられる。次の問いに答えよ。

ア　$y=2x+1$
イ　$y=x^2-6$
ウ　$x=0$

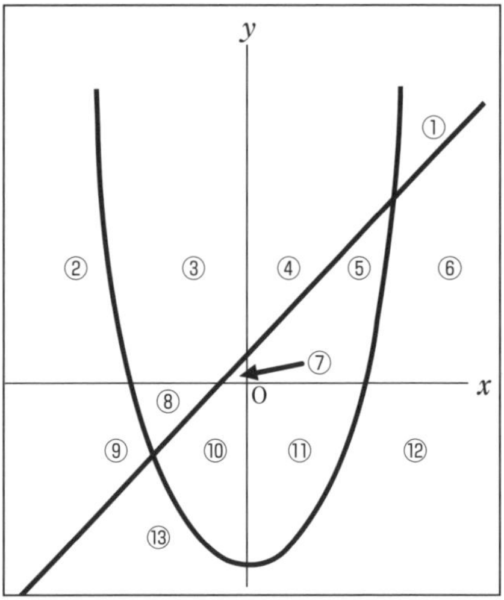

(1) 次の2つの不等式で表される領域に入るのはどれか。

エ　$y<2x+1$
オ　$y>x^2-6$

A　④⑦⑧	B　⑤⑨	C　②③⑥
D　①⑤	E　⑤⑨⑩	F　⑤⑦⑩⑪
G　⑧⑨	H　④⑤	

(2) ②と⑨だけが領域になるように、ア、イ、ウの3つの式の等号を不等号に変えるとき、[＜]の向きになる式はどれか。

A　アだけ	B　イだけ	C　ウだけ	D　アとイ
E　イとウ	F　アとウ	G　ア、イ、ウ	H　該当なし

（答えは別冊 299 ページ）

練習問題 2 グラフの領域	制限時間 4 分 （1 問平均 2 分）	1 回目　分	／2 問
		2 回目　分	／2 問
		3 回目　分	／2 問

【問題1】 次の3つの式によって示される直線と放物線、およびx軸、y軸は、平面をいくつかの領域に分ける。これを使って次の問いに答えよ。

$y=2x+5$
$y=x^2$
$y=8$

(1) 次の2つの不等式で表される領域はどれか。

$y<2x+5$
$y>x^2$

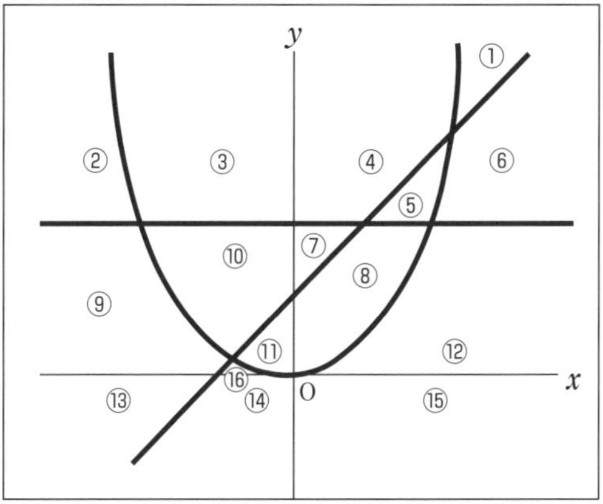

A　①⑥⑫	B　④⑤	C　①②⑨	D　②③④
E　⑨⑩	F　⑤⑧⑪	G　⑦⑧	H　①④⑦

(2) 下に記された3つの式のすべてに当てはまる領域はどれか。

ア　$y>2x+5$
イ　$y<x^2$
ウ　$y<8$

A　①⑥⑨	B　⑥⑨	C　①⑨	D　①②③
E　⑨⑬	F　⑤⑪	G　⑧⑨	H　④⑦⑧

（答えは別冊 300 ページ）

練習問題 3 グラフの領域	制限時間 8 分 （1 問平均 1 分 20 秒）	1 回目　□ 分	／6 問
		2 回目　□ 分	／6 問
		3 回目　□ 分	／6 問

【問題1】　夏のお中元に向けて、ある会社では、企画に合うようにシュークリームとケーキとプリンの詰め合わせセットを計画している。そこには次のような6つの条件がある。

1. シュークリームは15個以下である
2. ケーキは5個以上にする
3. シュークリームは8個以上である
4. シュークリームとケーキの合計は24個以下である
5. ケーキの数はシュークリームの数より多くならない
6. シュークリームとケーキを合わせて24個未満のときは、プリンを入れて24個にする

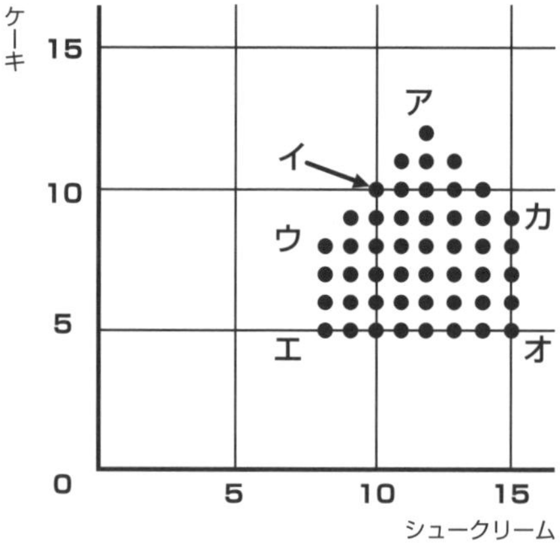

⑴ 点アと点カで結ばれる直線は、どの条件の境界といえるか。

A　条件4　　**B**　条件5　　**C**　条件6　　**D**　条件1と2　　**E**　条件1と3

⑵ 次の点のうち、プリンの数が点イと同じ条件になるのはどれか。

A　点ア　　**B**　点ウ　　**C**　点カ　　**D**　点エ　　**E**　点オ

(3) シュークリームが180円、ケーキが250円、プリンが120円のとき、グラフ上の点ア～カのうち、2番目に値段が高いのはどれか。

A　点ア　　B　点ウ　　C　点カ　　D　点エ　　E　点オ

(4) もっとも値段の安い詰め合わせを作るとき、値段はいくらになるか。

A　3800円　　B　3980円　　C　4010円　　D　4180円　　E　4260円

(5) 新たな企画として「条件7：プリンの数は4個以内とする」を加えたら、条件1~7に当てはまる組み合わせを示す範囲はどんな形になるか。

A　　B　　C　　D　　E

(6) 条件7を「プリンの数はケーキの数よりも多くならない」に変えると、条件1~7に当てはまる組み合わせを表す範囲はどれが正しいか。

A　　B　　C　　D　　E

19 日目

第2章　実践！ 1日30分

モノの流れと比率

重要度 ★

練習日：(　　月　　日)(　　月　　日)(　　月　　日)

モノが経路を通過して流れていく。フロー図を読む力をつけよう

式の関係を素早く理解！

1. 割合 ＝ モノの数量×割合

2. 最後の比率 ＝ 最初の数×割合 A ×割合 B

解き方のコツ

◎複数の経路があるときは、すべてを書き出す。
◎数字があるときは、式に代入して数字で割合を求める。

例題1　□

ある商品の流れる割合を次のように示すとき、下の問いに答えよ。
ただし、W、X、Y、Zは、ある地点の出荷量、a、bは出荷される割合を示すものとする。

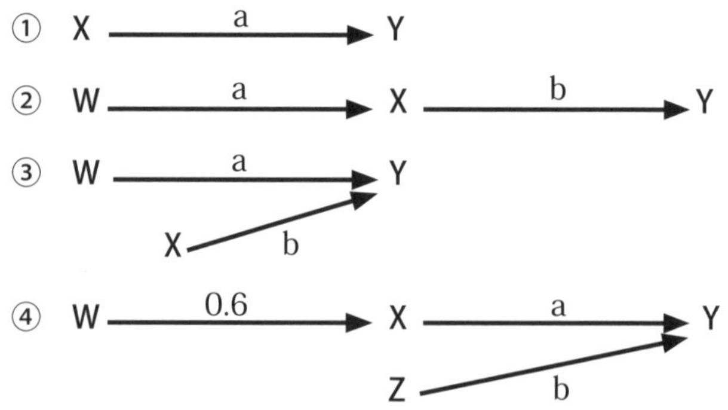

(1) ①の図を見てYに送られる製品の量を表す式を求めよ。

【解き方】
これはXを出た製品のうち、比率 a が Y に送られたことを示す。
よって、$Y=aX$

答え　$Y=aX$

(2) ②の図はWから出た製品がYにとどくときの製品の流れを表す。この図からYの量を表す式を求めよ。

【解き方】
これはWを出た製品のうち、比率aがXへ送られ、
Xを通った製品のうち、比率bがYへ送られたことを示す。
よって、$X=aW$、$Y=bX$　なので、$Y=abW$とも書ける。

※式は2つできる。

答え　$Y=bX$
$Y=abW$

(3) ③の図よりWとXの2か所からYへ送られる製品の量を表す式を求めよ。

【解き方】
W、Xから出た製品がYに集まる。これを表すと、$Y=aW+bX$

答え　$Y=aW+bX$

(4) ④の図よりYに送られる式を求めよ。

【解き方】
W−X−Yの流れ：$Y=0.6\times a\times W=0.6aW$と$Y=ax$
Z−Yの流れ：$Y=bZ$
よって、$Y=0.6aW+bZ$

※式は2つできる。

答え　$Y=0.6aW+bZ$
$Y=aX+bZ$

（答えは別冊301ページ）

練習問題 1 モノの流れと比率	制限時間 **5** 分 （1問平均60秒）	1回目　分	／**5** 問
		2回目　分	／**5** 問
		3回目　分	／**5** 問

【問題1】 100個のうちx%がYに流れるとき、Yにはいくら流れるか。式で示せ。

A $Y=100x$　**B** $Y=10x$　**C** $Y=x$　**D** $Y=\frac{x}{100}$　**E** $\frac{x}{10}$

【問題2】 N個のうちx%がYに流れるとき、Yにはいくつ流れるか、式で示せ。

A $Y=Nx$　**B** $Y=\frac{Nx}{10}$　**C** $Y=\frac{Nx}{100}$　**D** $Y=10Nx$　**E** $Y=100Nx$

【問題3】 100個の商品のうち、x%がYに流れ、そこからy%がWに流れるとき、Wにはいくつ商品が送られるか。

A $W=100xy$　**B** $W=10xy$　**C** $W=xy$　**D** $W=\frac{xy}{10}$　**E** $W=\frac{xy}{100}$

【問題4】 100個あるYの商品のうちx%がZに流れ、200個あるWのうちy%がZに流れる。このときZに流れる商品数はいくらか。

A $Z=2xy$　**B** $Z=10x+20y$　**C** $Z=100x+200y$
D $Z=x+2y$　**E** $Z=3xy$

【問題5】 X倉庫には400個の商品があり、その中の60%がY倉庫へ移される。Y倉庫のP%がZ倉庫に送られる場合、Zにはいくつくるか。

A $\frac{12}{25}$P　**B** 240P　**C** 12P　**D** 2.4P　**E** $\frac{6}{25}$P

（答えは別冊 302 ページ）

練習問題 2 モノの流れと比率	制限時間 **5** 分 （1 問平均 1 分 15 秒）	1 回目 □ 分	／**4** 問
		2 回目 □ 分	／**4** 問
		3 回目 □ 分	／**4** 問

【問題1】　次の条件で表される物流機構で送られる商品がある。W、X、Y、Zは物流拠点、a、b、cは物流拠点から送られる商品の割合である。以下について答えよ。

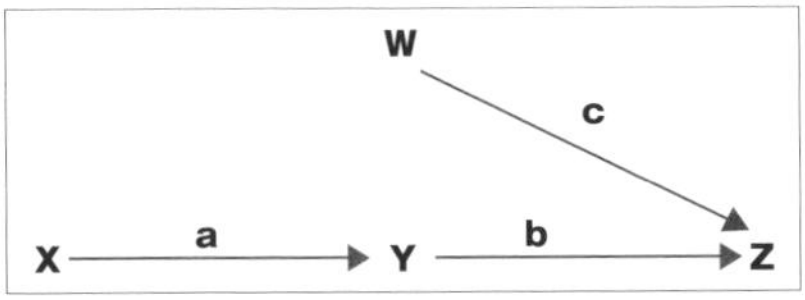

(1) Zに相当する式はどれがふさわしいか。
ア：Z＝cW＋bY　イ：Z＝cW＋aX＋bY　ウ：Z＝cW＋abX

A　アだけ　　B　イだけ　　C　ウだけ　　D　エだけ
E　アとイ　　F　アとウ　　G　イとウ　　H　該当なし

(2) a＝80%、b＝60%、c＝50%の割合で送られる。
WとXに同じ数量の在庫がある場合、WとXのどちらのルートからのほうが、Zへ多く運ばれるか。

A　Wからのルート　　B　Xからのルート　　C　どちらも同じ

(3) a＝0.75、c＝0.6のとき、bがいくらより多ければXからZへの出荷量はWからZへの量を超えるか。但し、WとXの在庫は同じとする。

A　60%　　B　70%　　C　80%　　D　90%　　E　それ以外

(4) W には3000個、Xには8000個の在庫がある。
a＝90%、b＝40%、c＝70%のとき、総出荷量Zはいくらになるか。

A　2100個　　B　3650個　　C　4980個　　D　5240個　　E　5880個

（答えは別冊 302 ページ）

練習問題 3 モノの流れと比率	制限時間 8分 （1問平均1分20秒）	1回目　　分	／6問
		2回目　　分	／6問
		3回目　　分	／6問

【問題1】　次の条件の物流ルートがあるとき、下の問いに答えよ。

ある出版社の倉庫の出庫状況を調べてみた。取次業者上位3社（A社、E社、G社）のうち、A社の商品の70%がB倉庫に運ばれ、そこからC書店にa%が送られていた。E社の商品のb%がF倉庫にわたり、F倉庫のc%がC書店に送られる。
またG社の商品の60%がH倉庫に送られ、その中のd%がＩ書店に運ばれていた。さらにＩ書店へはF倉庫から30%が流れていた。

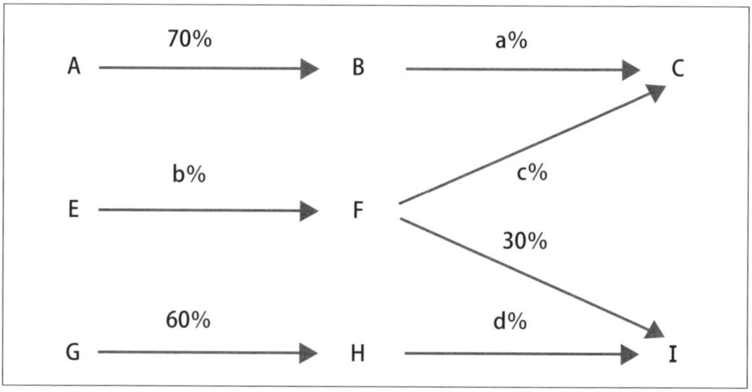

(1) 上の図を式で表したとき、当てはまらないのはどれか。

ア　$C=(70+a)A+bcF$
イ　$C=70aA+bcE+30bF$
ウ　$I=60dG+30F$
エ　$I=60dG+30bE$

A　ア　　**B**　イ　　**C**　ウ　　**D**　アとイ　　**E**　アとウ
F　イとウ　　**G**　ウとエ　　**H**　すべて当てはまらない

(2) A社から10000冊出荷されたとき、C書店には3500冊入荷された。A→B→Cのルートだけで考えると、aは何% になるか。

A 10%　B 20%　C 30%　D 40%
E 50%　F 60%　G 70%　H 80%

(3) E社は5000冊出荷し、F倉庫からC書店とI書店に配送した。そのうちC書店に900冊配送したとき、E→F、F→Cの出荷された割合で、考えられる (b、c) の組み合わせを選べ。

A (60%、40%)　B (50%、50%)　C (30%、70%)　D (40%、60%)
E (20%、70%)　F (60%、30%)　G (10%、90%)　H 該当なし

(4) (3)の条件に加え、G社からは3000冊が出荷され、I書店には合計1620冊が入荷された。dは何%になるか。

A 10%　B 20%　C 30%　D 40%
E 50%　F 60%　G 70%　H 80%

(5) G→H→ Iの経路だけで168冊流通した。dが(4)の割合の場合、G社は何冊配送したか。

A 400冊　B 450冊　C 500冊　D 550冊
E 600冊　F 650冊　G 700冊　H 該当なし

(6) a、b、c、dが(2)、(3)、(4)の値で、取次業者A社、E社、G社がすべて同じ冊数を出荷する場合、C書店とI書店の入荷割合はどうなるか。

A Cが10%多い　B Cが11%多い　C Cが12%多い　D Cが15%多い
E Iが10%多い　F Iが11%多い　G Iが12%多い　H Iが15%多い

集　合

重要度★★★

練習日：(　月　日)(　月　日)(　月　日)

必要な数字だけ取り出して関係を図で表す！

1. 該当する条件をベン図で表す

2. カルノー表に数字を記入する

カルノー表

		数学		合計
		○	×	
英語	○	X人	P	38
	×	Q	0	S
合計		35	R	50

ベン図

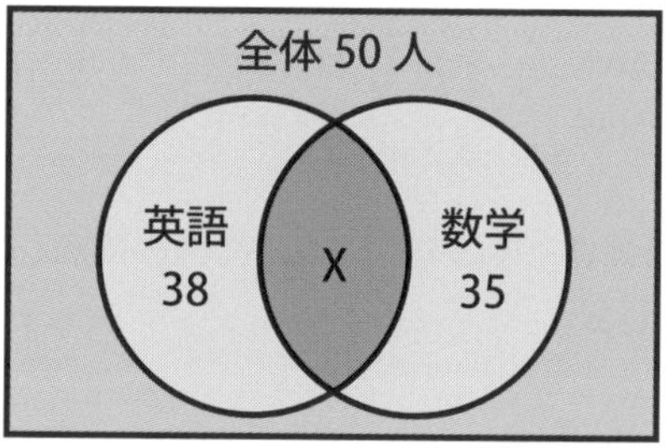

例題1　□

ケント君のクラスで言語、非言語テストがあった。言語テストが出来た人は28人、非言語テストが出来た人は23人だった。どちらも出来なかった人はいなかった。クラスの人数は40人のとき、両方出来た人は何人か。

A 10人　　**B**　11人　　**C** 12人　　**D** 13人　　**E** 14人

【解き方】

カルノー表を使って考える。

(言語が○、非言語が×)＝P、(言語が×、非言語が○)＝Q

(非言語が×の合計)＝R　　(言語が×の合計)＝Sとすると、

S＝40－28＝12　　R＝40－23＝17　　P＋0＝17より、P＝17

求める値は表(言語○)より、x＋P＝28　よって、x＝28－17＝11人

		非言語		合計
		○	×	
言語	○	X人	P	28
	×	Q	0	S
合計		23	R	40

答え　B　11人

例題2　□

42人のクラスで弟がいる人は24人、妹がいる人は29人いた。弟も妹もいない人が8人のとき、弟と妹の両方がいる人は何人か。

A 16人　**B** 17人　**C** 18人　**D** 19人　**E** 20人

【解き方】

弟がいる人：24人、妹がいる人：29人

弟か妹がいる人の合計：全体－いない人＝42－8＝34人

弟がいる人と妹がいる人の合計：24＋29＝53人

弟妹ともにいる（重なっている部分）人数：53－34＝19人

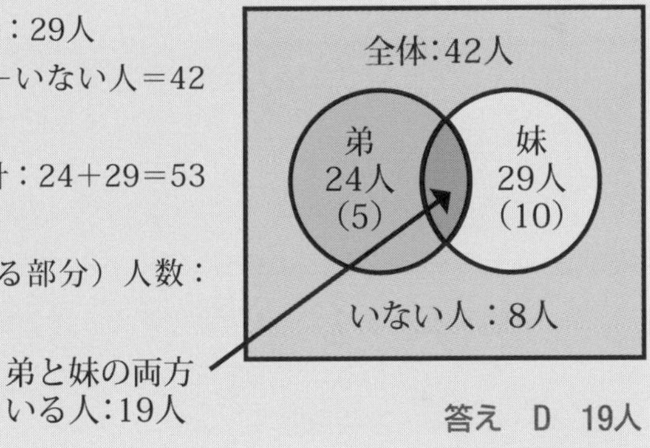

答え　D　19人

例題3　□

49人のクラスで、おじいさんがいる人は27人、おじいさんとおばあさんがいる人が5人いる。どちらもいない人は8人いた。おばあさんだけがいる人は何人か。

A 11人　**B** 12人　**C** 13人　**D** 14人　**E** 15人

【解き方】

クラス人数：49人、どちらもいない人：8人

どちらかいる人：49－8＝41人

おばあさんだけいる人：41－27＝14人

答え　D　14人

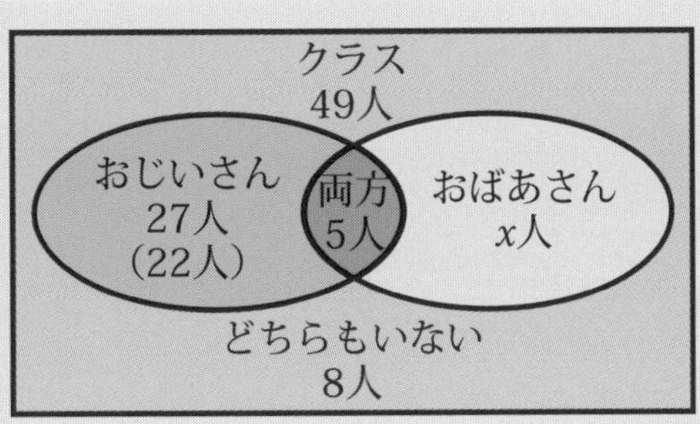

（答えは別冊 304 ページ）

練習問題 1 集　合	 制限時間 **16** 分 （1 問平均 2 分）	1 回目　　分	／8 問
		2 回目　　分	／8 問
		3 回目　　分	／8 問

【問題1】　社員100人のうち、虫歯のある人は70人以上80人以下で、乱視の人は60人以上90人以下である。社員は虫歯もしくは乱視の、必ずどちらかに当てはまるものとする。以下の問いに答えよ。

⑴ 虫歯があって乱視の人は何人が妥当か。

A　8 人　　**B**　16 人　　**C**　28 人　　**D**　32 人　　**E**　81 人

⑵ 虫歯があって乱視でない人は何人以上か。

A　10 人　　**B**　42 人　　**C**　51 人　　**D**　54 人　　**E**　59 人

【問題2】　ゼミの学生45人にのりものについてのアンケートをとった。電車で通学する人は $\frac{2}{5}$ 、自転車で来る人は電車で来る人よりも3人少なく、どちらも使わないで歩いてくる人は22人いる。電車も自転車も両方使ってくる人は何人か。

A　6人　　**B**　7人　　**C**　8人　　**D**　9人　　**E**　10人

【問題3】　ある企業の本年度の新人採用数は586人だった。その中の男子の180人と女子の $\frac{1}{4}$ は部活に入っている。部活に入っていない人数は男女とも同じ人数である。男子の人数と女子の人数で両方共正しいものを選べ。

	A	B	C	D	E
男子	354人	406人	232人	243人	251人
女子	232人	180人	354人	343人	335人

【問題4】 ある短期大学の学部生に、言語テスト、非言語テストの2種類の検査を行った。言語分野ができた人は560人、非言語分野ができた人は520人だった。両方できた人は学部全体の $\frac{1}{4}$ で、両方ともできなかった人は全体の $\frac{1}{8}$ だった。この短期大学の学部には何人生徒がいるか。

A 180人　B 200人　C 460人　D 640人　E 960人

【問題5】 企業研修で山荘と臨海合宿所に分けた。参加した研修生は40人で山荘に行った人は25人、臨海合宿所に行った人は23人だった。山荘だけに行った人には1人2500円、臨海合宿所だけに行った人には3000円の交通費がそれぞれ支給された。両方行った人には5000円支給される。この研修で企業が出した交通費の合計はいくらか。

A 127000円　B 127500円　C 128000円　D 128500円　E 129000円

【問題6】 記念式に参加した男性と女性の人数の比は5:3だった。全体の中で子どもと大人の割合は1:4、また女性の中で子どもと大人の割合は4:11だった。女の子の人数が24人のとき、大人の男性は何人か。

A 126人　B 140人　C 162人　D 240人　E 256人

【問題7】 ある文房具店で入学祝いのためのセール企画を考えた。それはいくつかのペンをセットで売るというもので、A、B、Cの3種類販売することにした。しばらくすると注文が入り、合計660人から予約が入った。AまたはBを注文した人は518人、BまたはCを注文した人は450人、CまたはAを注文した人は476人、BとCの両方注文した人は50人、Aを注文した人は299人だった。3種類とも注文した人は何人いたか。

A 13人　B 14人　C 15人　D 16人　E 17人

（答えは別冊 307 ページ）

練習問題 2 集合	制限時間 18分 （1 問平均 2 分）	1 回目　□　分	／9 問
		2 回目　□　分	／9 問
		3 回目　□　分	／9 問

【問題1】　あかりさんは研究会で休日の習い事の調査をした。英会話を習っている人は20人、公務員試験対策を受けている人は13人。どちらか一方だけを受けている人は17人、どちらも受けていない人は7人いた。この研究会の人数は何人か。

A　24人　　**B**　26人　　**C**　28人　　**D**　30人　　**E**　32人

【問題2】　次の表はハルさんのチーム38人が国内旅行、海外旅行について、好き、嫌いを調べた結果を表したものである。海外旅行も国内旅行も好きな人は15人、海外旅行がきらいな人は15人、国内旅行が好きな人は27人であった。以下の問いに答えよ。

⑴ どちらも嫌いな人は何人いるか。

A　3人　　**B**　5人　　**C**　6人　　**D**　7人　　**E**　8人

		海外旅行 好き	海外旅行 嫌い	合計
国内旅行	好き	15		27
	嫌い		X	
合計			15	38

⑵ 海外旅行が好きで国内旅行が嫌いな人は何人いるか。

A　6人　　**B**　8人　　**C**　10人　　**D**　12人　　**E**　15人

【問題3】　ラクロスサークルの男子18人、女子20人に日本酒とワインについて好き・きらいを調べた。ワインが好きな人は21人、日本酒が好きな人は20人、ワインと日本酒の両方が好きな男子は2人、女子は4人。ワインが好きで日本酒がきらいな男子と日本酒が好きでワインがきらいな女子はそれぞれ8人ずついた。以下の問いに答えよ。

⑴ ワインがきらいな人は何人か。

A　11人　　B　13人　　C　15人　　D　17人　　E　19人

⑵ 日本酒がきらいな男子と女子はそれぞれ何人いるか。(男子、女子)の順で選べ。

A　(8人、9人)　　B　(8人、10人)　　C　(9人、10人)
D　(10人、9人)　　E　(10人、8人)

⑶ ワインも日本酒も嫌いな男子は何人いるか。

A　1人　　B　2人　　C　3人　　D　4人　　E　5人

【問題4】 ある会社の男性社員35人に自分の子どもの人数について尋ねてみた。P、Q、Rはその結果の一部である。

P　子どもの人数の合計はそれぞれ女の子が15人、男の子が14人だった。
Q　男女別集計をみると、男女の子どもがいる社員は5人、男の子だけいる社員5人、女の子だけいる社員10人である。
R　子どもの人数は、1人の社員は12人、2人の社員が7人、3人の社員は1人、4人以上は0人だった。

⑴ 子どものいない社員は何人か。

A　12人　　B　13人　　C　14人　　D　15人　　E　16人

⑵ 子どもが男の子1人だけの社員は何人か。

A　1人　　B　2人　　C　3人　　D　4人　　E　5人

⑶ 子どもが3人いる社員の子どもの性別人数でもっともふさわしいものを選べ。

A　(男1人、女2人)　　B　(男2人、女1人)　　C　(男3人)
D　(男3人)または(男2人、女1人)　　E　(男3人)または(男1人、女2人)

第2章　実践！1日30分

21日目 PERT手法

重要度★

練習日：(　月　日)(　月　日)(　月　日)

工程表の条件を理解して、日程管理の関係を素早く理解できること！

1. 各部の工程日数を正確に読む。
2. 作業日数の多い工程を選ぶ。

解き方のコツ

◎作業時間を足し算して工程時間を表す。
◎複数の経路があるときは、全工程を書き出す。

例題1　□

次の作業工程表を見て、以下の問いに答えよ。但し、次の4つの約束事がある。

1. ①から始まる番号は作業を区別するためのものであり、作業の順番を示すものではない。
2. この番号の日数は、それぞれの作業にかかる日数を示す。
3. 矢印は作業の流れる方向を示す。
4. 次の作業に移るには、その作業に入ってくるすべての作業が終了していなければならない。

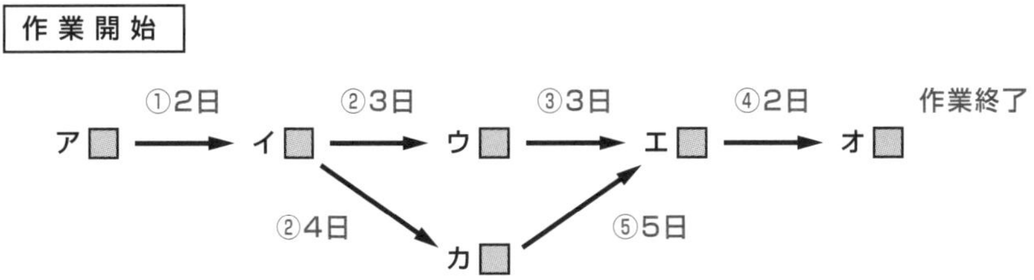

⑴ 全工程を仕上げるのに何日かかるか。

A　10日　　B　11日　　C　12日　　D　13日　　E　14日

⑵ 作業エが終わるまでに2つのルートができる。途中作業が長引き遅れが出た場合、エで待つことになる。予定通りに終えるには遅れた作業は何日間の猶予が取れるか。

A　1日　　B　2日　　C　3日　　D　4日　　E　5日

【解き方】

⑴ 全工程は2通りあり、その作業時間の合計は異なる。

ア→イ→ウ→エ→オ：2+3+3+2=10日

ア→イ→カ→エ→オ：2+4+5+2=13日

時間のかかるほうが答えになるので13日になる。

答え　D　13日

⑵ アからエまでの全工程は2通りある。

ア→イ→ウ→エ：2+3+3=8日

ア→イ→カ→エ：2+4+5=11日

ここで2つの作業日程に差が生じる。その差は11−8=3日になる。

つまり作業エから次の作業に移るには遅いほうの11日かかる。

8日で終えた作業の流れは3日早かったことになる。

よって猶予は11−8=3日

答え　C　3日

（答えは別冊 309 ページ）

練習問題 1 PERT手法	制限時間 4 分 （1 問平均 1 分）	1 回目 □ 分	／4 問
		2 回目 □ 分	／4 問
		3 回目 □ 分	／4 問

次の作業工程表を見て、次の問いに答えよ。

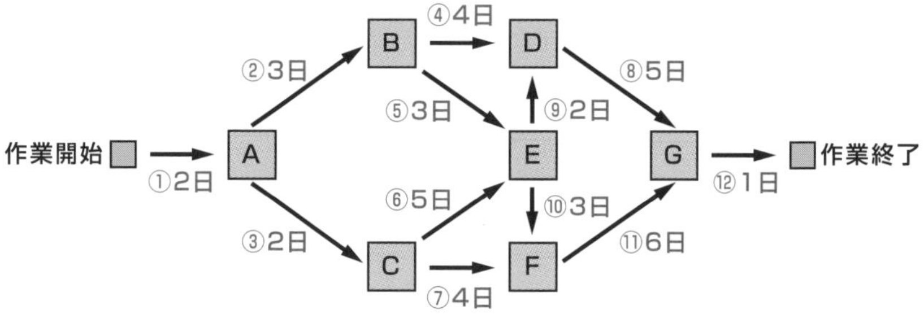

【問題1】　作業⑩に進むためには何日間かかるか。

A　8日　　**B**　9日　　**C**　10日　　**D**　11日　　**E**　12日

【問題2】　作業Eから作業終了まで何日間かかるか。

A　8日　　**B**　9日　　**C**　10日　　**D**　11日　　**E**　12日

【問題3】　作業開始から作業終了まで何日かかるか。

A　15日　　**B**　16日　　**C**　17日　　**D**　18日　　**E**　19日

【問題4】　作業終了予定日が12月26日の場合、作業開始は12月何日になるか。但し、土日も作業するものとする。

A　5日　　**B**　6日　　**C**　7日　　**D**　8日　　**E**　9日

(答えは別冊310ページ)

練習問題 2 PERT手法	制限時間 **5** 分 (1問平均1分15秒)	1回目□分	/**4** 問
		2回目□分	/**4** 問
		3回目□分	/**4** 問

次の作業工程表を見て、次の問いに答えよ。

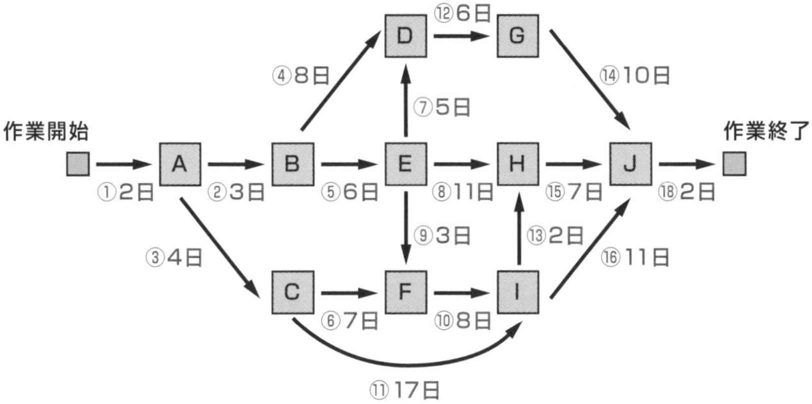

【問題1】　作業Dが終わって、⑫の作業に移るために終了していなければいけない作業はどれか。

A　①②③④　　**B**　①②⑤⑦　　**C**　①②④⑤
D　①②④⑤⑦　　**E**　①②③④⑤⑥⑦⑨　　**F**　該当なし

【問題2】　作業Hで⑮の作業に移るのに何日作業日数がかかるか。

A　21日　**B**　22日　**C**　23日　**D**　24日　**E**　25日

【問題3】　作業Fで作業が滞った場合、⑩の作業を遅れなく行うには何日の余裕があるか。

A　1日　**B**　2日　**C**　3日　**D**　4日　**E**　5日

【問題4】　この作業の開始が3月29日の場合、作業終了日はいつになるか。

A　4月28日　**B**　5月1日　**C**　5月2日　**D**　5月3日　**E**　5月4日

22日目

第2章　実践！ 1日30分

論証と命題

重要度 ★★★

練習日：(　月　日)(　月　日)(　月　日)

実物をイメージせずに「論理」で解く

1.「対偶」を使う

「AならばBである」が真のとき、
「BでなければAではない」だけが正しい

2.「三段論法」を使う

「A＝B」、「B＝C」ならば
「A＝C」であるという進め方

例題1　□

「忙しい人は、汗をかいている」が真であるとき、常に正しいといえるものはどれか。

A　忙しくない人は、汗をかかない
B　汗をかいている人は、忙しい人ばかりではない
C　汗をかいている人は、忙しくない
D　汗をかいていない人は、忙しくない
E　汗かきの人は、多忙である

【解き方】

対偶を使って考えると、「Aならば、Bである」は「BでなければAでない」と

いう関係である。「忙しい人は、汗をかいている」が真であるとき、「汗をかいていない人は、忙しくない」がも真になる。したがって、上の条件文では、Dだけが該当する。

答え　D

例題2　□

次の2つの命題が真であるとき、これから導かれるもので正しいものはどれか。

●「すべての芸術家は創造的である」
●「ある芸術家は音感がない」

ア 芸術家は創造性はあるが、音感がない。
イ 音感のない芸術家は創造的である。
ウ 創造的な芸術家は音感がある。

A　ア　　**B**　イ　　**C**　ウ
D　アとイ　　**E**　アとウ　　**F**　イとウ
G　アとイとウ　　**H**　ア、イ、ウのいずれも誤りである。

【解き方】

２つの命題からベン図をつくると、下図のようになる。

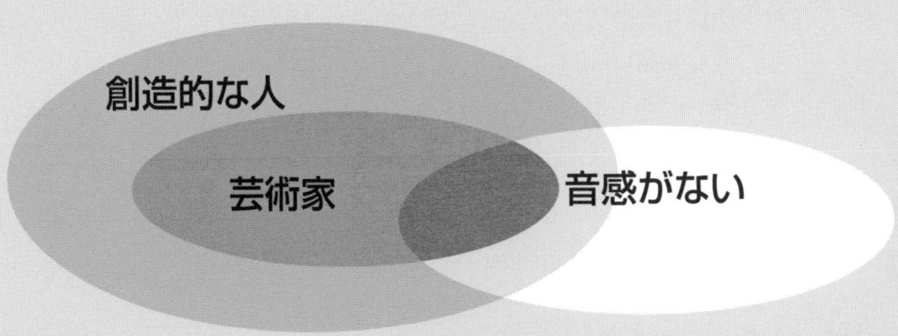

「芸術家」は「創造的な人」に含まれること、「芸術家」の中には「音感がない人もいる」ということで、「そうでない場合がある」という理解をもつことが大切。

答え　B

(答えは別冊 311 ページ)

練習問題 1 論証と命題	制限時間 20分 (1問平均3分20秒)	1回目　　分	／6 問
		2回目　　分	／6 問
		3回目　　分	／6 問

【問題1】「オリンピック選手は朝早く起きる」という命題が正しいとき、次のうち確実にいえるものはどれか。

ア　朝早く起きる人はオリンピック選手である。
イ　オリンピック選手でない人は朝早く起きない。
ウ　朝早く起きない人はオリンピック選手ではない。

A　ア　　B　イ　　C　ウ　　D　アとイ　　E　アとウ　　F　イとウ
G　アとイとウ　　H　ア、イ、ウのいずれも誤りである。

【問題2】「優しい人は、みんなに好かれる人」を真とすると、次の中で常に正しいといえるものはどれか。

ア　みんなに好かれるかは、性格がどうかによってきまる。
イ　優しい人はみんな、人に好かれる。
ウ　みんなに好かれる人は、優しい人である。
エ　みんなに好かれない人は、優しい人である。
オ　優しくない人とみんなに好かれない人は一致している。
カ　優しくない人は、みんなに好かれない人である。
キ　優しい人とみんなに好かれる人は一致している。
ク　みんなに好かれない人は、優しくない人である。

A　ア　　B　イ　　C　ウ　　D　エ　　E　オ　　F　カ
G　キ　　H　ク

【問題3】予定されている販売について次のような条件がある。

1　PとSが参加するときだけ販売はうまくいく。
2　Pは月曜日、Sは火曜日に販売に参加できない。
3　Sは忙しい日には販売に参加できない。
4　Sは木曜日は忙しい。

これに関して3つの意見がある。

ア　月曜日に行う販売はうまくいく。
イ　木曜日に行う販売にSは参加できない。
ウ　木曜日に行う販売にはPは参加できるが、Sは参加できないため販売はうまくいかない。

これらのことから、ア、イ、ウは論理的に判断すると正しいか、誤りか。正しい組み合わせの番号を下の表から選べ。

	ア	イ	ウ
A	正しい	正しい	正しい
B	正しい	正しい	誤り
C	正しい	誤り	正しい
D	正しい	誤り	誤り
E	誤り	正しい	正しい
F	誤り	誤り	正しい
G	誤り	正しい	誤り
H	誤り	誤り	誤り

【問題4】　次のような2つの命題がある。

1　音楽が好きな人は感受性があり、性格がよい。
2　協調性のない人は性格がよくなく、挨拶もしない。

上の2つから判断して、確実にいえるのは下のうちどれか。

A　感受性のある人の一部は挨拶する。
B　挨拶する人の一部は性格がよい。
C　性格のよい人は音楽が好きである。
D　音楽が好きな人は協調性がある。
E　協調性のある人は感受性がある。
F　挨拶する人は性格がよくない。
G　性格がよくない人の中には協調性のない人がいる。
H　感受性のない人は全て性格がよくないとは限らない。

【問題5】 次の3つの命題がある場合について考えよ。

ア　真面目な人はうそをつかない。
イ　明るい人はみんなに好かれる。
ウ　うそをつかない人はみんなに好かれる。

以上のような関係があるとき、確実にいえるものは次のうちどれか。

1　うそをつかない人は正しい人である。
2　真面目な人はみんなに好かれる。
3　うそをつかない人は真面目な人である。
4　みんなに好かれる人は真面目な人である。

A　1だけ　B　2だけ　C　3だけ　D　4だけ　E　1と2
F　2と3　G　3と4　H　3と1

【問題6】 ある資格予備校で、簿記、歴史、FP（ファイナンシャルプランニング）、英検の4教科について、好きか嫌いかの調査を行ったところ、「英検が嫌いな生徒は簿記が好きである」「英検が好きな生徒は歴史が嫌いである」「FPが好きな生徒は簿記が嫌いである」ことがわかった。以上から、確実にいえるのは次のうちどれか。

ア　歴史が好きな生徒はFPが嫌いである。
イ　簿記が好きな生徒は英検が嫌いである。
ウ　英検が好きな生徒はFPが好きである。

A　アだけ　B　イだけ　C　ウだけ　D　アとイ　E　アとウ
F　イとウ　G　アとイとウ　H　ア、イ、ウのいずれも誤りである

（答えは別冊 312 ページ）

練習問題 2 論証と命題	制限時間 **6** 分 （1 問平均 3 分）	1 回目　　分	／**2** 問
		2 回目　　分	／**2** 問
		3 回目　　分	／**2** 問

【問題1】　次の記述で論理的に正しいものを選べ。

ア　「核兵器を全廃しても世界から戦争はなくならない」ゆえに「世界から戦争をなくすには、核兵器の全廃が必要である」は真である。

イ　「論理だけが世の中を動かす力ではない」が正しければ、「論理は世の中を動かす力の一つである」も真である。

ウ　「レーサーなら無料高速道路通行券がもらえる」ならば「レーサーであることは無料高速道路通行券がもらえるための必要条件である」

エ　「彼は酒が好きでかつケーキも好きである」の否定は、「酒が好きではなく、かつケーキも好きではない」である。

A　アだけ　　**B**　イだけ　　**C**　ウだけ　　**D**　エだけ　　**E**　アとイ
F　イとウ　　**G**　イとエ　　**H**　ウとエ

【問題2】　この街では、違法駐車をしている車には、次の処置が取られている。

・休日に駅周辺に路上駐車している車は、レッカー移動される。
・レッカー移動された乗用車の運転手は、罰金を取られる。

これらのことがわかっているとき、確実にいえるのは次のどれか。

ア　平日の駅周辺の路上駐車は、レッカー移動されない。
イ　休日にレッカー移動された車は、駅周辺に路上駐車していた。
ウ　休日に駅周辺に路上駐車すると、罰金を取られる。

A　アだけ　　**B**　イだけ　　**C**　ウだけ　　**D**　アとイ　　**E**　イとウ
F　アとウ　　**G**　ア、イ、ウ　　**H**　ア、イ、ウいずれもいえない

23
日目

第2章　実践！ 1日30分

資料の整理

重要度 ★★★

練習日：(　　月　　日)(　　月　　日)(　　月　　日)

資料から必要な数を選び出し、答える

1. 全体を把握、数字の確認

2. 抜けている項目の計算

3. 読み取り、推測する

解き方のコツ

◎グラフには折れ線グラフ、円グラフ、柱状グラフなどがあるので、各点の数を読みとる。
◎概数で全体を把握する。
◎図表で大きく変化した時期やポイントは、その大きさを計算すること。
◎数字が書かれている表は、その数字から全体の大きさや求める数字の大きさを予測すること。

例題1　□

下の表は主な都市の月別平均気温を表す。次の空欄についての設問に答えよ。

	1月	3月	7月	10月
札幌	−5.4	5.6	20.7	4.2
横浜	4.3	12.6	25.4	11.4
金沢	2.8	10.8	25.2	12.4
神戸	4.6	12.8	27.3	㋐
福岡	2.9	㋑	27.5	13.1

(1) 神戸の場合、1月、3月、7月に10月の気温を加えると平均気温は16.2℃になった。10月の気温は何度か。

A　29.2℃　　**B**　26.0℃　　**C**　24.5℃　　**D**　21.6℃　　**E**　20.1℃

(2) 福岡の3月の平均気温は、札幌の1月と3月の平均気温よりも7.8℃高い。福岡の3月の平均気温は何度か。

A　8.5℃　　**B**　7.2℃　　**C**　7.9℃　　**D**　8.6℃　　**E**　8.1℃

【解き方】

(1) 4ヵ月間の平均気温が16.2℃なので、合計は16.2×4＝64.8℃

前3ヵ月の合計が、4.6＋12.8＋27.3＝44.7℃なので、その差が10月の気温になる。

64.8−44.7＝20.1℃

答え　E

(2) 札幌の1月と3月の平均気温は、(−5.4＋5.6)÷2＝0.1℃になる。

これよりも7.8℃高いので、0.1℃＋7.8℃＝7.9℃

答え　C

（答えは別冊313ページ）

練習問題 1

資料の整理

制限時間 **5** 分

（1問平均1分40秒）

1回目	分	/3 問
2回目	分	/3 問
3回目	分	/3 問

【問題1】　下の表はあるラクロス部員20人の垂直跳びと1500m走の記録の結果である。これを右下のような分布表に書き表して評価することにした。

番号	垂直跳び (cm)	1500m走 (秒)	番号	垂直跳び (cm)	1500m走 (秒)
①	42	324	⑪	46	315
②	37	339	⑫	37	348
③	52	308	⑬	41	321
④	43	335	⑭	48	336
⑤	48	327	⑮	41	332
⑥	31	352	⑯	33	345
⑦	44	328	⑰	54	313
⑧	57	325	⑱	47	324
⑨	43	347	⑲	42	338
⑩	46	333	⑳	44	326

1500m走(秒) / 垂直跳び(cm)	300〜310	310〜320	320〜330	330〜340	340〜350	350〜360	計
55〜60							
50〜55							
45〜50							
40〜45							
35〜40							
30〜35							
計							

⑴ 垂直跳びは高いほどポイントは高く、1500m走は速いほどポイントが高いとすると、次のAからEで一番ポイントが高いのはどれか。（　　）内は、垂直跳び、1500m走の順で表している。

A　(55 ～ 60)、(310 ～ 320)　　B　(50 ～ 55)、(340 ～ 350)
C　(30 ～ 35)、(350 ～ 360)　　D　(40 ～ 45)、(320 ～ 330)
E　(35 ～ 40)、(330 ～ 340)

⑵ 垂直跳びが40cm以上45cm未満、1500m走が320秒以上340秒未満の人は何人いるか。

A　4人　B　5人　C　6人　D　7人
E　8人　F　10人　G　11人　H　12人

⑶ 垂直跳びが45cm未満、1500m走が340秒以上の人数は全体の何%か。

A　10%　B　15%　C　20%　D　25%
E　30%　F　35%　G　40%　H　45%

23日目　資料の整理

（答えは別冊 314 ページ）

練習問題 2 資料の整理	制限時間 **5** 分 （1 問平均 2 分 30 秒）	1 回目 □ 分	／**2** 問
		2 回目 □ 分	／**2** 問
		3 回目 □ 分	／**2** 問

【問題1】　次のグラフは携帯電話の「今までの加入者数と新規契約数から解約数を引いた加入者の数」を表したものである。

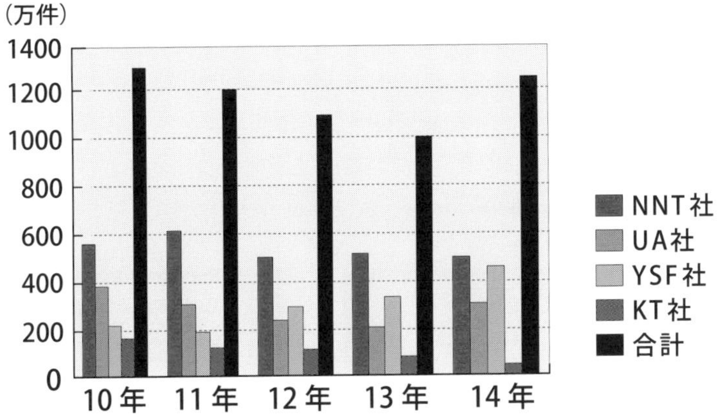

⑴ これを見てアからエの説明で正しいものを選べ。

ア　携帯電話全体の純増率は11年をピークに年々下がる傾向にある
イ　NNT社は11年をピークに毎年約20%ずつ減少しているが、UA社は12年度から3年間、毎年純増数が増えている
ウ　10年は約1300万件あった新規加入者総数は14年には1000万件に減少した
エ　KT社の製品は10年度から使用者数が減り続けている

A アだけ　　**B** イだけ　　**C** ウだけ　　**D** エだけ　　**E** アとイ
F イとウ　　**G** ウとエ　　**H** 該当なし

⑵ 11年度のNNT社と13年度のUA社を比べると、NNT社はUA社の約何倍といえるか。

A　2倍　　**B**　3倍　　**C**　4倍　　**D**　$\frac{1}{2}$ 倍　　**E**　$\frac{2}{5}$ 倍

(答えは別冊314ページ)

練習問題 3 資料の整理	制限時間 3 分	1回目　□　分	／1 問
		2回目　□　分	／1 問
		3回目　□　分	／1 問

【問題1】 次の13年から14年の失業率と有効求人倍率のグラフを見て、ア～ウで正しいものを選べ。

ア　有効求人倍率は、14年に入ってから0.77倍が続き、大きな雇用の変化はない

イ　男性の完全失業率は、完全失業率全体の数値を常に上回っている

ウ　14年に入って女性の雇用は増加傾向にあるが、男性の失業率は増える傾向にある

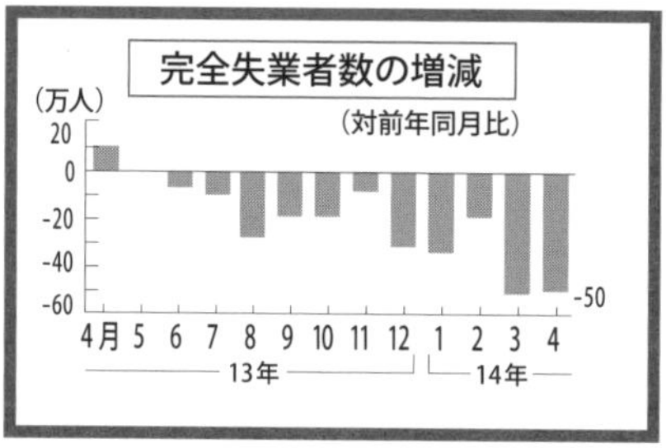

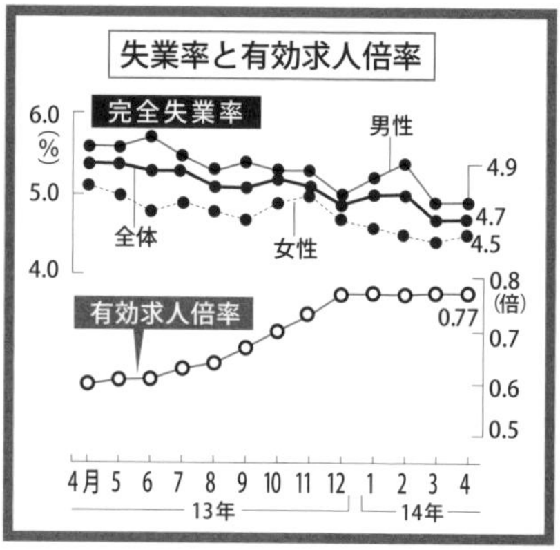

（完全失業率と有効求人倍率は季節調整値。
完全失業者数の増減は原数値。）

A　アだけ　　B　イだけ　　C　ウだけ　　D　アとイ

E　イとウ　　F　アとウ　　G　全て正しい　　H　該当なし

(答えは別冊 314 ページ)

練習問題 4 資料の整理	制限時間 6 分 (1 問平均 2 分)	1 回目　□ 分	／3 問
		2 回目　□ 分	／3 問
		3 回目　□ 分	／3 問

【問題1】 下の表はある大学のゼミの卒業後の進路状況を表したものである。次の問いに答えよ。

	企業A（人）	企業B（人）	企業C（人）	企業D（人）	大学院（人）	就職者の割合（%）
1期生	2	2	4	5	ア	100
2期生	1	2	1	イ	3	78.6
3期生	3	ウ	2	2	4	75.0
4期生	5	7	エ	3	6	76.0
5期生	7	5	5	オ	8	70.4

⑴ 1期生のアの人数は何人か。

A　0人　　**B**　1人　　**C**　2人　　**D**　3人　　**E**　4人

⑵ どの企業へも同じ人数就職しているとすると、エは何人か。

A　2人　　**B**　3人　　**C**　4人　　**D**　5人　　**E**　6人

⑶ これ以外に進路はないとすると、1期生から5期生までのゼミ生の合計は何人といえるか（計算により端数が出た場合は切り捨ててよい。また、上記⑵の条件は関係ないものとする）。

A　90人　　**B**　91人　　**C**　92人　　**D**　93人　　**E**　94人
F　95人　　**G**　96人　　**H**　該当なし

24日目

第2章　実践！ 1日30分

同意語・反意語

重要度 ★★★

練習日：(　月　日)(　月　日)(　月　日)

言葉の関係を読み取る単元。語彙力を鍛えよう

- 「同意語」とは、同じような意味を持つ言葉
- 「反意語」とは、反対の意味を持つ言葉

1. 漢字から判断する

2. 言葉の意味から判断する

解き方のコツ

◎必ず紛らわしい意味の語はあると思って取り組む。→確実な語句を外して選択肢をせばめる。

◎判断が難しいときは、簡単な例文に当てはめて意味を判断する。

◎同意語・反意語がランダムに配列されて、どれについて解くかを自分で判断しながら進める問題形式が主流。例題の関係を瞬時に見抜いて機械的に答える。

例題1 □

次の言葉の同意語を書け。

(1) 希　望＝□	(2) 賛　成＝□	(3) 改　善＝□
(4) 安　価＝□	(5) 利　潤＝□	(6) 快　い＝□
(7) 捗《はかど》　る＝□	(8) 注　ぐ＝□	(9) かしげる＝□
(10) 励ます＝□	(11) 有　名＝□	(12) 不　足＝□
(13) 着　実＝□	(14) 負　債＝□	(15) 承　諾＝□

【答え】

(1) 願望	(2) 同意	(3) 改革
(4) 廉価	(5) 利益	(6) 心地よい
(7) 進む	(8) 入れる	(9) 傾ける
(10) 元気づける	(11) 著名	(12) 欠乏
(13) 堅実	(14) 債務	(15) 承認

例題2 □

次の言葉の反意語を書け。

(1) 安　全 ⇔ □	(2) 偶　然 ⇔ □	(3) 相　対 ⇔ □
(4) 破　壊 ⇔ □	(5) 創　造 ⇔ □	(6) 進　む ⇔ □
(7) 寒　い ⇔ □	(8) 栄える ⇔ □	(9) 優れる ⇔ □
(10) 望　む ⇔ □	(11) 混　乱 ⇔ □	(12) 過　激 ⇔ □
(13) 軽　率 ⇔ □	(14) 理　論 ⇔ □	(15) 損　失 ⇔ □

【答え】

(1) 危険	(2) 必然	(3) 絶対
(4) 建設	(5) 模倣	(6) 退く
(7) 暑い	(8) 衰える	(9) 劣る
(10) 諦める	(11) 秩序	(12) 穏健
(13) 慎重	(14) 実践	(15) 利益

（答えは別冊 315 ページ）

練習問題 1 同意語・反意語	制限時間 **2** 分 （1 問平均 10 秒）	1 回目 □ 分	/12 問
		2 回目 □ 分	/12 問
		3 回目 □ 分	/12 問

【問題1】 例の組み合わせと同じ関係になる言葉を選べ。

例：勤勉 — 怠惰

(1) 創刊 — □□
A 廃業
B 脱稿
C 寄稿
D 廃刊
E 回収

(2) 努める — □□
A 励む
B 怠る
C 休む
D 眺める
E 諦める

(3) 左遷 — □□
A 天下り
B 退職
C 派遣
D 保守
E 栄転

(4) 相対的 — □□
A 比較的
B 圧倒的
C 個人的
D 絶対的
E 楽観的

(5) 愚直 — □□
A 適当
B 狡猾
C 真面目
D 謙虚
E 正直

(6) 簡潔 — □□
A 冗長
B 複雑
C 極端
D 詳細
E 明瞭

例：任務 — 使命

(7) 貢献 — □□
A 恩恵
B 参画
C 寄与
D 利用
E 福祉

(8) 勝者 — □□
A 覇者
B 賢者
C 独裁
D 統帥
E 強者

(9) 合併 — □□
A 吸収
B 体裁
C 分裂
D 統合
E 融合

(10) 熟見 — □□
A 一瞥
B 凝視
C 蔑視
D 重視
E 注視

(11) 座視 — □□
A 直視
B 俯瞰
C 達観
D 対峙
E 傍観

(12) 苦心 — □□
A 会心
B 執心
C 腐心
D 良心
E 残心

（答えは別冊 317 ページ）

練習問題 2 同意語・反意語	 制限時間 4 分 （1 問平均 20 秒）	1 回目 □ 分	／12 問
		2 回目 □ 分	／12 問
		3 回目 □ 分	／12 問

【問題1】　次の(1)～(6)は同じ意味の語句、(7)～(12)は反対の意味の語句を選べ。

(1) 満足：
A　安らぐ
B　気がすむ
C　満悦する
D　納得する
E　くつろぐ

(2) 頓挫：
A　吐露
B　徒労
C　即座
D　挫折
E　骨折り

(3) 友好：
A　外交
B　社交
C　交遊
D　確執
E　親善

(4) かしぐ：
A　抱える
B　捉える
C　見つける
D　傾く
E　跨ぐ

(5) 賄う：
A　働く
B　調べる
C　捌く
D　炊事する
E　上げる

(6) 面目を失う：
A　帳尻を合わせる
B　蜘蛛の子を散らす
C　当てがはずれる
D　後悔する
E　味噌をつける

(7) 杜撰：
A　緻密
B　厳密
C　疎密
D　粗大
E　凡庸

(8) ひるむ：
A　渋る
B　反り返る
C　尻込みする
D　和む
E　勇む

(9) 企てる：
A　図る
B　攻める
C　観る
D　実行する
E　継続する

(10) 逐語訳：
A　翻訳
B　邦訳
C　通訳
D　意訳
E　直訳

(11) 猫の額：
A　愛敬
B　狭小
C　増大
D　豊潤
E　広漠

(12) 激昂：
A　沈黙
B　静粛
C　冷静
D　平穏
E　清楚

（答えは別冊 319 ページ）

練習問題 3

同意語・反意語

制限時間
4 分
（1 問平均 20 秒）

1 回目	□分	/12 問
2 回目	□分	/12 問
3 回目	□分	/12 問

【問題1】　例の組み合わせと同じ関係になっている言葉を選べ。

(1) 例：突然 — 不意

ア　細心 — 綿密　　イ　原因 — 動機　　ウ　由緒 — 著名

A　アだけ　　B　イだけ　　C　ウだけ
D　アとイ　　E　アとウ　　F　イとウ

(2) 例：暑い — 暖かい

ア　ぬるい — 冷たい　　イ　涼しい — 寒い　　ウ　寒い — 涼しい

A　アだけ　　B　イだけ　　C　ウだけ
D　アとイ　　E　アとウ　　F　イとウ

(3) 例：軽率 — 慎重

ア　拘束 — 安全　　イ　延長 — 縮小　　ウ　許可 — 禁止

A　アだけ　　B　イだけ　　C　ウだけ
D　アとイ　　E　アとウ　　F　イとウ

(4) 例：許可 — 禁止

ア　偉人 — 奇人　　イ　一般 — 特殊　　ウ　質素 — 華美

A　アだけ　　B　イだけ　　C　ウだけ
D　アとイ　　E　アとウ　　F　イとウ

(5) 例：気質 — 性質

ア　施設 — 設備　　イ　厚意 — 親切　　ウ　不便 — 無効

A　アだけ　　B　イだけ　　C　ウだけ
D　アとイ　　E　アとウ　　F　イとウ

(6) 例：加害 — 被害
ア　原告 — 被告　　イ　債務 — 債権　　ウ　刻限 — 定刻
A　アだけ　　B　イだけ　　C　ウだけ
D　アとイ　　E　アとウ　　F　イとウ

(7) 例：失望 — 落胆
ア　寄与 — 貢献　　イ　公正 — 清潔　　ウ　穏健 — 平凡
A　アだけ　　B　イだけ　　C　ウだけ
D　アとイ　　E　アとウ　　F　イとウ

(8) 例：洋風 — 和風
ア　愛好 — 憎悪　　イ　快楽 — 苦痛　　ウ　応答 — 返答
A　アだけ　　B　イだけ　　C　ウだけ
D　アとイ　　E　アとウ　　F　イとウ

(9) 例：上品 — 俗悪
ア　非凡 — 平凡　　イ　隆起 — 陥没　　ウ　伯仲 — 匹敵
A　アだけ　　B　イだけ　　C　ウだけ
D　アとイ　　E　アとウ　　F　イとウ

(10) 例：かさむ — かさばる
ア　煩雑 — 簡易　　イ　俯瞰 — 鳥瞰　　ウ　泰斗 — 大家
A　アだけ　　B　イだけ　　C　ウだけ
D　アとイ　　E　アとウ　　F　イとウ

(11) 例：テンプレート — ひな形
ア　コンセンサス — 合意　　イ　イノベーション — 革新
ウ　プレゼンス — 証拠
A　アだけ　　B　イだけ　　C　ウだけ
D　アとイ　　E　アとウ　　F　イとウ

(12) 例：肥沃 — 不毛
ア　曖昧 — 率直　　イ　故意 — 過失　　ウ　包含 — 除外
A　アだけ　　B　イだけ　　C　ウだけ
D　アとイ　　E　アとウ　　F　イとウ

25日目

第2章　実践！ 1日30分

二語の関係

重要度 ★★★

練習日：（　月　日）（　月　日）（　月　日）

言葉の関係を読み取り、同じ関係の語を選ぶ

包括、用途、職種、機能、役割、原料などいくつかの分類がある

1. 例題の関係を素早く見分ける
2. 関係の前後を間違わない
3. 紛らわしい語は最後に当てはめる

解き方のコツ

◎必ず紛らわしい意味の語はあると思っていい。
◎単語と用途の関係を上の例から素早く判断する。
◎紛らわしい語は省いて、わかりやすい語から当てはめる。
◎用途・機能・包括などのうち、どれが求められているかを迷わないこと。

例題　□

例と同じ関係になるよう、⑴は左の語句に対しA～Eの中から1つ選べ。⑵～⑷は組み合わせを選べ。

⑴　**携帯電話 — 通信**

バイオリン：　**A** 管弦楽　**B** フィドル　**C** オーケストラ
D 演奏　**E** 楽器

【解き方】
「携帯電話 — 通信」の関係は、「もの — 用途」の関係である。
「バイオリン」の用途は「演奏」である。　答え　D

(2) 小麦粉 — パン

ア 牛乳 — チーズ　**イ** かまぼこ — 魚　**ウ** きな粉 — 大豆

A ア　**B** イ　**C** ウ
D アとイ　**E** イとウ　**F** その他

【解き方】
例の語句は「原料 — 製品」の関係。
イとウは「製品 — 原料」の順になっている。　答え　A

(3) まつたけ — キノコ

ア バナナ — 果物　**イ** トマト — 野菜　**ウ** ひじき — 山菜

A ア　**B** イ　**C** ウ
D アとイ　**E** イとウ　**F** その他

【解き方】
例の語句は前の語が後の語に含まれる「包括」関係。
ウの「ひじき」は海藻の一種である。　答え　D

(4) パイロット — 操縦

ア ソムリエ — ワイン　**イ** 板前 — 料理　**ウ** パティシエ — ケーキ

A ア　**B** イ　**C** ウ
D アとイ　**E** イとウ　**F** その他

【解き方】
例の語句は、「職業 — 役割」の関係。
アとウは「職業 — 商品」の関係である。　答え　B

（答えは別冊 320 ページ）

練習問題 1 二語の関係	制限時間 **3** 分 （1 問平均約 23 秒）	1 回目□分	／8 問
		2 回目□分	／8 問
		3 回目□分	／8 問

【問題1】　次の例と同じ関係の語を選べ。

例：電卓 — 計算

(1) DVD —
A　ブルーレイ
B　記　憶
C　録　音
D　記　録
E　CD

(2) 鉛　筆 —
A　ペ　ン
B　書　道
C　筆　記
D　マジック
E　文房具

(3) 蛍光灯 —
A　照　明
B　電　気
C　ダイオード
D　ランプ
E　光

(4) 体温計 —
A　測　定
B　医　療
C　検　温
D　看　護
E　水　銀

(5) 電　話 —
A　無　線
B　通　信
C　会　話
D　FAX
E　転　送

(6) 冷蔵庫 —
A　野　菜
B　食　品
C　保　存
D　冷　凍
E　製　氷

(7) ライター —
A　たばこ
B　マッチ
C　花　火
D　使い捨て
E　点　火

(8) 学　校 —
A　教　育
B　生　徒
C　運動場
D　校　歌
E　給　食

（答えは別冊 321 ページ）

練習問題 2

二語の関係

制限時間 2 分

（1 問平均 15 秒）

1 回目	分	／8 問
2 回目	分	／8 問
3 回目	分	／8 問

【問題1】 次の例と同じ関係の語を選べ。

例：日本 — アジア

(1) 宅配便 —
- A 運　搬
- B 流　通
- C 速　達
- D 運　輸
- E トラック

(2) 易 —
- A 運　勢
- B 占　い
- C ホロスコープ
- D 運　命
- E 天変地異

(3) パ　リ —
- A フランス
- B シャンゼリゼ
- C セーヌ川
- D ベルサイユ
- E エッフェル塔

(4) 心理学 —
- A フロイト
- B 精神分析
- C 医　学
- D 学　問
- E 治　療

(5) 正方形 —
- A 長方形
- B 四角形
- C 円　柱
- D さいころ
- E パスカル

(6) ジャズ —
- A アメリカ
- B ゴスペル
- C 楽　器
- D ロック
- E 音　楽

(7) こうもり —
- A 爬虫類
- B 鳥　類
- C もぐら
- D 洞　窟
- E 哺乳類

(8) シャンプー —
- A 石　鹸
- B 洗　浄
- C 洗　髪
- D 風呂場
- E 毛　髪

（答えは別冊 321 ページ）

練習問題 3 二語の関係	制限時間 **3** 分 （1 問平均約 23 秒）	1 回目 □ 分	／**8** 問
		2 回目 □ 分	／**8** 問
		3 回目 □ 分	／**8** 問

【問題1】　次の例と同じ関係の語を選べ。

例：社長―経営

(1) 捕　手 ―
- A　野　球
- B　捕　球
- C　サイン
- D　キャッチャー
- E　監　督

(2) コック ―
- A　ホテル
- B　味付け
- C　調　理
- D　洋　食
- E　三ツ星

(3) ダンサー ―
- A　演　奏
- B　舞　踏
- C　フラー
- D　笑　顔
- E　スピーカー

(4) 薬剤師 ―
- A　治　療
- B　医　療
- C　調　剤
- D　国家試験
- E　問　診

(5) 記　者 ―
- A　撮　影
- B　雑　誌
- C　新　聞
- D　取　材
- E　著　述

(6) アナウンサー ―
- A　予　報
- B　告　知
- C　笑　顔
- D　番　組
- E　タレント

(7) 作　家 ―
- A　著　述
- B　小　説
- C　動　画
- D　レポート
- E　朗　読

(8) 宣教師 ―
- A　聖　書
- B　海　外
- C　布　教
- D　お布施
- E　読　経

（答えは別冊 321 ページ）

練習問題 4 二語の関係	制限時間 3 分 （1 問平均 30 秒）	1 回目　　分	／6 問
		2 回目　　分	／6 問
		3 回目　　分	／6 問

【問題1】　次の例と同じ関係にある組み合わせを選べ。

⑴ 例：もも — 果物

ア　トマト — 野菜　　イ　バナナ — 果物　　ウ　キノコ — まつたけ

A アだけ　B イだけ　C ウだけ　D アとイ　E アとウ　F イとウ

⑵ 例：さしみ — 鮮魚

ア　とんかつ — 豚肉　　イ　米 — せんべい　　ウ　大豆 — 豆腐

A アだけ　B イだけ　C ウだけ　D アとイ　E アとウ　F イとウ

⑶ 例：防寒 — コート

ア　ドライヤー — 乾燥　　イ　排泄 — トイレ　　ウ　拡大 — 顕微鏡

A アだけ　B イだけ　C ウだけ　D アとイ　E アとウ　F イとウ

⑷ 例：公園 — ブランコ

ア　遊園地 — 観覧車　　イ　学校 — 先生　　ウ　会社 — 残業

A アだけ　B イだけ　C ウだけ　D アとイ　E アとウ　F イとウ

⑸ 例：役者 — 舞台

ア　教師 — 生徒　　イ　落語家 — 高座　　ウ　土俵 — リング

A アだけ　B イだけ　C ウだけ　D アとイ　E アとウ　F イとウ

⑹ 例：ゼリー — ゼラチン

ア　テングサ — 寒天　　イ　チーズ — 牛乳　　ウ　たけのこ — メンマ

A アだけ　B イだけ　C ウだけ　D アとイ　E アとウ　F イとウ

（答えは別冊 322 ページ）

練習問題 5 二語の関係	制限時間 3 分 （1 問平均 30 秒）	1 回目　　分	／6 問
		2 回目　　分	／6 問
		3 回目　　分	／6 問

【問題1】　次の例と同じ関係にある組み合わせを選べ。

(1)　例：外国 — 隣国

ア　邦画 — 喜劇　　イ　書籍 — 聖書　　ウ　和風 — 洋風

A アだけ　B イだけ　C ウだけ　D アとイ　E アとウ　F イとウ

(2)　例：リスク — 危険

ア　コラボ — 協力　　イ　クレーム — 提案　　ウ　タスク — 予約

A アだけ　B イだけ　C ウだけ　D アとイ　E アとウ　F イとウ

(3)　例：プリンター — 印刷

ア　サインペン — 文房具　　イ　ポインター — 定規　　ウ　プロジェクター — 投影

A アだけ　B イだけ　C ウだけ　D アとイ　E アとウ　F イとウ

(4)　例：黒板 — チョーク

ア　斧 — 金づち　　イ　ボルト — ナット　　ウ　糸 — 針

A アだけ　B イだけ　C ウだけ　D アとイ　E アとウ　F イとウ

(5)　例：会社 — 社員

ア　病院 — 看護師　　イ　学校 — 校歌　　ウ　野球場 — ダグアウト

A アだけ　B イだけ　C ウだけ　D アとイ　E アとウ　F イとウ

(6)　例：講師 — 講義

ア　教授 — 研究　　イ　弁護士 — 判決　　ウ　作家 — 著述

A アだけ　B イだけ　C ウだけ　D アとイ　E アとウ　F イとウ

(答えは別冊 323 ページ)

練習問題 6 二語の関係	制限時間 3 分 (1 問平均 30 秒)	1 回目 □ 分	／6 問
		2 回目 □ 分	／6 問
		3 回目 □ 分	／6 問

【問題1】　次の例と同じ関係にある組み合わせを選べ。

(1) 例：地震 — 竜巻

ア　相撲 — 力士　　イ　蕎麦 — うどん　　ウ　エアコン — 洗濯機

A アだけ　B イだけ　C ウだけ　D アとイ　E アとウ　F イとウ

(2) 例：日本酒 — 米

ア　蒲鉾 — 魚肉　イ　ポップコーン — とうもろこし　ウ　ヨーグルト — マーガリン

A アだけ　B イだけ　C ウだけ　D アとイ　E アとウ　F イとウ

(3) 例：喜び — 感情

ア　童謡 — 子守唄　　イ　金太郎 — 昔話　　ウ　公孫樹 — 樹木

A アだけ　B イだけ　C ウだけ　D アとイ　E アとウ　F イとウ

(4) 例：箪笥 — 収納

ア　布団 — 就寝　　イ　ダム — 貯水　　ウ　電力 — インフラ

A アだけ　B イだけ　C ウだけ　D アとイ　E アとウ　F イとウ

(5) 例：ロボット — 機械

ア　箒 — 掃除機　　イ　チョコレート — カカオ　　ウ　理科 — 教科

A アだけ　B イだけ　C ウだけ　D アとイ　E アとウ　F イとウ

(6) 例：AI — 人工知能

ア　IPO — 株式公開　　イ　IOC — 国際オリンピック委員会　　ウ　CEO — 創業者

A アだけ　B イだけ　C ウだけ　D アとイ　E アとウ　F イとウ

26日目

第2章　実践！1日30分

語句の意味

重要度 ★★★

練習日：(　　月　　日)(　　月　　日)(　　月　　日)

書かれた意味に合う語句を選択肢から選ぶ

小説や新聞でよく使われる語彙が多いので わからない語は正確な意味を覚えておく

出題傾向

ことわざ・慣用句・時事的語彙・小説や新聞に載る語句

解き方のコツ

◎基本的な語句は意味とともに確実に覚えておく。
◎書けなくてもいいので、読めるようにしておく。
◎わかりやすい語から当てはめて時間をかけないこと。
◎ことわざ・慣用句など、用途別に語句をまとめる。

例題1　□

次の意味に当てはまる語句をA ～ Eの中から１つ選べ。

「的を射た言葉」

A　進言　　**B**　直言　　**C**　極言　　**D**　諫言　　**E**　至言

【解き方】
A　進言：目上の者に対して意見を申し述べること。
B　直言：面と向かって直接に言うこと。
C　極言：極端な言い方をすること。
D　諫言：目上の人の過失などを指摘して忠告すること。　答え　E

例題2　□
次の意味に当てはまる語句をA～Eの中から1つ選べ。
「もれなくすべてに及んでいること」

A　あまねく　B　たゆむ　C　つぶさに　D　そねむ　E　さかしい

【解き方】
B　たゆむ：心の緊張がゆるむ。だらける。
C　つぶさに：細かで詳しいさま。詳細に。
D　そねむ：他人の幸せや長所をうらやみねたむ。
E　さかしい：かしこい。利口だ。　答え　A

例題3　□
次の意味に当てはまる四字熟語をA～Eの中から1つ選べ。
「無言のうちに気持ちが相手に伝わること」

A　以心伝心　B　縦横無尽　C　疑心暗鬼
D　電光石火　E　森羅万象

【解き方】
B　自由自在にふるまうこと。
C　疑いの心があると何でもないものまで恐ろしく感じられるさま。
D　行動が素早いこと。
E　宇宙の一切のもの。　答え　A

（答えは別冊324ページ）

練習問題 1

語句の意味

制限時間
3 分
（1問平均約23秒）

1回目	分	／8 問
2回目	分	／8 問
3回目	分	／8 問

【問題1】　次の言葉に合うものを選べ。

⑴ 機微

A　細かいニュアンス　　B　心のひだ　　C　細かい体の動き
D　小さな出来事　　E　微妙な変化

⑵ 焦燥

A　光り輝くさま　　B　非難して責めること
C　あせりいらだつこと　　D　焼け焦がれること　　E　危険が迫ること

⑶ 夭折

A　早死にすること　　B　急死すること　　C　事故死すること
D　世間離れすること　　E　大往生すること

⑷ 達観

A　意識を高める　　B　遠くを望む
C　細かな点に捉われず大切な点を見極める
D　欲を棄てること　　E　慌てずおごらない様子

⑸ 風雅な趣を楽しむこと

A　花鳥風月　　B　電光石火　　C　明鏡止水
D　一蓮托生　　E　広大無辺

⑹ 見識が狭いこと

A　井に坐して天を観る　　B　言わぬが花　　C　釈迦に説法
D　上手の手から水が漏れる　　E　寝耳に水

⑺ 何もしないでただ見ているだけ

A　手を切る　　B　手が離れる　　C　手を握る
D　手を焼く　　E　手をこまねく

⑻ 一度したことは取り返しがつかないこと

A　海千山千　　B　蓼食う虫も好き好き　　C　忠言、耳に逆らう
D　李下に冠を正さず　　E　覆水盆に返らず

（答えは別冊 324 ページ）

練習問題 2 語句の意味	制限時間 **3** 分 （1 問平均 30 秒）	1 回目　　分	／6 問
		2 回目　　分	／6 問
		3 回目　　分	／6 問

【問題1】　次の言葉の説明として、正しいものを選べ。

(1) さわり

A　話や歌の聞かせどころ　　B　話や歌の中心的な主題
C　話や歌の終わりの部分　　D　話や歌の出だしの部分
E　話や歌のメロディのこと

(2) 馬脚をあらわす

A　化けの皮がはがれる　　B　荒々しい性格がばれる
C　抜群な良い点がある　　D　人より優れた特徴がある
E　犯人が見つかる

(3) 怪我の功名

A　ケガをして反省すること　　B　偶然良い結果になること
C　仮病を使うこと　　D　誰も知らない病気になること
E　憐れみを誘うこと

(4) 春秋に富む

A　よくモノを知っている　　B　四季の美しさに見とれる
C　深く物事をとらえる　　D　実り豊かな季節
E　将来性がある

(5) 窮鼠猫をかむ

A　せっぱつまって刃向かう　　B　酔っ払って暴れる
C　無駄なあがきをする　　D　化けの皮をはがす
E　どうしようもなくなる

(6) 意に介さない

A　気にかけない　　B　理解しない
C　好意を持たない　　D　準備していない
E　言葉に出来ない

（答えは別冊 325 ページ）

練習問題 3 語句の意味	制限時間 **8** 分 （1 問平均 15 秒）	1 回目　□　分	／32 問
		2 回目　□　分	／32 問
		3 回目　□　分	／32 問

【問題1】　次の意味を表す語をA ～ Eから選べ。

⑴ 言うのを遠慮すること

A　忖度　　B　忌憚　　C　教唆　　D　忌避　　E　咀嚼

⑵ それとなく知らせること

A　慇懃　　B　推奨　　C　暗示　　D　示唆　　E　喧伝

⑶ うんざりすること

A　辟易　　B　難渋　　C　躊躇　　D　不遜　　E　舌禍

⑷ 差し迫ること

A　緊迫　　B　暫時　　C　逼迫　　D　窮余　　E　拙速

⑸ めったにないこと

A　不意　　B　偶然　　C　言下　　D　未聞　　E　稀有

⑹ 間に入ってうまくいくよう取り持つこと

A　仲裁　　B　紹介　　C　相克　　D　斡旋　　E　相殺

⑺ 表面に現れない深い意味や内容

A　卓越　　B　含蓄　　C　認知　　D　露見　　E　卓抜

⑻ 状況によく合っていること

A　適宜　　B　変幻　　C　適時　　D　追従　　E　召喚

(9) 非常にうまく適切に

A　ぽつねんと　B　すべからく　C　くまなく

D　いみじくも　E　つましい

(10) 尊敬している友人

A　朋友　B　畏友　C　親友　D　桂林　E　私淑

(11) 徳の力で人を感化し、教育すること

A　自尊　B　英才　C　養育　D　薫陶　E　陶冶

(12) 物事が進みはかどること

A　進展　B　前進　C　発展　D　進行　E　進捗

(13) 何らかの欠陥・欠点のあること

A　弱点　B　瑕疵　C　失点　D　過失　E　欠員

(14) 公職に就かないで民間にいること

A　在野　B　庶民　C　民衆　D　公民　E　行人《ぎょうにん》

(15) 食い違うこと

A　誤謬　B　敷衍　C　不肖　D　齟齬　E　食傷

(16) ひっそりとしてもの寂しい

A　黄昏　B　寂寥　C　千秋　D　名残　E　孤独

(17) 相手に気に入られるように振る舞う

A おもねる　B あざける　C さげすむ
D たぶらかす　E あなどる

(18) 全くそのとおりだと感ずること

A 疎通　B 説得　C 合意　D 御意　E 共感

(19) すぐれた意見・見識

A 謁見　B 卓見　C 出色　D 閲覧　E 拝見

(20) 決断できないで、ぐずぐずすること

A 恬淡　B 牛歩　C 逡巡　D 漫然　E 妥協

(21) 気にしてとらわれること

A 杞憂　B 執着　C 知悉　D 拘泥　E 懸案

(22) いいかげんにしておくこと

A 等閑　B 雑然　C 放置　D 略式　E 卑近

(23) ここぞという大切な場面

A 踊り場　B 修羅場　C 土壇場　D 正念場　E 最高潮

(24) 肩を並べる位置にあること

A 凌駕する　B 類する　C 収斂　D 十八番　E 伍する

(25) 他人の主張や批判に対して論じ返すこと

A 論破　B 討論　C 口論　D 反駁　E 議論

(26) 道理にあわない弁論

A 詭弁　B 訥弁　C 朴訥　D 能弁　E 雄弁

(27) 気が利いて、ぬかりない

A ままならない　B 抜け目ない　C よんどころない

D 如才ない　E たわいない

(28) 二つの勢力が向き合ったまま動かないでいること

A 対立　B 対峙　C 対抗　D 拮抗　E 均衡

(29) あせること

A 性急　B 拙速　C 過度　D 今更　E 焦燥

(30) よいことは賛成し、悪いことは反対すること

A 自暴自棄　B 戦々恐々　C 自業自得

D 是々非々　E 自画自賛

(31) ゆったりと落ち着いているさま

A 追従　B 恍惚　C 従容　D 敬虔　E 逡巡

(32) 付きも離れもしない関係

A 不即不離　B 面従腹背　C 天衣無縫

D 内憂外患　E 傍若無人

27 日目

第2章　実践！ 1日30分

文　法

重要度 ★

練習日：(　　月　　日)(　　月　　日)(　　月　　日)

例を覚えて、言葉の意味と働きを選別する

1. 助詞「で」、「に」などの使い方を知る

2. 文章中の語句の働きがよく出る

3. 意味の違い、役割の違いを正確に判断する

解き方のコツ

◎紛らわしい意味の語は確実に別の言葉に置き換えられるようにしておく。
◎基本は暗記して、使い方を判断する力をつける。
◎紛らわしい語は省いて、わかりやすい語から判断する。

例題　□
例文の下線部と同じ意味のものを選べ。

(1) **彼は来月転勤するそうだ。**

A これはおもしろそうだ。
B 今にも泣き出しそうだ。
C 明日は雨が上がるそうだ。
D 今夜は星が見えそうだ。

(2) **あの手で行くぞ。**

A あと少しで到着する。
B 電車で会社へ向かう。
C 吾輩は猫である。
D 病気で会社を休んだ。

(3) **雪の温度は摂氏０℃もある。**

A 惜しくも金メダルを逃した。
B 私も行きましょう。
C 子供にも関わることだから。
D 今日で３日も雨が降り続いている。

【解き方】
(1) 例文の「そうだ」は、「するらしい」という「伝聞」の意味がある。
それに合うのは、Cである。他の文は、「推測」である。

答え　C

(2) 例文の「で」は、「〜を使って」という意味である。
その使い方に合う文の番号を選ぶ。

答え　B

(3) 例文の「も」は、程度を「強調」する副助詞。Aは「感動」、Bは「並立」、Cは「同類」。

答え　D

(答えは別冊 329 ページ)

練習問題 1 文法	制限時間 4 分 (1問平均 30 秒)	1回目　　分	/8 問
		2回目　　分	/8 問
		3回目　　分	/8 問

【問題1】 例の下線部と同じ使い方の語を選べ。

(1) にこやかに話す
A　静かにしなさい
B　大人になる
C　トマトにきゅうり
D　走りに走った
E　記念にペンをもらった

(2) 母親のくる日
A　これは君のだ
B　もっと小さいのがいい
C　安いの高いの
D　私のあげた写真
E　白魚のような手

(3) 女性ばかりの学校
A　いやだと言わんばかりの顔
B　百円ばかり余る
C　同じことばかり言う
D　今だとばかり声を上げた
E　泣かんばかりに頼み込む

(4) この線でやってみよう
A　この線の通学者
B　線の細い人
C　補助になる線を引く
D　ピアノ線のように強い
E　長期計画の線に従う

(5) 式をあげる
A　仕事をあげる
B　腕をあげる
C　子供を学校へあげる
D　証拠をあげる
E　名をあげる

(6) 変な目で見る
A　目が悪い
B　痛い目にあう
C　世間の目が気になる
D　人を見る目が必要
E　目の鋭い人

(7) 道にそむく
A　ゴールへの道
B　道が開ける
C　その道の大家
D　人の道
E　登校の道

(8) 腕をふるう
A　腕をこまぬく
B　腕ずくで勝ち取る
C　腕に覚えがある
D　腕をくむ
E　腕が後ろに回る

（答えは別冊 329 ページ）

練習問題 2 文法	 制限時間 **5** 分 （1 問平均約 38 秒）	1 回目　□　分	／**8** 問
		2 回目　□　分	／**8** 問
		3 回目　□　分	／**8** 問

【問題1】　例の下線部と同じ使い方のものを選べ。

(1) 納得がいく
A　嫁にいく
B　うまくいく
C　会社へいく
D　心がいく
E　会いにいく

(2) 電波にのる
A　改革にのる
B　誘いにのる
C　口車にのる
D　リズムにのる
E　軌道にのる

(3) 死んでも死にきれない
A　何でも飲んでよい
B　読んでもわからない
C　子供にでもわかる問題
D　これでも買ってみよう
E　お菓子でも食べましょう

(4) やる気がなくなる
A　気が散る
B　ソーダの気が抜ける
C　気を失う
D　気がそそる
E　気を配る

(5) この患者は今日が山だ
A　この物語は山のない内容だ
B　書類の山にうんざりする
C　ひと山越えて海に出た
D　テストで山を外したことがある
E　山盛りのお菓子をたいらげた

(6) 就職の口を世話した
A　ついに靴先に口があいた
B　宵の口から酒を飲む
C　先生の口に合わない
D　嫁の口を探す母親
E　彼は口が軽いので注意しよう

(7) 安静にさえしていれば心配ない
A　立ち見の人さえいない本屋
B　君さえいれば何もいらない
C　雨ばかりか風さえも吹いてきた
D　子供でさえわかる内容だ
E　耳にすることさえはばかられる

(8) よく助かったものだ
A　好んで怠けるものか
B　LAへはよく行ったものだ
C　この期間でよく仕上がったものだ
D　先に着いたものだと思ってた
E　孫とは可愛いと思うものだ

28日目

第2章　実践！1日30分

敬　語

重要度 ★

練習日：(　　月　　日)(　　月　　日)(　　月　　日)

社会人としての基本マナーにもなるので使い方を理解しよう

1. 尊敬語：自分より「相手を上」に捉えた表現

2. 謙譲語：相手より「自分を下げる」表現

3. 丁寧語：お互い対等の立場でわきまえた表現

出題傾向

①上の３つの形式の表現から当てはまる言い方の語句を選ぶ

②特に動詞の変化を問う問題が多い

③基本的な変化を聞く問題が多い

＊社会人のマナーにつながるので、知っておこう

解き方のコツ

◎尊敬語は相手を敬う気持ちで、自分はそのままの位置で相手を上に置く考え方。

◎謙譲語は自分を一段下げる気持ちで、相手はそのままの位置で自分を低める考え方。

◎丁寧語はお互いが同じ立場であり、認め合う気持ちを表す。

例題1

謙譲語の表現はどれか。

A 言う — おっしゃる
B 食べる — いただく
C 行く — いらっしゃる
D する — いたす
E 見る — ご覧になる

【解き方】

BとD以外は「原形―尊敬語」の関係の語である。BとDの尊敬語は次の通りである。

B 食べる — 召し上がる
D する — なさる

答え BとD

例題2

次の中で、謙譲を表す語はどれか。

A 父上　**B** 貴兄　**C** 小生　**D** あのかた　**E** 君

【解き方】

「小生」は謙譲語、その他は、尊敬の意味を含む語。

答え C

例題3

敬語表現で正しくないものはどれか。

A 昨日、君の父に会いました。
B わたしの母がそう申しました。
C たくさん召し上がってください。
D 先生が来られたとき、留守にしておりました。
E 父はこちらから参ると申しております。

【解き方】

「昨日、君のお父様にお会いしました。」が正しい表現。BやEのように身内のことは謙譲語で表現すること。

答え A

（答えは別冊 330 ページ）

練習問題 敬語	制限時間 **5** 分（1問平均約33秒）	1回目　分	／9問
		2回目　分	／9問
		3回目　分	／9問

【問題1】　次の問いに答えよ。

(1) 例文と同じ敬語を使った文を選べ。

例：企画を拝見いたしました。

A　所長がおっしゃった。
B　明日、伺います。
C　さあ、料理を召し上がれ。
D　受付でお聞きになってください。

(2) 次のうち謙譲表現はいくつあるか。

ア　ご心配なさる　　イ　ご通知申し上げる　　ウ　ご覧になる
エ　書類です　　オ　買ってくださった　　カ　お目にかかる
キ　寒いですね　　ク　お帰りだ　　ケ　お通りになる
コ　お教えいただく

A　1つ　　B　2つ　　C　3つ　　D　4つ

(3) 次のうち尊敬表現はいくつあるか。

ア　ご心配なさる　　イ　ご通知申し上げる　　ウ　ご覧になる
エ　書類です　　オ　買ってくださった　　カ　お目にかかる
キ　寒いですね　　ク　お帰りだ　　ケ　お通りになる
コ　お教えいただく

A　3つ　　B　4つ　　C　5つ　　D　6つ

【問題2】　次の例と同じ組み合わせのものを選べ。

(1) 例：食べる ― いただく

ア　見る ― 拝見する　　イ　聞く ― お聞きになる　　ウ　話す ― しゃべる

A　アだけ　　B　イだけ　　C　ウだけ　　D　アとイ　　E　イとウ

⑵ 例：話す — 申し上げる

ア　言う — おっしゃる　　イ　行く — いらっしゃる　　ウ　知る — 存じ上げる

A　アだけ　　B　イだけ　　C　ウだけ　　D　アとイ　　E　イとウ

⑶ 例：食べる — 召し上がる

ア　もらう — 頂戴する　　イ　話す — おっしゃる　　ウ　見る — ご覧になる

A　アだけ　　B　イだけ　　C　ウだけ　　D　アとイ　　E　イとウ

【問題3】　次の言葉の組み合わせと同じものを選べ。

来る — まいる

A　い　る — おいでになる　　B　言　う — おっしゃる
C　す　る — なさる　　D　食べる — いただく

【問題4】　次の文と敬語の組み合わせで正しくないものはどれか。

A　作品を拝見するつもりです。　—　謙譲語
B　お寒うございます。　—　尊敬語
C　先生が書かれる。　—　尊敬語
D　私が駅までお送りします。　—　謙譲語
E　もうご覧になりましたか。　—　尊敬語

【問題5】　次の各文の中で、敬語の使い方が正しいものはどれか。

ア　(先生が学生に)「新入生が活躍していますね」
イ　(団体のリーダーが会員に)「皆さまで決めたことは必ず実行いたしてください」
ウ　(病院のアナウンス)「ミキさん、おりましたらカウンターまでお越しください」
エ　(課長が部長に)「このペンはどなたからいただかれたんですか」

A　アのみ　　B　イのみ　　C　ウのみ　　D　エのみ
E　アとイ　　F　イとウ　　G　イとエ　　H　ウとエ

29
日目

第2章　実践！ 1日30分

文章整序

重要度 ★★★

練習日：(　　月　　日)(　　月　　日)(　　月　　日)

文章全体を筋道どおりに並べ替える

1. 全体を一読して内容の見当をつける

2. 接続詞に注意して各文の配置を考える

・接続詞、指示語がある文は先頭ではない

「そして」「だから」「たとえば」「しかし」「同様に」など

・まとめの接続詞がある文は最後に

「つまり」「だから」など

例題1　□

次のア～ウの文を並べ替えて、正しい文章にするための順番を選べ。

ア　私たち人間は、一つひとつの物に、それぞれ名前をつけています。

イ　それでは、どういうふうにして、物に名前をつけてきたのでしょう。

ウ　新しい物を考え出したり、初めてつくったりすれば、すぐに名前をつけます。

A　ア－イ－ウ　　B　イ－ウ－ア　　C　ウ－イ－ア

D　ア－ウ－イ　　E　ウ－ア－イ

【解き方】

全体を読んでみると、イは提案になっている。また、「それでは」という接続詞があるので、これは最初の文ではない。

アとウでどちらが書き出しにふさわしいかを考えると、アの文は問題提起のため、ここから読み始めると、ウが自然に続く文となる。

ヒント! **接続詞がある文は最初にこない！**

答え　D

例題2　□

次の文を並べ替えて意味の通る文章にすると、どの順番になるか。当てはまる順番を選べ。

ア　火はすぐに紙に燃え移って、いぶりだす。

イ　その中から真っ赤な火の玉ができてくる。

ウ　線香花火の1本を取って、その先に火をつける。

エ　やがて火薬に火がついて、小さい炎が勢いよく飛び出す。

A　アーエーイーウ　　**B**　アーイーエーウ　　**C**　ウーエーイーア

D　ウーイーエーア　　**E**　ウーアーエーイ

【解き方】

最初にくる文は、選択肢からアかウであることがわかる。また、選択肢の中にウで始まるものが3つあることからウであることが予測される。「火をつけた」後のことが書かれているものを次の選択肢の、ア、イ、エから選ぶ。まだ2つ目なので全体の流れを意識しながら展開が広がりそうなものを選ぶこと。「紙に燃え移って、いぶりだす」ことから、次の段階の展開の記述になるのでアを選ぶ。ここまで決まれば後の選択肢はないので考えなくていい。

ヒント! **選択肢の最初の番号から選択を絞り込む。話の流れを正確に読み取り、妥当な番号を選ぶ。**

答え　E

（答えは別冊 331 ページ）

練習問題 1 文章整序	制限時間 4 分（1問平均40秒）	1回目 □ 分	／6 問
		2回目 □ 分	／6 問
		3回目 □ 分	／6 問

【問題1】 A～Eの語句を空欄 [1] ～ [5] に入れて文の意味が成り立つようにするとき、[4] に入るのはどれか。

あらゆるモノが [1] [2] [3] [4] [5] 使えない。

A　原則、屋内でしか
B　「IOT」のインフラとして注目され
C　日本では電波法の規制で
D　欧米中などで実用化されているが
E　ネットにつながる

【問題2】 A～Eの語句を空欄 [1] ～ [5] に入れて文の意味が成り立つようにするとき、[2] に入るのはどれか。

韓国の大統領が [1] [2] [3] [4] [5] 立場を示した。

A　朝鮮半島から動員された
B　日本企業への個人の
C　日本の統治時代に
D　損害賠償請求権を認める
E　徴用工について

【問題3】 A～Eの語句を空欄 [1] ～ [5] に入れて文の意味が成り立つようにするとき、[3] に入るのはどれか。

イスラエルの [1] [2] [3] [4] [5] 進める。

A　人工知能との親和性を生かし
B　モービルアイが
C　幅広い用途の半導体の開発を

D　米エヌビディアは
E　米インテルの傘下に入り

【問題4】　A〜Eの語句を空欄［1］〜［5］に入れて文の意味が成り立つようにするとき、［3］に入るのはどれか。

大学の数や入学定員が急増したのは［1］［2］［3］［4］［5］なったからだ。

A　事前規制から事後チェックへという
B　一定の要件を満たせば
C　大学設置基準にも及び
D　政府の規制緩和策が
E　新規開設が認められるように

【問題5】　A〜Eの語句を空欄［1］〜［5］に入れて文の意味が成り立つようにするとき、［4］に入るのはどれか。

イタリアファッションが［1］［2］［3］［4］［5］を考案した。

A　つまり雑誌とブランドの提携
B　大きな成長と人気を得たとき
C　70年代アメリカ市場で
D　ブランドを世界的に育てるための方策
E　当時のイタリア雑誌編集長は

【問題6】　A〜Eの語句を空欄［1］〜［5］に入れて文の意味が成り立つようにするとき、［2］に入るのはどれか。

暦の上では［1］［2］［3］［4］［5］二十四節気の処暑です。

A　この時期から本州では熱帯夜から解放され
B　8月23日から9月6日は
C　秋だといわれてもいまだ
D　朝晩は涼やかな風が吹き、虫の声がにぎやかになる
E　蒸し暑い日々が続いていますが

（日本経済新聞2017年8月20日・22日より抜粋）

（答えは別冊 332 ページ）

練習問題 2 文章整序	制限時間 **5** 分 （1 問平均 1 分 15 秒）	1 回目□分	／4 問
		2 回目□分	／4 問
		3 回目□分	／4 問

【問題1】　**次のア～オの文をもっとも適切な並べ方にしたとき、アの次に来るものを選べ。**

ア　あたかも、死が恐ろしいのは、死そのもののためではなく、むしろ死の条件によってであるのと同じである。

イ　しかも、実体性のないものは実在性がないものといえるか、また、いわねばならないのであるか。

ウ　孤独が恐ろしいのは、孤独そのもののためではなく、むしろ孤独の条件によってである。

エ　しかし、孤独の条件以外に孤独そのものがあるのか。死の条件以外に死そのものがあるであろうか。

オ　その条件以外にその実体を捉える事のできぬもの、――死も、孤独も、まことにかくの如きものであろうと思われる。

（三木清著　『人生論ノート』より）

A　イ　**B**　ウ　**C**　エ　**D**　オ　**E**　アが最後の文

【問題2】　**次のア～カの文をもっとも適切な並べ方にしたとき、オの次に来るものを選べ。**

ア　何でも二つに分ける考え方は、どんな問題や状況をも、とことん考えようとしないで逃げるという、便利な方法に過ぎない。

イ　たとえば、かつてのエネルギー危機の折に、多くの人々が、「石油会社のせいだ。役人のせいだ。OPEC諸国のせいだ。大統領が優柔不断だからだ」などとまくしたてているのを聞いたことがあるだろう。

ウ　他人を分類することは、自分のことも分類していることになる。その結果、自分を成長させてくれる新しい経験に心を開くという能力を押さえつけてしまうのだ。今も、そしていつまでも、世界をあるがままでなく、自分の観点だけから見るようにさせるということである。

エ　けれども、それは自分の問題を責任転嫁できるものを見つけたがっているあなたに、早くて単純きわまる答えを与えるにしかすぎない。

オ　そしてまた、こう分類することはあらゆる驚異的なことや、その開かれた問題の面白さに、目をふさぐことになるのだ。そして間もなく、世界に対する自然な好奇心や開放的な考え方を失い、考えることまでもやめてしまうようになる。

カ　その結果、疑問を抱いたり、求めたり、探したりするのではなく、型どおりに二つに分けようという強い衝動にますます深く落ち込み、精神的成長も感情的成長も抑制されてしまうだろう。

（ウエイン・W・ダイアー著　『もっと大きく、自分の人生！』より）

A　ア　**B**　イ　**C**　ウ　**D**　エ　**E**　カ　**F**　オが最後の文

【問題3】　**次のア～オの文をもっとも適切な並べ方にしたとき、4番目に来るものを選べ。**

ア　人間を宇宙船に乗せて打ち上げようと考えていた科学者たちは、そういうことを本当に心配しました。それで、人間を宇宙船に乗せる前に、犬やサルを乗せて打ち上げてみました。犬やサルが大丈夫なことを確かめた上で、人間を宇宙に打ち上げたのです。

イ　それから私たちの体の中の血液にも重さがあります。私たちの心臓は、重さのある血液を頭のてっぺんから足のつま先まで送っていますが、もし、血液が突然重さを失ったら、いったいどうなるでしょうか。心臓の調子が狂うかもしれません。頭に血液が行きすぎて、クラクラするかもしれません。

ウ　重さがない状態のことを無重力状態といいますが、宇宙開発が始まったばかりの1950年代の末頃、つまり今から40年以上も前には、この無重力状態は、人間の宇宙進出をはばむ、恐ろしい壁だと考えられていました。

エ　それも初めのうちは地球を1周、1時間48分しか飛ばず、2回目にやっと1日飛ぶといった具合に飛行の時間を少しずつ伸ばして様子を見ました。その結果、十分に気をつけて宇宙飛行をすれば、無重力状態のために人間の健康が損なわれる心配はないことがはっきりしてきました。

オ　なぜなら人間は、大昔から重さのあるこの地球の上だけで暮らしてきたからです。体そのものが重さのある地球上の暮らしにすっかり慣れてしまっています。それが急に重さのない世界に行ったらどうなるでしょうか。例えば、私たちの目の玉は7gほどの重さがあります。私たちは重さのある目の玉を動かして、いつもものを見ています。

（木村繁「重さのない世界」より）

A ア　**B** イ　**C** ウ　**D** エ　**E** オ

【問題4】 **次のア～オの文をもっとも適切な並べ方にしたとき、<u>3番目</u>に来るものを選べ。**

ア　人生の中で苦悩や違和感があること。それは私たちの「生きる意味の再構築」に必要不可欠である。あるときに「私は生きる意味をつかんだ」と、得心しても、それは時がたつにつれ現実に合わなくなっていくことも多い。「就職して仕事の面白さに目覚めた。学生時代のようにフラフラ生きるのではなく、仕事に打ち込んで社会的にも大きな貢献をするぞ。」と20代半ばで新たな生きる道に出会って快調に人生を走り続けたとしても、そのまま80歳まで行けるとはとても思えない。

イ　もっとも「苦悩」とはそういった「ワクワク」と「現実」の葛藤の極限状態であって、「苦悩」とまではいかない葛藤もある。それは現実への「違和感」という形で現われてくる。「何か違うんじゃないか」といった感覚である。
みんなから「いい人」だと言われ続けて生きてきた、でもこの頃何か違和感がある。何か違うんじゃないか。そんな感覚である。

ウ　そうした違和感や苦悩が、むしろ「生きる意味」を明らかにしていく。それらは私たちの生きている現実に対しての私たちの内部からの「異議申し立て」だからだ。私は本当はそんなことをやりたくない。私はもうそんな生き方にうんざりだ。そうした自分自身の隠れた「声」を聞き届けることこそが、私たちの未来への指針となるのだ。

エ　だから「苦悩」とは、「自分のワクワクすること」に気づく大きなチャンスなのである。自分では、まだ自分が何を求めているかが分からない。何に「ワクワクする」のかが分からない。自分の「生命力」のありかが分からない。しかし、現実に私は「苦悩」している、という場合、その「苦悩」に向かい合い、その苦悩の意味を探求していくことで、自分が本当に何を求めているのか、どんなことにワクワクするのかが逆にわかってくるのである。

オ　苦悩とは現実の自分と「ワクワクする自分」との間のギャップから起こるものだ。こうすれば「ワクワクする」という「生命の輝き」が現実によって抑え込まれている。そこに苦悩が生じるのだ。

（上田紀行著　『生きる意味』より）

A ア　B イ　C ウ　D エ　E オ

（答えは別冊 333 ページ）

練習問題 3 文章整序	制限時間 5 分 （1問平均 50 秒）	1回目　　分	／6 問
		2回目　　分	／6 問
		3回目　　分	／6 問

【問題1】　次のア～オの文を読んで、あとの問いに答えよ。

ア　わが国ではイノベーションは長きに渡り、「技術革新」と訳されてきた。

イ　イノベーションの提唱者によれば、物事の「新しい活用法」を創造することにより、新たな価値を生み出し、社会的に大きな変化を起こすことである。

ウ　同時に、イノベーションを起こす手法として、新製品の開発により差別化を実現するものと、新たな方法の実施により差別化を実現する方法がある。

エ　イノベーションを創出する方策の検討に当たり、まず、イノベーションにより、何の実現を果たすのかを検討する必要がある。

オ　また、イノベーションは大別すると持続的イノベーションと破壊的イノベーションの２種類に大別される。

（総務省情報通信審議会『イノベーション創出実現に向けた情報通信技術政策の在り方』より）

(1)　ア～オの文を意味が通るように並べ替えたとき、イの次に来る文を選べ。

A　ア　　**B**　ウ　　**C**　エ　　**D**　オ　　**E**　イが最後の文

(2)　ア～オの文を意味が通るように並べ替えたとき、オの次に来る文を選べ。

A　ア　　**B**　イ　　**C**　ウ　　**D**　エ　　**E**　オが最後の文

【問題2】　次のア～オの文を読んで、あとの問いに答えよ。

ア　この力は自然に身に付くものではなく、主に国語教育を通して体得されるものである。

イ　そして、そのためには情緒力の形成に欠くことのできない読書が特に大切であり、「自ら本に手を伸ばす子供を育てる」国語教育が必要である。

ウ　国語教育の大きな目標は、このような情緒力を確実に育成し、それによって確かな教養や大局観を培うことにある。

エ　情緒力とは、ここでは、例えば、他人の痛みを自分の痛みとして感じる心、美的感性、もののあわれ、懐かしさ、家族愛、郷土愛、日本の文化・伝統・自然を愛する祖国愛、名誉や恥といった社会的・文化的な価値にかかわる感性・情緒を自らのものとして受け止め、理解できる力である。

オ　近年の日本社会に見られる人心などの荒廃が、人間として持つべき感性・情緒を理解する力、すなわち、情緒力の欠如に起因する部分が大きいと考えられることも問題である。

（文科省文化審議会答申『これからの時代に求められる国語力について』より）

(1)　ア〜オの文を意味が通るように並べ替えたとき、ウの次に来る文を選べ。

A　ア　**B**　イ　**C**　エ　**D**　オ　**E**　ウが最後の文

(2)　ア〜オの文を意味が通るように並べ替えたとき、エの次に来る文を選べ。

A　ア　**B**　イ　**C**　ウ　**D**　オ　**E**　エが最後の文

【問題3】　次のア〜オの文を読んで、あとの問いに答えよ。

ア　いつでもどこでも同じものが手に入る便利さに価値があります。

イ　例えば新幹線の駅や空港は、どこもよく似た感じです。

ウ　とはいえ、かつてのようなその土地に行かねば手に入らない商品や特産物はなくなったのではありません。

エ　今は日本のどこへ行こうと同じような表情を持つようになりました。

オ　また町にはコンビニエンスストアが至る所にあり、同じ名前の店ではいつでも同じような商品が買えます。

（長田弘著『読書からはじまる』より）

(1)　ア〜オの文を意味が通るように並べ替えたとき、イの次に来る文を選べ。

A　ア　**B**　ウ　**C**　エ　**D**　オ　**E**　イが最後の文

(2)　ア〜オの文を意味が通るように並べ替えたとき、ウの次に来る文を選べ。

A　ア　**B**　イ　**C**　エ　**D**　オ　**E**　ウが最後の文

30 日目

第2章　実践！ 1日30分

長文の読み取り

重要度 ★★★

練習日：(　月　日)(　月　日)(　月　日)

全文を読まなくても解けるところから始める

文章全体に出される問題を効率よく解く

1.漢字・文法・文学史から答える
2.空所補充・下線部意味を済ませて
3.最後に要旨に取り組む

例題 □

次の文章を読んで、あとの問いに答えよ。

もともとサルの仲間は、他の大型哺乳類のように、はっきりした身体的な(　a　)を持ってはいない。例えば、クジラは水中生活に便利なように体型が変化しており、(　ア　)ライオンやトラは筋肉が発達し、敏捷で、しかも鋭い牙や爪を備えている。(　イ　)、ある環境条件下では餌を手に入れ、種族を維持していくことが容易である。反面、これらの大型哺乳類は、限られた環境下においてのみ繁栄しうる。クジラはもはや陸上で生活することはできないし、ライオンやトラは比較的大きな草食獣が手に入らなくなったらおしまいである。

これに対し、サルの仲間は、そういった身体的構造上の(　a　)を持っていない。さらにまた、生まれつきの行動の仕組みが比較的少なく、加えて雑食性でもあるところから、さまざまな環境に適応しうる。いわば、他の大型哺乳類が特殊化するという方向で進化してきたのに対し、サルの仲間はむしろ、環境に対する柔軟性において進化してきた、ということができるであろう。

(稲垣佳世子・波多野誼余夫著　『人はいかに学ぶか』より)

(1) (ア)(イ)に当てはまる言葉の組み合わせとして正しいものを選べ。

	A	B	C	D	E
ア	また	さて	しかも	あるいは	ただし
イ	したがって	しかし	そのため	しかも	そして

【解き方】

(ア)について考えてみる。(ア)の前の文は「例えば、クジラは～」とクジラの特徴が書かれており、あとの文は「ライオンやトラ」というように別の動物の特徴が書かれている。つまり2つが比べられて書かれているので、並立の関係になるような語がふさわしい。よってAが答えとなる。

答え　A

(2) 文中の(a)には同じ語句が入る。当てはまるものをA ～ Eから選べ。

A　個性　　B　特長　　C　強味　　D　特徴　　E　優劣

答え　D

(3) 下線部「サルの仲間はむしろ、～進化してきた」とあるが、サルが環境に適応できる理由はいくつあるか。

A　1つ　　B　2つ　　C　3つ　　D　4つ　　E　5つ

【解き方】

下線部の前にその記述がある。

1　クジラやライオンのような身体的構造上の特徴を持っていない

2　生まれつきの行動の仕組みが比較的少ない

3　雑食性である

答え　C

（答えは別冊334ページ）

練習問題 1 長文の読み取り	制限時間 6 分	1回目　□分	／5 問
		2回目　□分	／5 問
		3回目　□分	／5 問

【問題1】　次の文章を読んで、あとの問いに答えよ。

ニュースばかりでなく、思いがけない影響は他にもあります。テレビというメディアは、感動や同時体験を提供してくれるものでありながら、しかし逆に、感動の仕方、何を体験すべきかを私たちに指し示す、（A　　　　）のような役割も果たしてしまっている(1)点です。

テレビは観光名所の「さわり(2)」を常に見せます。十年に一度のフェスティバル、厳かな真冬の年中行事、国内国外を問わず、最高の時期の理想的シーンを伝えます。そのため「観光」とは、テレビで麗々しく紹介されたところが本当にそれに値するのかどうかを確かめ、実際にそうだと安心するために行くようなもの、そして伝達され、既に形成されたイメージの中の異郷(3)に行くためのものという側面がぬぐい去れません。テレビに写るのは名所や行事のほんの一部でしかないのに、場合によってはその一部だけを見ようとすることにもなりかねません。目の前の異郷の現実はもっと広く豊かで美しく、もっとほかにも見るべき部分があるのに、テレビによって形成された理想の「現実のかげ」だけを見て、紹介されたとおりだと納得するのが観光と化してはいないでしょうか。

また、サファリに行けば、猛烈なほこりとハエの群れに直面しなければならないし、ゾウのふんのにおいも体験しなければいけないかもしれない。しかし、それはあなたのイメージにある「サファリ」の現実とはおそらく違うのです。そこで感じられる「こんなはずではなかった」という違和感は、あたかもテレビに加工されてしまった元の現実が復讐しているかのようでもあります。その「はず」はテレビが形成したものなのに、あなたはテレビのイメージのほうに固執して目の前の現実に否定的になってしまうかもしれません。テレビが共有の保証人ではあっても、「現実の鏡」そのものではないことを忘れて。

（池田謙一著　『マスメディアを通した現実世界』より）

(1)　（A　　）に当てはまる語句を選べ。

A　鏡　　B　羅針盤　　C　司会者
D　マニュアル　　E　身近な世界

(2)　下線(1)について、これは「観光」の場合でいうと、どんな点が問題なのか。もっとも適当な文を選べ。

A　テレビは説明がなされずに映像が出るので、名所についての知識が不足し、感動が味わえない点
B　テレビで紹介されているのは、美しいところばかりなのだが、実際に行ってみるとそうではないところが必ずある点
C　テレビを見ていると観光名所に行ったのと同じ感動が味わえるので、人々が名所を訪れなくなる点
D　テレビによって形成されたイメージの通りだということを確認するために、名所を訪れることになる点

(3)　「サファリ」について、どんな点が問題だと言えるか。次の文の(ア)(イ)に当てはまる言葉のうち、正しい組み合わせの番号を選べ。

テレビが形成したイメージに固執するあまり、目の前の現実に対して(ア)を抱き、(イ)な気持ちになってしまう点。

	A	B	C	D	E	F
ア	違和感	復讐心	違和感	平等感	公平感	平等感
イ	否定的	否定的	現実的	現実的	体験的	懐疑的

(4)　下線(2)のここでの意味として正しいものを選べ。

A　予告　　B　印象深い部分　　C　さまたげ
D　手で触れること　　E　導入部分

(5)　下線(3)のここでの意味として当てはまるものを選べ。

A　外国　　B　未知の世界　　C　感覚の世界
D　懐かしい世界　　E　観光名所

（答えは別冊 335 ページ）

練習問題 2 長文の読み取り	制限時間 **6** 分	1回目 ＿ 分	／5 問	
		2回目 ＿ 分	／5 問	
		3回目 ＿ 分	／5 問	

【問題1】　次の文章を読んで、あとの問いに答えよ。

「生け花」はわたしたちの身辺で常に目に触れているものであるが、その中で面の構造が重要な働きをしていることを指摘しておこう。

まず、植物全体の形を、次のような三つの部分にわけ、それらがわたしたちに与える印象について考えてみよう。

第一に、根や茎や枝などによって代表される支持体の構造である。その内部には、葉や花などに栄養を送るために、管が多数束になってつまっている。この部分は、力強さ、あるいは不気味さという印象を与える。

第二に、葉の集団である面の構造である。本来、葉は太陽光を受けて光合成したり、呼吸をしたりする部分であり、植物にとっては豊かさの象徴である。実際、葉が多数茂っていても、それらは重なり合わず、一層の面をなしている場合が多い。大きな樹木があれば根元から真上を見上げると、葉は全体として一枚の丸天井になっているのに気がつくはずだ。それは私たちに安堵感を表し、優しく包み込むという感じである。

第三に、花や果実である。

これらの幾何学的な特徴を一言で表現するのは難しい。余り詳細に立ち入るのは現在、目的ではないが、とにかく花は当然ながら華やかさのイメージとつながる。「生け花」とは、以上の3つの構造をバランスよく配置することといえる。

葉は面構造を作るためのものだから、「生け花」全体の中で一枚、または数枚の大きな面ができるように葉を並べる。それによって、見る人にある感じを与えるような作品ができるだろう。これは、ちょうど私たちが森の中に入ったときに受ける印象につながる。

（高木隆司著　『かたちの不思議』より）

⑴ 本文中の下線部の語句で、形容動詞と形容詞の組み合わせになっているものをA～Eの中から選び、記号で答えよ。

	形容動詞	形容詞
A	大きな	力強さ
B	見上げる	その
C	重要な	大きな
D	大きな	優しく
E	重要な	優しく

⑵ 植物の部分とその印象について正しい組み合わせを選び、記号で答えよ。

	葉	根・茎	花・果実
A	豊かさ	不気味さ	安堵感
B	安堵感	忍耐力	華やかさ
C	豊かさ	力強さ	健康的
D	安堵感	忍耐力	幾何学的
E	安堵感	力強さ	華やかさ

⑶ 本文中の二重線の語句「ある感じ」とはどんな感じのことか。次の中から当てはまる語句を選び、記号で答えよ。

A　さびしく悲しい感じ
B　たくましく雄々しい感じ
C　ほっと安心する感じ
D　きらびやかな弾んだ感じ
E　やさしい静かな感じ
F　静かで厳かな感じ

(4) 次のア、イに当てはまる言葉を選ぶとき、正しい組み合わせはどれか。記号で答えよ。

［　ア　］は［　イ　］の持つ構造をバランスよく配置するものだが、中でも面構造は重要な働きをしている。

	ア	イ
A	自　然	生け花
B	生け花	植　物
C	植　物	生け花
D	生け花	自　然
E	植　物	自　然

(5)「第二に」から始まる段落内で、次の言葉を補うとすればどこに入れればよいか。直前の言葉を選び、その記号で答えよ。

太陽光を効率よく受け取るためには、元来薄い膜状を持つ葉が、さらに一枚ずつ横に並んで、全体として大きな面を構成するのが都合がよい。

A　面の構造である。　B　象徴である。　C　場合が多い。
D　気がつくはずだ。　E　感じである。

【第3章】

性格適性検査

性格適性検査の目的

性格適性検査を実施する目的は、人物の性格や基礎能力といった、その人の特徴をあらわす情報を豊富に入手することである。このため SPI3 は、初期選考や面接時といった選考フェーズだけではなく、「採用～内定～入社後」にわたるさまざまなシーンで、その結果を活用される。

・初期選考:「求める人材と自社の組織風土」に合わせてスクリーニングする。
・面接:面接などで確認しておきたいポイントを端的にまとめる。
・動機づけ:受検者に対する深い人物理解。
・内定者フォロー:「この企業は自分のことをしっかりとわかってくれている、必要としている」と内定者により強く感じてもらえるフォローを実現。

という選考だけでなくその後のいくつもの場面で活用されることになる。

なぜ性格適性検査が必要なのか？

性格適性検査は得点を競う性格のテストではなく、性格や態度、興味、価値観などを知るためのものである。企業ごとに文化があり、部署ごとに人間関係があり、従業員一人ひとりにカラーがあり、部署や職種によって求められる資質は当然異なる。

個人の性格がその企業で生かされ、職場にマッチできるかどうかを、採用の段階で検査するためのテストだともいえる。

性格を検査する

性格適性検査は、以下の 6 つの側面から適性を測るものである。

1：行動的側面
2：意欲的側面
3：情緒的側面
4：職務適応性
5：社会関係的側面
6：組織適応性

以下は、その一例である。

（1）行動的側面

行動の特徴から性格の特性を５つの尺度で測定する。実務の面で適切な行動がとれるか、組織内でうまく働きかけができるか、直面する課題・問題に取り組む姿勢や態度はどうか、などが測定される。

1. 社会的内向性：対人関係が消極的で、人付き合いが苦手かを測る

（例題）

＊知らない人と会うのは苦手なほうだ	は い / いいえ
＊あまり自分の意見を主張するほうではない	は い / いいえ
＊人前で話すのは苦手だ	は い / いいえ
＊大勢でいるより一人でいるほうが好きだ	は い / いいえ
＊どちらかというと物静かなほうだ	は い / いいえ

「はい」が多い人： 社交性が低い。人付き合いが苦手で引っ込み思案。机に向かってコツコツ仕事をするタイプ。

「いいえ」が多い人： 社交家。明るい、話好き。逆に配慮に欠けるのではないかと判断される可能性がある。図々しいと思われないように行動を意識する。

2. 内省性：どこまで深く考えるか、じっくり考えることが好きかを測る

（例題）

＊計画を立てることが好きだ	は い / いいえ
＊何事にも慎重なほうだ	は い / いいえ
＊すぐに決断できるほうではない	は い / いいえ
＊毎日その日の行動の反省をする	は い / いいえ
＊どちらかというと物静かなほうだ	は い / いいえ

「はい」が多い人： じっくり深く考え計画を綿密に立てることは好きだが、理屈っぽく実行力に欠けるところがある。細部にまで目が行き届くことをアピール。

「いいえ」が多い人： フットワークのいい行動的なタイプ。計画性に乏しく軽率であると判断されやすいので、そうではないことをアピールすること。

3. 身体活動性：体を動かすことが好きか、活動的かどうかを測る

（例題）
＊人から行動的と言われる　はい／いいえ
＊スポーツは見るよりするほうが好き　はい／いいえ
＊てきぱきと仕事をするほうだ　はい／いいえ
＊激しい運動も苦にならない　はい／いいえ
＊休日は外出するほうだ　はい／いいえ

「はい」が多い人： 活発、積極的、元気、きびきびしている行動的なタイプ。デスクワークが苦手と取られるので、行動力をアピールする。

「いいえ」が多い人： 落ち着きがある、腰が重い、物静かでおとなしいというイメージ。落ち着いて取り組めることをアピールする。

4. 持続性：じっくり取り組む忍耐力を測る

（例題）
＊どちらかというとしぶといほうだ　はい／いいえ
＊一度決めたら最後までやり抜く　はい／いいえ
＊どちらかというと努力家だ　はい／いいえ
＊簡単にあきらめないほうだ　はい／いいえ
＊１つのことに凝るのが好きだ　はい／いいえ

「はい」が多い人： 粘り強く初志貫徹を目指す人。柔軟性があり、変化に対応できるということもアピールすること。

「いいえ」が多い人： 落ち着きがなく、簡単にあきらめる、あっさりしているタイプと取られる。物事に臨機応変に取り組むことができることをアピールする。

5. 慎重性：決断や行動をいかに見通しを立てて実行するかを測る

（例題）＊よい考えが浮かんだらすぐ実行する　はい／いいえ
＊見通しがつかないと不安だ　はい／いいえ
＊決断するのに時間がかかる　はい／いいえ
＊旅行は計画を立ててから出かける　はい／いいえ
＊物事には細心さが必要だ　はい／いいえ

「はい」が多い人： 慎重で計画的。見通しを立てて行動する慎重さはよいが、ときに行動力、決断力に欠けるとみなされる。冷静に行動できることをアピール。

「いいえ」が多い人： 即決、即行動するタイプ。じっくり考えずに行動してしまい、慌て者と取られる場合も。臨機応変に物事に対処できることをアピール。

規準	測定内容	「はい」が多い人の特徴	「いいえ」が多い人の特徴
社会的内向性	対人面での積極性や社交性	・対人関係で消極的 ・控え目、でしゃばらない ・自分の意見を表に出さない	・対人関係で積極的 ・社交意欲が高い ・自分の意見を主張する
内省性	物事を深く考えることを好む傾向にあるか	・行動するより考える ・思慮深く、慎重 ・考えすぎる	・考えるより行動する ・理屈っぽいことを嫌う ・軽率な行動を取りやすい
身体活動性	体を動かし、気軽に行動することを好むかどうか	・体を動かすことを好む ・落ち着きがない ・活動的	・じっとしていることを好む ・落ち着いている ・腰が重い
持続性	粘り強く、コツコツと頑張り抜けるかどうか	・粘り強い ・忍耐強い ・物事にこだわりすぎる	・物事に執着しない ・あっさりしている ・あきっぽい
慎重性	先行きの見通しをつけながら、慎重に物事を進めようとするかどうか	・念には念を入れる ・着実に行動する ・決断が鈍くなる	・気軽に行動に移す ・思い切りがよい ・深く考えずに行動する

(2)意欲的側面

目標の大きさ、バイタリティがあるかどうか、難問に直面したとき、どれだけのパワーを出して立ち向かえるかという「やる気」を、2つの尺度で測定する。実際の行動に至るまでのエネルギーの度合いを測る検査ともいえ、理想重視か実践重視かをみる。

1.達成意欲: 大きな理想や目標をもって取り組むことに価値を置くかを測る

（例題）
* 競争心が強いほうだ　はい／いいえ
* リードするほうが好きだ　はい／いいえ
* 何事も負けるのは嫌いだ　はい／いいえ
* その道のトップになりたいと思う　はい／いいえ
* ライバルのいる環境が好きだ　はい／いいえ

「はい」が多い人: 大きな目標を持ち、やりがいを重視する達成意欲の強い人。好感度の高いタイプだが、強引さに注意すること。

「いいえ」が多い人: 堅実で安全な方向へ進む。現実に満足する傾向が高いので無気力でなく、向上心があることをアピールする。

2.活動意欲: 行動や判断が機敏で、バイタリティがあるかどうかを測る

（例題）
* 自分から進んで行動するほうだ　はい／いいえ
* スポーツは見るよりするほうが好きだ　はい／いいえ
* 進んで新しいことに挑戦するのが好きだ　はい／いいえ
* 長時間かけて取り組む仕事がしたい　はい／いいえ
* 手掛けた仕事は素早く片付けるほうだ　はい／いいえ

「はい」が多い人: 考えを行動に移すのが早い。決断が早く積極性に富んでいる。自己主張が強いので、強引と思われないように注意。

「いいえ」が多い人: おとなしくて慎重なタイプ。安全、秩序を重んじるが、消極的ではなく優柔不断でもないことをアピールする。

規準	測定内容	「はい」が多い人の特徴	「いいえ」が多い人の特徴
達成意欲	大きな目標を持ち、第一人者になることに価値を置くかどうか	・大きな目標を立てる ・競争心が強い ・理想を重視する	・現実を受け入れる ・努力の過程を重視する ・欲がない
活動意欲	行動や判断が機敏で意欲的な傾向にあるかどうか	・決断が早く、行動が機敏 ・守りより攻めに強い ・手際が良く、てきぱきしている	・気長にじっくり取り込む ・攻めより守りに強い ・とりかかるまでに時間がかかる

(3)情緒的側面

職場での人間関係や組織に対する適応性を、情緒面での特徴から測定する。これを6つの尺度で表し、職場での適応性、社会への関心度、協調性などを測る。

1. 敏感性：繊細なことに反応し、気にしやすい神経質さを測る

(例題) ＊細かいことが気になる　はい／いいえ
＊人よりも几帳面だと思う　はい／いいえ
＊物音がすぐ気になる　はい／いいえ
＊ちょっとしたことでも気になって眠れない　はい／いいえ
＊ときどき不安になることがある　はい／いいえ

「はい」が多い人： 繊細で気配りがうまい反面、神経質で些細なことで自信をなくしやすい。引っ込み思案ではないとアピール。

「いいえ」が多い人： 情緒が安定しており、自信がある。鈍感ではなく気配りもできることをアピール。

2. 自責性：真面目で責任感が強く、物事を悲観的にとらえるかを測る

（例題）　＊くよくよしがちだ　はい／いいえ
＊ときどき無気力になる　はい／いいえ
＊取り越し苦労をする　はい／いいえ
＊何となく気分が乗らないことが多い　はい／いいえ
＊どちらかというと悲観的にとらえがちだ　はい／いいえ

「はい」が多い人：　自分に厳しく人にやさしい責任感が強いタイプ。いつまでも小さいことにくよくよしないことをアピールする。

「いいえ」が多い人：　楽観的で落ち込むことがないが、おっちょこちょいでミスをしやすい。いい加減ではなく責任感があることをアピールする。

3. 気分性：感情の変化が激しく、気分にむらがあるかを測る

（例題）　＊飽きっぽい性格だと思う　はい／いいえ
＊カッとなって興奮しやすい　はい／いいえ
＊よく後悔する　はい／いいえ
＊熱しやすく冷めやすいタイプだ　はい／いいえ
＊まわりの意見に左右されやすい　はい／いいえ

「はい」が多い人：　素直で感情表現が豊か、意志が弱く衝動的で子供っぽい。周囲に流されない筋の通ったことができるとアピール。

「いいえ」が多い人：　安定した意志だが協調性に欠ける。物事を冷静に判断して、自己主張を抑えられることをアピール。

4.独自性：個性の強さや視野の広さ、協調性があるかを測る

（例題）
＊人と同じことはしたくない　はい／いいえ
＊人は人、自分は自分と思う　はい／いいえ
＊平凡な生活より個性的な生活を求める　はい／いいえ
＊一人で行動することが多い　はい／いいえ
＊常識的な価値にとらわれない　はい／いいえ

「はい」が多い人： 強い個性の持ち主で独特の考え方をもっているが、頑固で融通が利かないとみられがち。ユニークな発想ができることをアピール。

「いいえ」が多い人： 協調性があるので、人間関係をスムーズにつくれる反面、まわりの意見に流されやすい。全体をうまくまとめる性格をアピール。

5.自信性：自尊心が強く、覇気があって強気な性格かどうかを測る

（例題）
＊自分の意見がはっきりいえる　はい／いいえ
＊自分は人より優れていると思う　はい／いいえ
＊議論に勝つ自信がある　はい／いいえ
＊大勢の前で発言するのは苦手だ　はい／いいえ
＊人に注意されると腹が立つ　はい／いいえ

「はい」が多い人： 自分に自信があるので、強気に行動するタイプ。ただし自信過剰で相手に攻撃的になりがち。リーダーシップがとれることをアピール。

「いいえ」が多い人： 強く自分を主張できない控え目な性格。消極的だと判断されがちなので、相手の立場に立って物事が考えられることをアピール。

6. 高揚性: 性格の明るさや気持ちが高揚しやすいかを測る

（例題）
＊物事に興奮しない　はい／いいえ
＊お調子者だといわれる　はい／いいえ
＊明るくにぎやかな場所は苦手だ　はい／いいえ
＊軽はずみな行動をしてしまうことがある　はい／いいえ
＊じっと座って長時間、集中できない　はい／いいえ

「はい」が多い人:　性格は明るく目立つ存在ではあるが、落ち着きがなく浮ついた印象をもたれることも。メリハリをつけて行動できることをアピール。

「いいえ」が多い人:　感情をあまり表に出さないタイプ。地味で目立たないおとなしい性格とみられるので、冷静に物事が判断できることをアピール。

規準	測定内容	「はい」が多い人の特徴	「いいえ」が多い人の特徴
敏感性	神経質で周囲に敏感か	・繊細 ・心配症 ・感情が細やか	・細かなことは気にしない ・物事に動じない
自責性	不安を感じたり、悲観的になりやすい傾向にあるかどうか	・受容的 ・物事を楽観的に受け流せない ・後悔したり迷うことが多い	・くよくよしない ・楽天的
気分性	気分に左右されやすく感情が表に出やすいか	・感情の表現が素直 ・周囲に影響されやすい	・気分にむらがない ・感情的にならない
独自性	独自のものの見方や考え方を大切にしているか	・個性的 ・独りよがりにならない ・常識的な考え方にとらわれない	・周囲の意向を気にする ・常識的な考え方をする
自信性	自尊心が強く強気であるか	・強気 ・自分の主張を変えない ・自信過剰になる	・穏やか ・親和的 ・弱気になりやすい
高揚性	調子がよく楽天的な傾向にあるか	・明るく、自由奔放 ・調子がいい ・散漫になりやすい	・浮ついたところがない ・感情を気軽に表さない

ライ・スケール（応答態度）

Lie Scale、つまり「虚偽の程度」を表す尺度のこと。性格適性検査の中に組み込まれている質問である。この検査は回答者の自主申告で進められるので、回答が進むうちに自分の中での基準が変わったり、気持ちが変わるということもある。また自分を偽ってよく見せようとする気持ちが強すぎて、実際よりも背伸びして回答していないかをチェックするものである。

よく見られる「ライ・スケール」の質問項目は以下のとおり：

＊嘘をついたことは一度もない
＊今までに人に迷惑をかけたことがない
＊ときには感情的になる
＊人の心を傷つけてしまったことはない
＊約束を破ったことはない
＊腹を立てたことは一度もない
＊ときには愚痴を言うこともある
＊後悔したことは一度もない
＊世の中には嫌いな人もいる

一般的にはあり得ない質問によって、回答の虚偽性を判断する。「……したことはない」「……は一度もない」という表現はライ・スケールだと思ったほうがよい。「そうしたほうが、望ましいが、現実にはあり得ない」という項目と、「そうしないほうが望ましいが、現実にはあり得ない」という項目があることがわかる。

たとえば、「今まで約束を破ったことがない」に【はい】を選んだ人は、本当にそう言いきれるだろうか。今までの人生で一度も約束を破ったことがない人もいるかもしれないが、そうそういるとは思えない。

しかし、この検査の場では少しでも自分をよく見せて合格したい想いが強いために、必要以上に自分をよく見せようとする気持ちが働く。そういう気持ちから【はい】と回答するとライ・スケールに引っ掛かる。

基本的には【いいえ】となる回答のところで【はい】と答えてしまってライ・スケールの得点が高くなると、正確に回答していないと判断され、性格適性検査の評価は信用できないということになる。素直な気持ちで正直に回答していれば、ライ・スケールに引っ掛かることはまずないので、正直に回答するよう心がけよう。

【第4章】

SPI模擬テスト

（答えは別冊336ページ）

模擬テスト1	制限時間 **30分**（1問平均約45秒）	1回目□分	/40問
		2回目□分	/40問
		3回目□分	/40問

【問題1】 1区間が50mの碁盤の目で構成されている町がある。区役所の50m南に体育館がある。体育館の南50mのところに駅がある。駅の西側100mのところにクリーニング屋がある。クリーニング屋から50m南のところに弁当屋がある。弁当屋の東側50mのところに八百屋がある。この町で体育館から出発し、八百屋まで最短のルートで向かう場合、何mで行けるか。

A　50m　　B　100m　　C　150m　　D　200m
E　250m　　F　300m　　G　350m　　H　400m

【問題2】 図のような4つの円に赤・青・黄・白の異なる色を塗っていく。

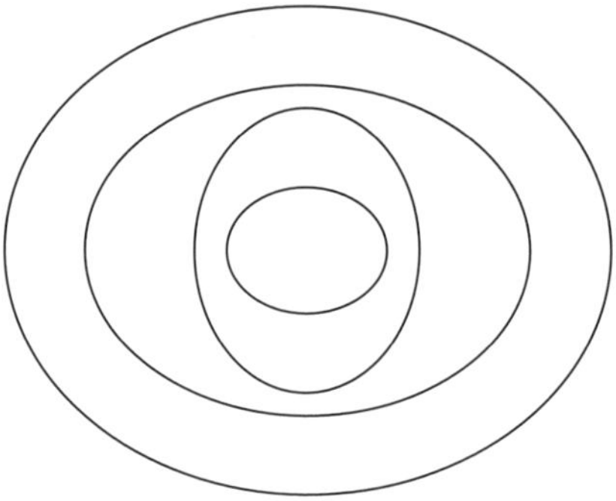

(1)　色の塗り分け方は何通りできるか。

A　12通り　　B　16通り　　C　20通り　　D　24通り　　E　28通り

(2)　この円に塗るとき、赤と青が隣にこない塗り方は何通りあるか。

A　6通り　　B　8通り　　C　10通り　　D　12通り　　E　14通り

【問題3】 大学のある学部の学生達のアルバイトの状況を調べてみた。アルバイトをしている人は28%、女子学生の割合は48%で、そのうち$\frac{1}{4}$はアルバイトをしていた。アルバイトをしている男子学生は40人だった。この大学の学部の学生は何人か。

A 216人　B 227人　C 238人　D 250人　E 260人

【問題4】 M君、I君、T君がお父さんの誕生日のお祝いをすることにした。M君はプレゼントに17000円支払い、I君は食事代に23800円を支払った。3人が同じ金額の支払い額にするには、T君はM君にいくら払えばよいか。

A 3200円　B 3300円　C 3400円　D 3500円　E 3600円

【問題5】 M、F、Q、Gの4人で100m走を2回行った。2回の順位について、以下のことがわかっている。ただし、各回とも同着はいなかった。このとき、1回目のGの順位は何位になるか。

ア 1回目に1位だったQは、2回目は3位だった
イ 2回目にMとFは1回目より1つずつ順位が上がった

A 1位　B 2位　C 3位　D 4位

【問題6】 ある製品を4月に40個製造し、5月に60個製造した。この製品の4、5月を合わせた1個あたりの原価が103円、4月の原価は1個あたり100円だったとすると、5月の原価は1個あたりいくらか。

A 102円　B 103円　C 104円　D 105円　E 106円

【問題7】 5円、10円、50円、100円の4種類の硬貨が2枚ずつある。

(1) この硬貨を2枚使ってできる異なる金額になる組み合わせは何通りか。

A 6通り　B 8通り　C 10通り　D 12通り　E 14通り

(2) 種類の異なる硬貨を3枚使ってできる金額は何通りか。

A 4通り　B 5通り　C 6通り　D 7通り　E 8通り

【問題8】 時計を買うために、頭金として総額の $\frac{1}{7}$ を支払い、残りを12回払いにした。

(1) 4回まで支払いが済んだ時点で、残額は全体のどれだけか。

A $\frac{1}{2}$　B $\frac{1}{7}$　C $\frac{4}{7}$　D $\frac{4}{9}$　E $\frac{5}{14}$

(2) 何回か支払いが終わったあとで、残額が $\frac{3}{7}$ になった。あと何回支払えば完済できるか。

A 5回　B 6回　C 7回　D 8回　E 9回

【問題9】 10%の食塩水と5%の食塩水を混ぜて8%の食塩水を450gつくりたい。混ぜる10%の食塩水と5%の食塩水の比はいくらか。

A 2：1　B 3：2　C 3：1　D 4：1　E 5：2

【問題10】 次の表は1980年から2005年までの職業別の就業者の人数と割合を書いたものである。

	1980	1990	2000	2005	□ (%)
専門的・技術的職業従事者	4,837	7,164	8,490	8,462	13.8
管理的職業従事者	2,606	2,499	1,798	1,472	2.4
事務従事者	9,178	11,535	12,064	11,894	19.3
販売従事者	8,131	8,888	9,492	8,936	14.5
サービス職業従事者	3,849	4,437	5,562	6,146	10.0
保安職業従事者	759	852	996	□	1.7
農林漁業従事者	6,049	4,342	3,149	2,940	4.8
運輸・通信従事者	2,421	2,316	2,258	2,077	3.4
生産工程・労務作業者	17,919	19,330	18,433	17,420	28.3
分類不能	63	318	737	1,108	1.8
総数	55,811	61,682	62,978	61,506	100.0

総務省統計局「国税調査報告」による。全数結果。

⑴　表の右上の空欄にふさわしい項目名を選べ。

A　我が国職業別の就業者の割合
B　各年度総数に対する各従事者の割合
C　2005年度の各職業従事者の割合
D　2000年度を基準とした2005年度の従事者の増加の割合
E　1980年度と2005年度の各職業従事者の増加の割合

⑵　保安職業従事者は2005年度には何人いるか。

A　848　　B　930　　C　948　　D　1051
E　1359　　F　1489　　G　1571　　H　該当なし

⑶　次の選択肢から傾向分析として正しいものをすべて選べ。

ア　毎年就業者数が減り続けているのは、管理的職業従事者と農林漁業従事者である。
イ　もっとも伸びたのは1980－1990年の専門的・技術的職業従事者である。
ウ　職業全体を見たら伸びる傾向より減る傾向のほうが少ない。
エ　職業別就業者数は2000年度がもっとも多い。

A　アだけ　　B　イだけ　　C　ウだけ　　D　アとイ
E　イとウ　　F　ウとエ　　G　3つある　　H　該当なし

【問題11】　快速列車Aは長さ100m、速さ18m/秒、普通列車は長さ140m、速さ12m/秒である。

⑴　この列車が向かい合って近づくとき、1秒間で何mずつ近づくか。

A　6m　　B　12m　　C　15m　　D　18m　　E　30m

⑵　出合って離れるまでにどれだけ時間がかかるか。

A　6秒　　B　8秒　　C　9秒　　D　10秒　　E　11秒

【問題12】 バスケットボールの試合を8試合したところ、試合に勝った割合（勝率）は37.5%だった。次の4試合中2試合に勝つと、試合に勝った割合（勝率）はいくらになるか。答えは小数点以下を四捨五入して求めよ。

A 38%　B 39%　C 40%　D 41%　E 42%

【問題13】 大人1200円、小学生は大人の半額の料金であるテーマパークに行った。30人以上の場合、30%引きの団体割引になる。大人18人、小学生が14人で入ったとき、支払い総額はいくらか。

A 17000円　B 18000円　C 19000円　D 20000円　E 21000円

【問題14】 A君、K君、B君たちが今、持っているお金は次のようである。A君はいくら持っているか。

ア A君とK君のお金の差は3000円。
イ A君とB君の差は、K君とB君の差の2倍である。
ウ 持っているお金が一番少ないのはB君で4000円だった。

A 7000円　B 8000円　C 9000円　D 10000円　E 12000円

【問題15】 長さ160mの列車が秒速20mで走っている。この列車がトンネルに完全に入り終えてから出はじめるまでの時間が48秒のとき、このトンネルの長さは何mか。

A 1100m　B 1110m　C 1120m　D 1130m　E 1140m

【問題16】 次の文を並べ替えて意味の通る文章にすると、どの順番になるか。当てはまる順番を選べ。

ア だからこの美しい景色を観賞する人びとのために、いろいろ設備を作ったり外国人が来ることで海外からの収入を増やす、観光という産業を発展させることが大切です。

イ また、古い歴史の跡を示す城や神社・寺院などがたくさんあって、一層趣を加えています。

ウ　わが国は海に囲まれ、山も多く、しかも複雑な地形になっているため、美しい姿を見せています。

A　アーイーウ　B　イーウーア　C　ウーイーア
D　アーウーイ　E　ウーアーイ

【問題17】 最初に提示された二語の関係を考え、同じ関係のものをすべて選べ。

(1) 鉱物 — 銅

ア　紙 — 紙幣
イ　文字 — ひらがな
ウ　寝具 — 睡眠

A　アだけ　B　イだけ　C　ウだけ　D　アとイ
E　イとウ　F　アとウ　G　すべて　H　該当なし

(2) 馬の耳 — 念仏

ア　すずめ — 涙
イ　犬 — 大木
ウ　とんび — 油揚

A　アだけ　B　イだけ　C　ウだけ　D　アとイ
E　イとウ　F　アとウ　G　すべて　H　該当なし

(3) 一日 — 千秋

ア　一騎 — 当千
イ　千変 — 万化
ウ　一進 — 十退

A　アだけ　B　イだけ　C　ウだけ　D　アとイ
E　イとウ　F　アとウ　G　すべて　H　該当なし

【問題18】 次の意味を表す言葉として正しいものを選べ。

(1) がやがや騒がしい様子

A 雑然
B 騒然
C 雑踏
D 混雑
E 騒音

(2) 利益目的で事業にお金を出すこと

A 投機
B 信託
C 寄付
D 収賄
E 投資

【問題19】 次の語句の説明となるものを選べ。

(1) 遺棄

A 意識してそこに置いておく
B 気が引けるがそこに置いておく
C ほったらかしてそこに置いておく
D たまたまそこに置いておく
E どうしようもなくそこに置いておく

(2) なかんずく

A 特に
B 途中で
C 仕方なく
D 例えば
E 一方で

【問題20】 「人の好意はお互い反応しあうものだ」という意味のことわざを次から選べ。

A 鳥なき里のこうもり
B 負うた子に教えられて浅瀬を渡る
C 河童の川流れ
D 火のないところに煙は立たぬ
E 魚心あれば水心

【問題21】 例と同じ使い方の文を選び、記号で答えよ。

(1) ここまで来るといつも本を読む。

A 机と本棚を並べた。
B 友達と旅行に行った。
C 来年は社会人となる。
D 秋になると実を結ぶ。

(2) もったいない

A 手をつないでわたる。　B 信じられない出来事が起こる。
C そんな危ないことはやめよう。　D 期待するほどではない。

【問題22】 次の文章表現で正しいものはどれか。

A 次の土曜日に、先生のお宅に行きます。
B 先生が私たちに注意を申しました。
C 母は私の文章を拝見しています。
D 校長先生が冷たいお茶をめしあがっています。
E 先生、父がこれを先生に渡してほしいと言ってました。

【問題23】 例の関係と同じ関係のものを選び、記号で答えよ。

(1) 銀　行 — 金融業

ア 不動産 — ゼネコン　イ デパート — 流通業
ウ 保険会社 — サービス業

A アだけ　B イだけ　C ウだけ　D アとイ　E イとウ

(2) クジラ — 哺乳類

ア ヘビ — 爬虫類　イ カモノハシ — 鳥類　ウ イルカ — 魚類

A アだけ　B イだけ　C ウだけ　D アとイ　E イとウ

【問題24】 「余計なもの」のたとえとして正しいものを選べ。

A 杞憂　B 蛇足　C 矛盾　D 推敲　E 添加

（答えは別冊342ページ）

模擬テスト2	制限時間 **30分**（1問平均約45秒）	1回目□分	/40問
		2回目□分	/40問
		3回目□分	/40問

【問題1】　健康飲料の新商品WとGの2つを販売することになった。Wのほうは上級者向けのもので原価は25000円、Gは一般向けで原価は15000円である。Wの定価は原価の x %増しにし、Gの方は原価の y %増しにした。これらを定価で売ると両方で9500円の利益が出る。しかし実際には定価では売れなかったのでWは定価の8%引き、Gは定価の1割引きで売ったところ、実売での利益は5150円であった。このとき利益率 x と y の値を求め、次の中から正しい組み合わせを選べ。選択肢は（x、y）の順で書いてある。

A　（20、15）　B　（15、20）　C　（10、25）　D　（5、30）
E　（20、30）　F　（10、20）　G　（15、15）　H　（10、15）

【問題2】　南北に延びている大通りに沿って南から順に、小栗君の家、山田さんの家、体育館がある。小栗君と山田さんの家は1300m離れている。小栗君が体育館に向かって家を出発してから10分後に、山田さんが体育館に向かって歩き始めた。山田さんが体育館に着いたときに小栗君は体育館の手前40mのところにいた。小栗君は毎分80m、山田さんが毎分60mの速さで歩くとき、山田さんの家から体育館までの距離を求めよ。

A　1280m　B　1300m　C　1320m　D　1340m
E　1360m　F　1380m　G　1400m　H　1420m

【問題3】　母の誕生日に6種類の宝石を使って、1つのブレスレットを作ろうと思う。この宝石をすべて使ってできるブレスレットは全部で何種類か。

A　60種類　B　61種類　C　62種類　D　63種類
E　64種類　F　65種類　G　66種類　H　67種類

【問題4】 ある特産物を仕入れてそれに500円の利益を見込んで定価をつけた。この商品を1ヵ月店頭に並べたが売れ残りそうなので、セールのときに定価の20%引きにしたところ原価の5%の利益になった。この商品の原価を求めよ。

A 1200円　B 1400円　C 1500円　D 1600円　E 1800円

【問題5】 40人のクラスの人に映画が好きかという質問をしたところ、32人が「はい」と答えた。また、話題作『トッドツイニー』を観たかという質問には、30人が観ていないと答えた。さらに、映画が好きで『トッドツイニー』を観ていない人は22人だった。さて、映画が嫌いで『トッドツイニー』を観た人は何人か。

A 7人　B 0人　C 10人　D 2人
E 5人　F 16人　G 3人　H 1人

【問題6】 ある貿易会館で報告会を開くことになった。会場費は固定費で決まっており、残りの経費は人数によって変わるという。この費用全額を参加者全員で等分に負担することにした。1人分の会費は参加者60人の場合5000円だったが、100人の場合は4400円となる。

(1) ここの会場費はいくらか。

A 90000円　B 93500円　C 95000円　D 97500円　E 98300円

(2) 参加者が180人の場合、1人の負担額はいくらになるか。

A 3900円　B 4000円　C 4100円　D 4150円　E 4230円

【問題7】 藤原さんは家から1.8km離れたパワーセンターに毎分60mの速さで歩いていった。しかし、パワーセンターに着くとすぐに忘れ物に気がつき、慌てて同じ道を同じ速さで引き返した。妹も藤原さんの忘れ物に気づき、藤原さんが家を出てから30分後に慌てて追いかけた。自転車で行くことを思いつき、毎分240mの速さで追いかけたら、引き返してくる藤原さんに出会った。2人が出会ったのは家から何mの地点か。

A　1400m　　B　1420m　　C　1440m　　D　1460m　　E　1480m

【問題8】 次の表はある企業の入社試験の結果であり、縦軸はSPI、横軸は一般常識問題の結果である。この結果を見て次の問いに答えよ。

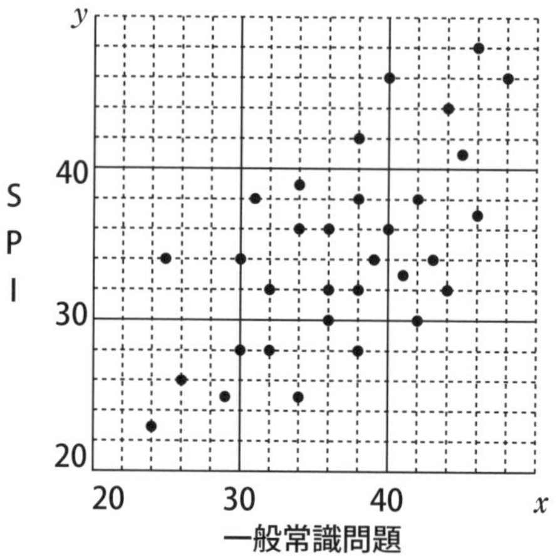

(1) 志願者のうち欠席は8人であった。受験者の参加率はいくらか。

A　70%　　B　71%　　C　73%　　D　76%
E　78%　　F　80%　　G　81%　　H　83%

(2) 今回は筆記試験の受験者のうち10人を不採用にしたい。その選別は2科目の試験の合計で判定する場合、どの人までが不採用対象になるか。(縦、横)の座標で答えよ。

A　(25、34)　B　(25、29)　C　(26、26)　D　(26、30)
E　(30、36)　F　(32、32)　G　(34、30)　H　(34、25)

(3) SPIが一般常識試験より低い人は受験者全体の何%か。

A　52.3%　　B　53.6%　　C　54.5%　　D　55.8%
E　57.1%　　F　58.7%　　G　59.4%　　H　60.3%

【問題9】 社内コーラスの定期発表会を行うので、並ぶ順番を決めていた。

(1) 女子3人、男子4人の7人を1列に並べるとき、並び方は何通りあるか。

A 120通り　B 140通り　C 576通り　D 720通り
E 1440通り　F 3600通り　G 5040通り　H 該当なし

(2) このメンバーで女子が3人隣り合って並ぶ並び方は何通りあるか。

A 120通り　B 140通り　C 576通り　D 720通り
E 1440通り　F 3600通り　G 5040通り　H 該当なし

【問題10】 ある売店でビールを購入する人についての調査を行った。この売店でビールを買った人の30%は同時におつまみを、おつまみを買った人の40%は同時にビールを買うことがわかった。また、調査期間中に1000人の顧客が訪れ、そのうちの500人がビールを買った。この調査期間中に訪れた人の中でおつまみを購入したのは何人だったか。

A 120人　B 200人　C 300人　D 375人
E 400人　F 600人　G 667人　H 700人

【問題11】 ある雑誌の懸賞で賞金が当たった。この懸賞を当てるのにPさんとQさんはそれぞれ自分のお金を出し、当選したらその割合に応じて賞金を受け取る約束をした。賞金を受け取った額をみるとPさんは全体の$\frac{3}{4}$より3000円少なく、Qさんは全体の$\frac{1}{3}$より1000円多かった。2人が受け取ったお金の比はどのようだったか。P：Qの順で表せ。

A 2：3　B 1：3　C 2：5　D 3：5　E 5：3

【問題12】 5進法の324は6進法ではいくらか。

A 231　B 433　C 356　D 225　E 342

【問題13】 7%の食塩水が300gある。これに15%の食塩水を混ぜて、10%の食塩水をつくりたい。15%の食塩水は何g混ぜればよいか。

A 100g　B 120g　C 140g　D 160g
E 180g　F 200g　G 220g　H 240g

【問題14】 次の①と②のそれぞれの条件にあてはまる解答の組み合わせとして正しいものを選べ。

① 赤シャツを着ているならばネクタイは黄色にするべきだ。では、ネクタイが赤色だったら、シャツの色は何色にすべきか。

ア 何色でも良い　イ 黄色　ウ 赤色以外なら何色でも良い

② 金・銀・銅の3色のコインを同時に投げる。金色のコインは表だった。ではこの状態で、銀色のコインが表、銅色のコインが裏になる確率はいくらか。

エ 2分の1　オ 4分の1　カ 8分の5

A アとエ　B アとオ　C アとカ　D イとエ
E イとオ　F イとカ　G ウとエ　H ウとオ

【問題15】 列車が時速54kmで進んでいる。810mの橋を渡り始めてから渡り終わるまでに1分6秒かかる。この列車が2130mのトンネルを通り抜けるとき、トンネルの中に列車が完全に入っている時間は何秒間か。

A 100秒　B 110秒　C 120秒　D 130秒　E 140秒

【問題16】 25人のゼミ生の中から、団長・連絡係・書記を各1人ずつ選ぶとき、何通りの方法があるか。

A 2100通り　B 2200通り　C 2300通り　D 2400通り
E 13800通り　F 13900通り　G 14000通り　H 14100通り

【問題17】 次の電子商取引の市場規模の推移の表を見て問いに答えよ。

（単位　十億円）（会計年度）

	2001	2002	2003	2004	2005	2006
企業間（B to B）	34,027	46,307	77,432	102,699	140,444	147,875
電子商取引化率（%）	*5.0*	*7.1*	*11.2*	*14.7*	*12.9*	*12.6*
消費者向け（B to C）	1,484	2,685	4,424	5,643	3,456	4,391
電子商取引化率（%）	*0.6*	*0.9*	*1.6*	*2.1*	*1.6*	*2.0*

経済産業省「2006 年度電子商取引に関する市場調査」による。

ただし、「企業間」「消費者向け」の数値は、市場全体の取引数に対する電子商取引を示す。つまり、2001 年の「企業間 34,027」は、市場全体の取引数の 5%、また同年の「消費者向け 1,484」は、市場全体の取引数に対して 0.6% に相当する電子商取引の数値を示す。

次の記述で正しいものを選べ。

ア　企業間商取引市場は、2002年から年々増加している。
イ　消費者向け商取引市場は、2001年以後、毎年伸びている。
ウ　単年度の企業間商取引でもっとも市場が大きいのは2005年である。
エ　単年度の消費者向け商取引市場でもっとも市場が小さいのは2001年である。

A　アだけ　　B　イだけ　　C　ウだけ　　D　エだけ
E　2つある　　F　3つある　　G　すべて　　H　該当なし

【問題18】 次の言葉と同じ意味を持つ語を選べ。

(1)　俯瞰

A　付記
B　尊敬
C　架空
D　鳥瞰
E　丁々

(2)　伯仲

A　旧友
B　半々
C　的中
D　親類
E　匹敵

【問題19】 次の言葉と反対の意味を持つ語を選べ。

(1) 杓子定規

A 不規則
B 不帰
C 公事
D 凛乎
E 臨機応変

(2) 煩雑

A 粗野
B 猥雑
C 雑務
D 潔癖
E 簡易

【問題20】 次の意味を表す熟語を選べ。

(1) とても優れていること

A 特筆
B 代表
C 最高
D 良質
E 屈指

(2) どうなるかわからないことをあれこれ心配すること

A 杞憂
B 白眉
C 杜撰
D 守株
E 翻然

(3) なごりおしさ

A 哀惜
B 惜別
C 追憶
D 愛惜
E 哀悼

(4) 有識者に意見を求めること

A 顧問
B 諮問
C 慰問
D 詰問
E 聴聞

【問題21】 次の例の関係と同じものを選べ。

利益 ― 損失

ア 陰暦 ― 還暦　　イ 往路 ― 復路　　ウ 拙筆 ― 能筆

A アだけ　　B イだけ　　C ウだけ　　D アとイ
E イとウ　　F アとウ　　G すべて　　H 該当なし

【問題22】　下線部が同じ意味を持つ組み合わせをア～ウから選べ。

ア　仕事があがる − 腕があがる
イ　深い眠りにおちる − 恋におちる
ウ　大雨で電車が遅れる − このペンで書く

A　アだけ　　B　イだけ　　C　ウだけ　　D　アとイ
E　イとウ　　F　アとウ　　G　すべて　　H　該当なし

【問題23】　次の文章表現で正しいものはどれか。

A　橋本様がロビーでお待ちしています。
B　ご用件を承っておきます。
C　冷めないうちにいただいてください。
D　明日、祖母が学校にいらっしゃいます。
E　お客様、コーヒーとお茶のどちらにいたしますか。

【問題24】　文中のP～Rの空欄に入れる語として最も適切なものをア～ウの中から選ぶとき、QとRに当てはまる語句の組み合わせでふさわしいものを選べ（それぞれの語は1回のみ用いるものとする）。

たとえば自分の飼っている犬に「タロ」という名前をつけるとする。なぜ名前をつけるか。もちろん他の犬と区別するためである。では、どうして区別するのか。それはその犬が自分にとって他の犬とは違った特別の［P］を持っているという認識があるからである。［Q］が与えられることによって、そのものが他をもって代えることの出来ないものであるという意味づけが完了し、自分との［R］が確認されるわけである。

ア　関連　　イ　価値　　ウ　名前

A　アとイ　　B　アとウ　　C　イとウ　　D　イとア
E　ウとイ　　F　ウとア

【問題25】　**次の文を読んで各問いに答えよ。**

　生きる仕組みの基本が皆同じだということから、生物は祖先を一つにしているにちがいないと考えられる。オーストラリアや南アフリカの古い岩石の中に、細菌や藻類に似た小さな化石が見つかったので、その岩石ができたころ、つまり三十五億年ほど前には、簡単な生物がいたらしいことがわかっている。それ以来、地球上から生物がいなくなったことはない。この長い歴史の初めのどこかで、生物は細胞の中にDNAをもち、それを遺伝子として自らの体を作り、子孫を残すという仕組みを獲得したのだろう。そして、偶然と環境とによって、DNAのほんの一部が変わって違う種が生まれる、ということを繰り返しながら、だんだん複雑な生物が生まれ、種類も増えて現在に至っていると考えられる。ゴキブリのように三億年も前から生き続けている種もある。恐竜やマンモスのように、残念ながら滅びてしまった種もある。われわれ人類は、たかだか五百万年前に生まれた生物の中の新顔にすぎない。そして、人類のもつ複雑なDNAは、これまでのさまざまな生物の歴史につながってできたものなのである。生物の長い営みが、どこかで途絶えていたら、人間はこの世に生まれなかっただろう。こう考えると、他の生物と同じ仲間だということは、つまらないどころか、とても大事な、かけがえのないことに思えてこないだろうか。

（中村桂子著『三十五億年の命』より）

⑴　**生物の歴史の始まりを辿ると、いつ頃、どんな生物がいたと考えられるか。**

A　三十五億年ほど前、ゾウリムシやゴキブリがいた。
B　五百万年ほど前に人類が生まれてきた。
C　三十五億年前に、アフリカの岩石の中に細菌類や藻類の化石が見つかった。
D　三億年前からゴキブリが生き続けてきた。
E　三十五億年ほど前に、細菌類や藻類に似た生物がいた。

⑵　**この文章に合うものを1つ選べ。**

A　人間だけが生物の中で言葉を持ち思考することができる。
B　人間は多くの生き物の中で最も複雑で価値ある存在である。
C　人間も生物の一部だから、深く考えることなく他の生物と同様に生きていけばいい。
D　人間の存在は他の生物の歴史と無関係には考えられない。
E　人間の遺伝子も他の生物の遺伝子も複雑さにおいて差はない。

柳本新二（やなぎもと・しんじ）

教育企画 Business Career Gate 代表。就活ゼミ『納得内定ゼミ』主宰。慶應義塾大学大学院卒業。京都大学私学経営アカデミー修了。学習塾経営、厚生労働省社会人再雇用講師、大学教授、経済産業省アジア人財資金構想留学生就職支援講師等、多様な形式で大学生就職支援講師を行う。毎年全国 50 校を超える大学で講義し、10 万人以上の受講生を持つ。2022 年より東京大学留学生就職支援特別講師。『新傾向 !SPI 完全版』（高橋書店）『ドリル式 SPI 問題集』（永岡書店）『柳本の超 SPI 問題集』（KADOKAWA）など、就活関連本執筆多数。売り上げ NO.1 の実績を持つ。

「1日30分30日」完全突破！

SPI 最強問題集

著者　柳《やなぎ》本《もと》新《しん》二《じ》

発行者　佐藤　靖

発行所　大和《だいわ》書房

東京都文京区関口 1-33-4

〒 112-0014

電話　03-3203-4511

装丁　石間　淳
本文デザイン　小柳英隆（雷伝舎）
DTP 制作　EDITEX、ニシエ芸、天龍社
編集協力　株式会社一校舎
本文印刷　シナノ印刷
カバー印刷　歩プロセス
製本所　ナショナル製本

ISBN978-4-479-79797-5
乱丁本・落丁本はお取り替えいたします。
http://www.daiwashobo.co.jp
X-2001-01

この「別冊」は、そのまま
引き抜くことができます。

この別冊は、そのまま
引き抜くことができます。

【別冊】
解答・解説集

「1日30分30日」完全突破！

SPI
最強問題集

柳本新二　著

大和書房

別冊 目次

第2章 実践！ 1日30分

第4章 SPI 模擬テスト

0日目　基本計算の確認（48～49ページ）

問題1　答え：1500

$18\times14+36\times18+21\times50-50\times9$

$=18\times(14+36)+50\times(21-9)$

$=18\times50+50\times12$

$=50\times(18+12)$

$=50\times30=1500$

問題2　答え：$\frac{3}{8}$

$\frac{1}{6}=\left(\frac{1}{2}-\frac{1}{3}\right)$、$\frac{1}{12}=\left(\frac{1}{3}-\frac{1}{4}\right)$、

$\frac{1}{20}=\left(\frac{1}{4}-\frac{1}{5}\right)\cdots$

と置き換えられるため、

$\frac{1}{6}+\frac{1}{12}+\frac{1}{20}+\frac{1}{30}+\frac{1}{42}+\frac{1}{56}$

$=\frac{1}{2}\underbrace{-\frac{1}{3}+\frac{1}{3}}\underbrace{-\frac{1}{4}+\frac{1}{4}}\underbrace{-\frac{1}{5}+\frac{1}{5}}$

$\underbrace{-\frac{1}{6}+\frac{1}{6}}\underbrace{-\frac{1}{7}+\frac{1}{7}}-\frac{1}{8}$

└─┘の部分がすべて0になるため、

$=\frac{1}{2}-\frac{1}{8}=\frac{4}{8}-\frac{1}{8}$

$=\frac{3}{8}$

問題3　答え：9288

$A^2-B^2=(A+B)(A-B)$より

$98.7^2-21.3^2=(98.7+21.3)(98.7-21.3)$

$=120\times77.4=12\times774$

$=9288$

問題4　答え：499.95

$19.19+28.28+37.37+46.46+55.55$

$+64.64+73.73+82.82+91.91$

$=(19.19+91.91)+(28.28+82.82)+$

$(37.37+73.73)+(46.46+64.64)+55.55$

…計算しやすいまとまりにする

$=111.1\times4+55.55$

$=444.4+55.55$

$=499.95$

問題5　答え：47

$(-2)^3\times(-2^4)+(-3^2)\times(-3)^2$

$=-8\times(-16)+(-9)\times9$

$=128-81$

$=47$

問題6　答え：0.125

$0.32\div0.08\times\square-2\times\square=0.25$

すべて分数にする

$\frac{32}{100}\div\frac{8}{100}\times\square-2\times\square=\frac{25}{100}$

$\frac{8}{25}\div\frac{2}{25}\times\square-2\times\square=\frac{1}{4}$

$\frac{8\times25}{25\times2}\times\square-2\times\square=\frac{1}{4}$

$4\square-2\square=\frac{1}{4}$

$2\square=\frac{1}{4}$

$\square=\frac{1}{4}\div2=\frac{1}{8}$(0.125)

問題7　答え：$\frac{73}{60}$

$$1-\frac{1}{2}+\frac{2}{3}-\frac{3}{4}+\frac{4}{5}$$

$$=1+\frac{2}{3}+\frac{4}{5}-\frac{1}{2}-\frac{3}{4}$$

$$=\frac{3}{3}+\frac{2}{3}+\frac{4}{5}-\frac{1}{2}-\frac{3}{4}$$

$$=\frac{5}{3}+\frac{4}{5}-\frac{2}{4}-\frac{3}{4}$$

$$=\frac{5}{3}+\frac{4}{5}-\frac{5}{4}$$

$$=\frac{100}{60}+\frac{48}{60}-\frac{75}{60}$$

$$=\frac{148-75}{60}=\frac{73}{60}$$

問題8　答え：$4(x+2)(x-1)$

$(x+1)=A$でまとめる：

$$A(x-1)-8+A(3x+1)$$
$$=Ax-A-8+3Ax+A$$
$$=4Ax-8$$

Aをもどす：$4x(x+1)-8$

$$=4x^2+4x-8$$
$$=4(x^2+x-2)$$
$$=4(x+2)(x-1)$$

問題9　答え：-11

$$xy-2x-2y=xy-2(x+y)$$
$$=5-2\times 8=5-16=-11$$

問題10　答え：133

$$(2x+y)(x+2y)=2x^2+4xy+xy+2y^2$$
$$=2x^2+4xy+2y^2+xy$$
$$=2(x^2+2xy+y^2)+xy$$
$$=2(x+y)^2+xy$$

…代入できる式にまとめる

$$=2\times 8^2+5$$

…ここで条件の数を代入する

$$=128+5$$
$$=133$$

問題11　答え：$R=\frac{7}{3}-\frac{2H}{15}$

Rについて解くので、それ以外は右辺に移項する。

$$\frac{3R+1}{2}+\frac{H}{5}=4$$

$\frac{3R+1}{2}=4-\frac{H}{5}$…Rのない$\frac{H}{5}$を移項した

$3R+1=8-\frac{2H}{5}$…分母2を両辺にかける

$$3R=8-1-\frac{2H}{5}=7-\frac{2H}{5}$$

$$R=\frac{7}{3}-\frac{2H}{15}$$

問題12　答え：1

この場合は、N、M、Bの数が続く数とする。NMBが最小か最大の数で考える。

最小の場合：

$$\frac{N+M+B}{NMB}=\frac{1+2+3}{1\times 2\times 3}=\frac{6}{6}=1$$

最大の場合：

$$\frac{N+M+B}{NMB}=\frac{9+8+7}{9\times 8\times 7}=\frac{24}{72\times 7}<1$$

すべて計算しなくても、1未満となることがわかる。

よって、最大値は1である。

問題13 答え：1

$$0.5\times\frac{2}{5}+0.5\div\frac{5}{8}$$

$$=0.5\times\frac{2}{5}+0.5\times\frac{8}{5}$$

$$=0.5\times\frac{(2+8)}{5}$$

$$=0.5\times\frac{10}{5}$$

$$=0.5\times2=1$$

問題14 答え：14

$$\frac{1}{A}-\frac{1}{B}=\frac{1}{12}$$

「かけて12、引いて1」の組み合わせは12＝3×4なので、

$$\frac{1}{3}-\frac{1}{4}=\frac{4}{12}-\frac{3}{12}=\frac{1}{12}$$

よって、A＝3、B＝4

同様に、

$$\frac{1}{C}-\frac{1}{D}=\frac{3}{10}$$

「かけて10、引いて3」の組み合わせは＝2×5なので、

$$\frac{1}{2}-\frac{1}{5}=\frac{5}{10}-\frac{2}{10}=\frac{3}{10}$$

よって、C＝2、D＝5

A＋B＋C＋D＝3＋4＋2＋5＝14

1日目 金銭の問題 (50～55ページ)

練習問題1

問題1 答え：D 11560円

「定価＝原価＋利益」より、8500＋8500×0.36＝8500×（1＋0.36）＝11560円

問題2 答え：D 580円

「売値=定価－値引額」より、

売値＝1100－1100×0.2

=1100×（1－0.2）=1100×0.8

=880 円

300円の利益があったので、

「仕入値＝売値－利益」より、

880－300=580 円

問題3 答え：C 320円

「定価＝原価＋利益」より、

定価＝4000＋4000×0.8

＝4000×（1+0.8）=4000×1.8

＝7200 円

これを40%引きにして売ると、

売値＝7200－7200×0.4

＝7200×（1－0.4）＝7200×0.6

＝4320円

「利益＝売値－原価」より、

4320－4000＝320円

問題4 答え：B 25%

値引額は，25000－18750＝6250円

「割引率＝値引額÷定価」より、

6250÷25000＝0.25 25%

問題5　答え：D　2.4%

「定価＝原価＋利益」より、

定価 $= 15000 + 15000 \times 0.28$

$= 15000 \times (1+0.28) = 15000 \times 1.28$

$= 19200$ 円

これを2割引きにして売ると、

売値 $= 19200 - 19200 \times 0.2$

$= 19200 \times (1 - 0.2) = 19200 \times 0.8$

$= 15360$円

「利益＝売値－原価」より、

$15360 - 15000 = 360$円

$360 \div 15000 \times 100 = 36 \div 15 = 2.4\%$

問題6　答え：E　4800円

売値について定価と原価から2つの式を立てる

「売値＝定価－定価の4割」

「売値＝原価＋利益」、売値 $=$ 原価 $\times (1 + 0.2) = 1.2x \times$ 原価

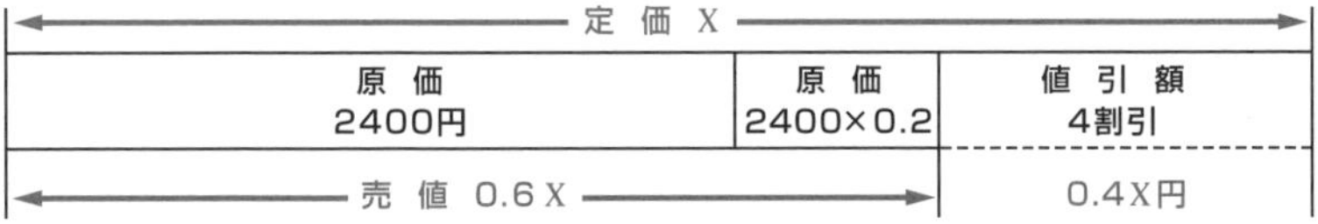

定価をx円とすると、値引額は$0.4x$、売値は$x - 0.4x = 0.6x$

原価2400円で利益がその2割なので、$2400 \times 0.2 = 480$円、その合計＝2880円

これらが等しいので、

$0.6x = 2880$　$6x = 28800$　$x = 4800$円

問題7　答え：B　4625円

定価を x 円、原価を y 円とする。

7%引きの場合：

売値 $= x - x \times 0.07 = 0.93x$

「利益＝売値－原価」より、

$0.93x - y = 304$…①

10%引きの場合：

売値 $= x - x \times 0.10 = 0.9x$

「利益＝売値－原価」より、

$0.9x - y = 145$…②

①－②

$$\begin{array}{rr} & 0.93x - y = 304 \\ -) & \underline{0.9x - y = 145} \\ & 0.03x = 159 \end{array}$$

$x = 5300$

これを②に代入する、

$0.9 \times 5300 - y = 145$

$y = 4770 - 145 = 4625$ 円

問題8　答え：A　2400円

仕入れ値を x 円とすると、
「定価＝原価＋利益」より、
定価＝x＋x×0.4＝x×(1+0.4)
=1.4x
「売値=定価－値引額」より、
売値＝1.4x－1.4x×0.15
=1.4x×(1－0.15)=1.4x×0.85
=1.19x
「利益＝売値－原価」より、
1.19x－x=1140
0.19x=1140　　x=6000
よって、定価で売ったとすると、
仕入れ値6000円の40%が利益なので、
6000×0.4＝2400 円

問題9　答え：B　5000円

原価を x 円とする。
「売値=定価－値引額」より、
売値＝7200－7200×0.25
=7200×(1－0.25)=7200×0.75
=5400 円
「利益＝売値－原価」より、
5400－x=x×0.08
1.08x=5400
x=5000 円

問題10　答え：D　32%

定価を x 円とする。15%引きなので
「売値=定価－値引額」より、
売値=x×(1－0.15)
=x×0.85=0.85x
年末に更に20%引きとなったので
売値＝0.85x－0.85x×0.2
=0.85x×(1－0.2)=0.85x×0.8
=0.68x
値引額は、x－0.68x=0.32x
となり定価の32%値下がりした。

練習問題2

問題1　答え：C　55%

値引率は、2700÷6000＝0.45なので、
45%
よって、「売値率＝100－値引率」なので、
100－45＝55%

問題2　答え：A　4%

150gで160円になるとき、180gでは
180÷150×160＝192円
値引額は、200－192＝8円 なので
値引率は、8÷200＝0.04 から4%

問題3　答え：E　75%

15000×0.4＝6000円　6000÷8000＝0.75
0.75×100＝75%

問題4　答え：D　32400円

1本当たりの利益は
6000×0.15＝900円
3ダースは、3×12＝36本なので
総利益は、900×36＝32400円

問題5　答え：C　24000円

スーツの定価をx円とする。
「売値=定価－値引額」より、
x－x×0.15=20400
0.85x=20400　　x=24000 円

問題6　答え：E　4800円

定価を x 円、仕入値を y 円とする。
定価の25%引きで売ると、売値は定価の
75%となるので、0.75x 円

「利益=売値－原価」より、

$0.75x-y=1200$…①

また、定価の30%引きで売ると、売値は定価の70%となるので、$0.7x$ 円

「利益=売値－原価」より、

$0.7x-y=800$…②

①－②

$$\begin{array}{rl} & 0.75x-y=1200 \\ -) & \underline{0.7x-y=800} \end{array}$$

$0.05x=400$　　$x=8000$

これを②に代入して、

$0.7\times 8000-y=800$

$y=5600-800=4800$ 円

問題7　答え：D　25000円

原価を x 円とする。

定価の25%引きで売ると、売値は定価の75%となるので、

売値 $=36000\times 0.75=27000$

「利益=売値－原価」より、

$27000-x=0.08x$

$1.08x=27000$　　$x=25000$ 円

問題8　答え：D　25000円

定価を x 円、原価を y 円とする。

定価の10%引きで売ると、売値は定価の90%となるので、$0.9x$円

「利益=売値－原価」より、

$0.9x-y=3800$…①

また、定価の25%引きで売ると、売値は定価の75%となるので、$0.75x$ 円

「利益=売値－原価」より、

$0.75x-y=-1000$…②

①－②

$$\begin{array}{rl} & 0.9x-y=3800 \\ -) & \underline{0.75x-y=-1000} \end{array}$$

$0.15x=4800$　　$x=32000$

これを①に代入して、

$0.9\times 32000-y=3800$

$y=28800-3800=25000$ 円

問題9　答え：D 16200円

Aの原価をx円、Bの原価をy円とすると、

Aの定価は、$x\times(1+0.6)=1.6x$

Bの定価は、$y\times(1+0.8)=1.8y$

Aを1つ、Bを2つ定価で買うときの金額から

$1.6x+1.8y\times 2=58000$…①

Aの定価はBの定価より9400円高いので、

$1.6x=1.8y+9400$…②

②を①に代入する

$(1.8y+9400)+3.6y=58000$

$5.4y=58000-9400$

$5.4y=48600$

$y=9000$…Bの原価

Bの定価 $=9000\times 1.8=16200$円

問題10　答え：D　40%

値引きの割合をx割とすると、利益の割合は$2x$割。

「定価＝原価＋利益」より、

$$定価=2000+2000\times\frac{2x}{10}$$

$$=2000\left(1+\frac{2x}{10}\right)$$

定価のx 割引きで売ると、売値は定価

の$\left(1-\frac{x}{10}\right)$倍となるので

$$売値=2000\left(1+\frac{2x}{10}\right)\left(1-\frac{x}{10}\right)$$

「利益=売値－原価」より、

$$2000\left(1+\frac{2x}{10}\right)\left(1-\frac{x}{10}\right)-2000=240$$

$$2000\left(1-\frac{x}{10}+\frac{2x}{10}-\frac{2x^2}{100}\right)-2000=240$$

$$2000\left(1+\frac{x}{10}-\frac{2x^2}{100}\right)-2000=240$$

$$2000+200x-40x^2-2000=240$$

$$200x-40x^2=240$$

$$40x^2-200x+240=0$$

$$x^2-5x+6=0$$

$(x-2)(x-3)=0$　　$x=2$、3

利益の割合は2x割なので、4割または6割、つまり40%または60%

選択肢から、40%となる。

2日目　金銭の精算 (56～59ページ)

練習問題1

問題1　答え：A　2400円

3人の支払合計：18000＋4800＝22800円

1人分の支払金額：22800÷3＝7600円

7600円より少ない人はCだけなので、CがW、Bに支払うことになる。

Wは8000円支払っているので、8000－7600＝400円

Bは10000円支払っているので、10000－7600円＝2400円

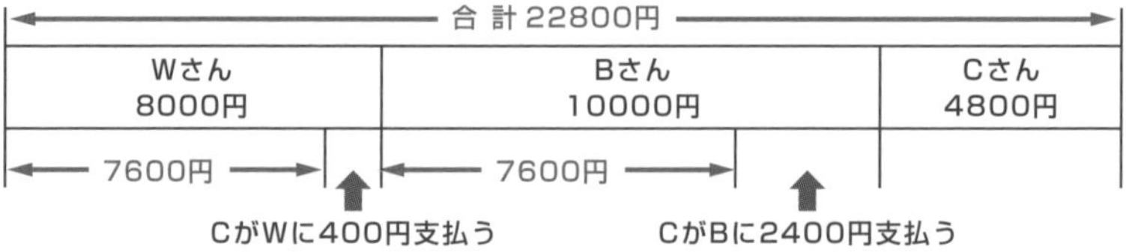

問題2　答え：C　2000円損する

支払った金額をまとめると、Hが10000円、Mが3000円出した。合計13000円なので、1人分13000÷2＝6500円になる。ここでMは3000円自分で払ったので、支払い残額は6500－3000＝3500円でいい。Hが4000円借りていたので返すと、Mの支払額は3500－4000＝－500円の支払い(500円もらえる)になる。しかし、文面では1500円あなたに払えばいいといっているので、その差に当たる1500＋500＝2000円損することになる。

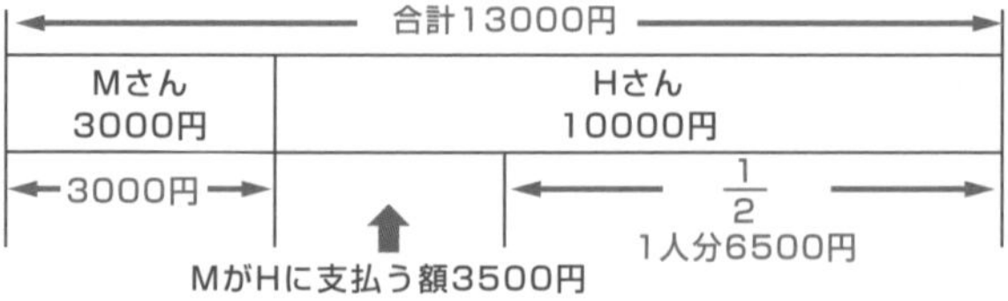

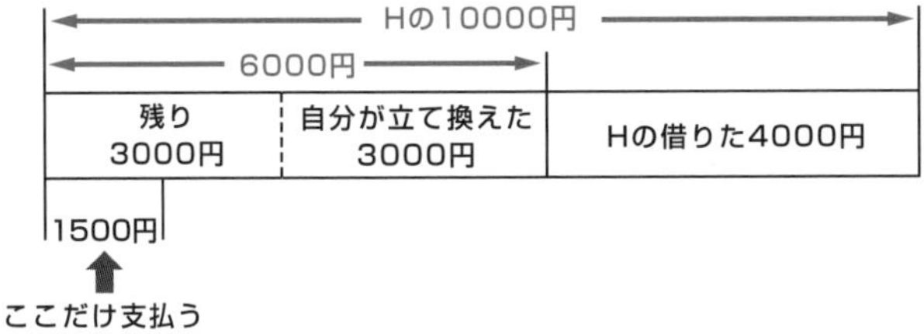

問題3　答え：D　6900円

1人分：2700＋1600＝4300円（3300＋1000も可）
合計：4300×3＝12900円
S＋K＝2700＋3300＝6000円
燃料代＝合計－（S＋K）なので、12900－6000＝6900円

問題4　答え：A　TがIに9000円支払う

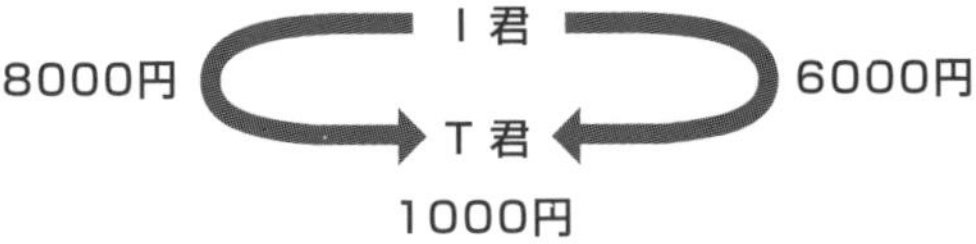

T君のシャツ代：10000－6000＝4000円
1人のシャツ代：10000÷2＝5000円
T君はI君に5000－4000＝1000円支払う。
元々 T君はI君に8000円返さねばならないので、
8000＋1000＝9000円
合計9000円支払う必要がある。

練習問題2

問題1　答え：D　11900円

MがLに支払った金額が3900円なので、これがLとMの支払金額の差となる。つまり1人分の金額は、M＋3900なので、8000＋3900＝11900円

問題2　答え：E　3700円

合計金額は11900×3＝35700円

タクシー代＝合計金額－(Lの支払額＋Mの支払額)

＝35700－(24000＋8000)

＝3700円

問題3　答え：H　MはLに3900円、SはLに8200円支払う

これまでの計算より、1人分11900円なので、

Mは8000円より、MがLに支払う金額は11900－8000＝3900円

Sのタクシー代が3700円より、SがLに支払う金額は11900－3700＝8200円

よってHが正解になる。

問題4　答え：C　10200円

借りたお金を考えないでSがLに支払う額は、「1人分－タクシー代」より、11900－3700＝8200円となる。Mも1人分の支払額より3900円少ないので、SはMに払う必要はなく、Lにだけ8200円を払えばいい。しかし、すでにLから2000円借りているので、その合計金額となる8200＋2000＝10200円がLへの支払金額になる。

3日目　金銭の分割(分割払い)(60～63ページ)

練習問題

問題1　答え：A　$\frac{2}{15}$

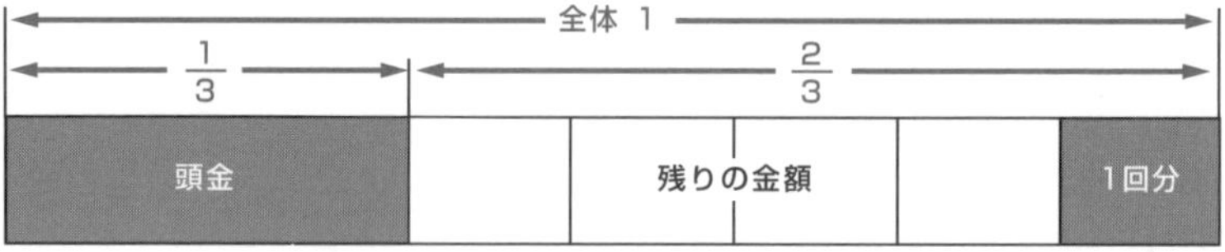

全体を1とすると、頭金が$\frac{1}{3}$なので、残りは$1-\frac{1}{3}=\frac{2}{3}$

これを5回で支払うので1回分は、$\frac{2}{3}\div 5=\frac{2}{15}$

問題2　答え：D $\frac{11}{15}$

3回支払った額は、$\frac{2}{15}\times3=\frac{6}{15}=\frac{2}{5}$

頭金が$\frac{1}{3}$なので支払い総額は、$\frac{1}{3}+\frac{2}{5}=\frac{5}{15}+\frac{6}{15}=\frac{11}{15}$

問題3　答え：E $\frac{23}{48}$

残りの額は$1-\frac{1}{6}=\frac{5}{6}$　それを8回に分けて支払った1回分は、$\frac{5}{6}\div8=\frac{5}{48}$

3回支払ったので、$\frac{5}{48}\times3=\frac{5}{16}$　合計支払額は、$\frac{1}{6}+\frac{5}{16}=\frac{8}{48}+\frac{15}{48}=\frac{23}{48}$

問題4　答え：D $\frac{1}{4}$

1回目が$\frac{1}{6}$、2回目が$\frac{2}{3}$なので合計支払額は、$\frac{1}{6}+\frac{2}{3}=\frac{1}{6}+\frac{4}{6}=\frac{5}{6}$

残りは、$1-\frac{5}{6}=\frac{1}{6}$

これは$\frac{2}{3}$のいくらになるかを求めるので、$\frac{1}{6}\div\frac{2}{3}=\frac{1\times3}{6\times2}=\frac{1}{4}$

問題5　答え：C $\frac{3}{40}$

全体を1とすると、最初に総額の$\frac{1}{10}$を支払ったので、残りは$1-\frac{1}{10}=\frac{9}{10}$

これを12回払いにするので、$\frac{9}{10}\div12=\frac{9}{10}\times\frac{1}{12}=\frac{3}{10}\times\frac{1}{4}=\frac{3}{40}$

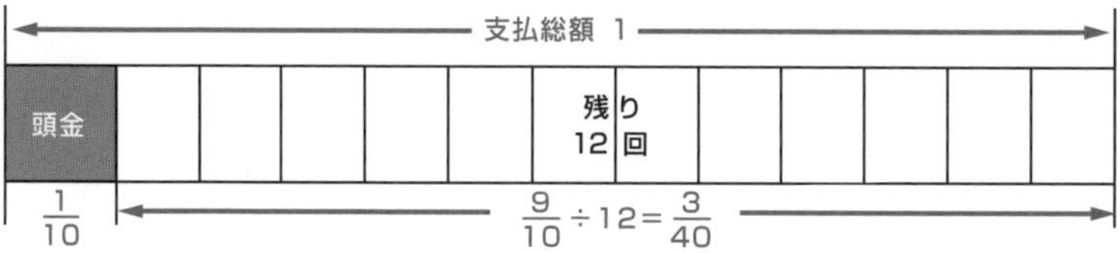

問題6　答え：E $\frac{3}{5}$

4回支払った合計金額は、$\frac{3}{40} \times 4 = \frac{3}{10}$

最初に$\frac{1}{10}$支払っているので合計を求めると、$\frac{1}{10} + \frac{3}{10} = \frac{4}{10} = \frac{2}{5}$

全体を1とすると、残額は、$1 - \frac{2}{5} = \frac{3}{5}$

問題7　答え：C $\frac{3}{4}$

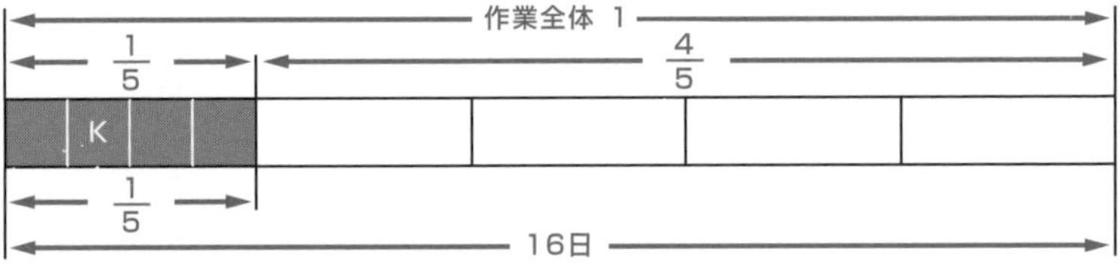

Kの1日の仕事量：4日で全体の$\frac{1}{5}$なので、1日では、$\frac{1}{5} \div 4 = \frac{1}{20}$

Jの1日の仕事量：残り$16 - 4 = 12$日で全体の$\frac{4}{5}$を行ったので、$\frac{4}{5} \div 12 = \frac{1}{15}$

2人の仕事の大きさを比べると、$K : J = \frac{1}{20} : \frac{1}{15}$

$\times 60$)　$K : J = 3 : 4$　　$4K = 3J$　なので、$K = \frac{3}{4}J$

よって、KはJの$\frac{3}{4}$の仕事量になる。

問題8　答え：E $\frac{8}{15}$

Kは$\frac{1}{5}$を終えている。Jは$\frac{1}{15}$を$9 - 4 = 5$日分終えている。

よって、$\frac{1}{15} \times 5 = \frac{1}{3}$終えたことになる。

2人の仕事の合計は、$\frac{1}{5} + \frac{1}{3} = \frac{3}{15} + \frac{5}{15} = \frac{8}{15}$

問題9　答え：B　4日

9日目で$\frac{8}{15}$が終わったので、残りは$1-\frac{8}{15}=\frac{7}{15}$

全体の$\frac{1}{5}$を残すので、その差は$\frac{7}{15}-\frac{1}{5}=\frac{7}{15}-\frac{3}{15}=\frac{4}{15}$

J1人で$\frac{1}{15}$を1日で終えるので、かかる日数は$\frac{4}{15}\div\frac{1}{15}=4\div1=4$日

4日目　代金と個数　(64～67ページ)

練習問題

問題1　答え：A　2500円

みかんの値段をx円とすると、

20個買おうと思ったが300円足りない：

$20x-300$ …①

みかんを15個にしたら400円残った：

$15x+400$ …②

①と②が同じ金額なので、

$20x-300=15x+400$

$20x-15x=400+300$

$5x=700$

$x=140$

持っていたお金：

$20\times140-300=2500$円

問題2　答え：E　12000円

チケット1枚の値段をx円とする。

麻友さんの残金：$36000-x$

彩香さんの残金：$20000-x$

麻友さんの残金が彩香さんの残金の3倍なので、$36000-x=3(20000-x)$

$36000-x=60000-3x$

$3x-x=60000-36000$

$2x=24000$

$x=12000$

問題3　答え：B　9人

大人の人数を x人、子どもの人数を y人とする。

人数の式：$x+y=15$…①

代金の式：$160x+80y=1920$…②

②÷80　$2x+y=24$…③

③－①

$$\begin{array}{rl} & 2x+y=24 \\ -) & x+y=15 \\ \hline & x=9 \qquad y=6 \end{array}$$

問題4　答え：A　880円

ほうじ茶100gの値段をx円、煎茶100gの値段をy円とすると、

$6x+2y=2960$…①

$4x+5y=4100$…②

①×2－②×3

$$\begin{array}{rl} & 12x+4y=5920 \\ -) & 12x+15y=12300 \\ \hline & -11y=-6380 \end{array}$$

$y=580$…③

③を①に代入する

$6x+2\times580=2960$

$6x=2960-1160$

$6x=1800$

$x=300$

それぞれの合計：$300+580=880$円

問題5　答え：D　9600円

兄の所持金をx円、妹の所持金をy円とすると

妹：兄＝2：5＝y：x…①

兄の金額：$x-3000$

妹の金額：$y+3000$

$x-3000=2(y+3000)-4200$…②

①より、$x=5y\div 2$…③

③を②に代入する

$$\frac{5y}{2}-3000=2y+6000-4200$$

$$\frac{5y}{2}-3000=2y+1800$$

$$\frac{5y}{2}-2y=1800+3000$$

$$\frac{y}{2}=4800$$

$$y=9600$$

問題6　答え：E　80個

仕入れた個数をx個とすると

定価＝原価×1.3より、$250\times 1.3=325$円

10個売れ残ったので売れた個数は、

$(x-10)$個

売上金額は、$325\times(x-10)$円

原価の合計は、$250x$円

利益＝売上金額－原価の合計より、

$325\times(x-10)-250x=2750$

これを解いて、

$$\begin{aligned}325x-3250-250x&=2750\\325x-250x&=2750+3250\\75x&=6000\\x&=80\end{aligned}$$

問題7　答え：E　もも150円　なし130円

ももの値段をx円、なしの値段をy円とすると

代金の式は、

$5x+6y=1530$…①

$10(x-20)+4y=1820$…②

②を変形すると、

$10x-200+4y=1820$

$10x+4y=1820+200=2020$…③

①×2－③

$$\begin{array}{rr}&10x+12y=3060\\-)&10x+\ \ 4y=2020\\\hline&8y=1040\\&y=130\end{array}$$

…④

④を①に代入する

$$\begin{aligned}5x+6\times 130&=1530\\5x&=1530-780\\5x&=750\\x&=150\end{aligned}$$

問題8　答え：G　Pは6000円　Qは2000円

Pの原価をx円、Qの原価をy円とすると

$1.3x+(y-300)=x+y+1500$…①

$(x-300)+1.3y=x+y+300$…②

①より

$1.3x+y-300=x+y+1500$

$1.3x-x+y-y=1500+300$

$0.3x=1800$

$x=\frac{1800\times 10}{3}$　$x=6000$

②より

$x-300+1.3y=x+y+300$

$x-x+1.3y-y=300+300$

$0.3y=600$

$y=\frac{600\times 10}{3}$　$y=2000$

5日目　速さ・時間・距離（68～71ページ）

練習問題1

問題1　答え：B　20m/秒

kmをmにかえる：72km＝72000m

1時間＝3600秒なので、「速さ＝距離÷時間」より、72000÷3600＝20（m/秒）

問題2　答え：E　2560m

「距離＝速さ×時間」より、

64×40＝2560（m）

問題3　答え：D　18分

「時間＝距離÷速さ」より、

900÷50＝18（分）

問題4　答え：D　50m/分

1 km＝1000m なので、

1000÷20＝50（m/分）

問題5　答え：C　140m

分速240m＝240÷60＝秒速4mなので、

4×35＝140（m）

問題6　答え：D　156分

546÷210＝2.6時間　2.6×60分＝156分

問題7　答え：B　1時間

24km＝24000m

24000÷400＝60分＝1時間

問題8　答え：E　43. 2km/時

秒速12mで1時間に進む距離は、1時間＝3600秒なので

12×3600＝43200m＝43.2kmよって、

43.2（km/時）

練習問題2

問題1　答え：C 72km

A市とB町の距離をxkmとすると、

1日目：24km

2日目に進んだ距離：$\frac{2}{3}(x-24)$

3日目：$\frac{2}{9}x$

$$
\begin{aligned}
\text{合計：}24+\frac{2}{3}(x-24)+\frac{2}{9}x&=x\\
216+6x-144+2x&=9x\\
72+8x&=9x\\
x&=72
\end{aligned}
$$

問題2　答え：E　1900m

兄が家を出てから x 分後に妹に追いつくとする。妹は（x+15）分走ったことになり、進んだ距離は 80（x+15）m

兄は、最初の5分は毎分200mで、

残りの（x－5）分は毎分240mで進むので、そのときの進んだ距離は

200×5+240（x－5）m

これらは等しいから、

$80(x+15)=200\times5+240(x-5)$

$80x+1200=1000+240x-1200$

$1400=160x$

$x=\frac{35}{4}$

$\frac{35}{4}$分に妹が進んだ距離は、

$80\left(\frac{35}{4}+15\right)=700+1200=1900$ m

問題3　答え：D　325m

最初に出会うまでに2人の進んだ距離の差：$13 \times 2 = 26$m

次にそのまま進んで直君が戻ったとき、2人の距離の差：50m

この比は、$26:50 = 13:25$

直君がホールに戻った時には彼は１往復しているので、初めて出会った時は

$\frac{13}{25}$往復していることになる。

よって、13mが、

片道と$\frac{13}{25}$往復との差になるので、

$$1往復 = 13 \div \left(\frac{13}{25} - \frac{1}{2}\right)$$

$$= 13 \div \frac{1}{50} = 650\text{m}$$

片道：$650 \div 2 = 325$m

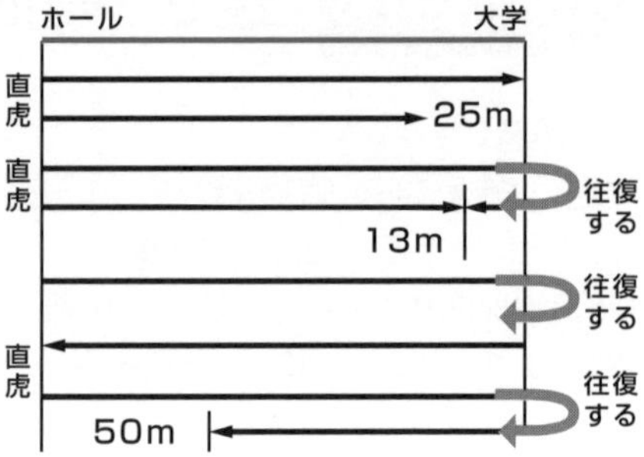

問題4　答え：B　40km/時

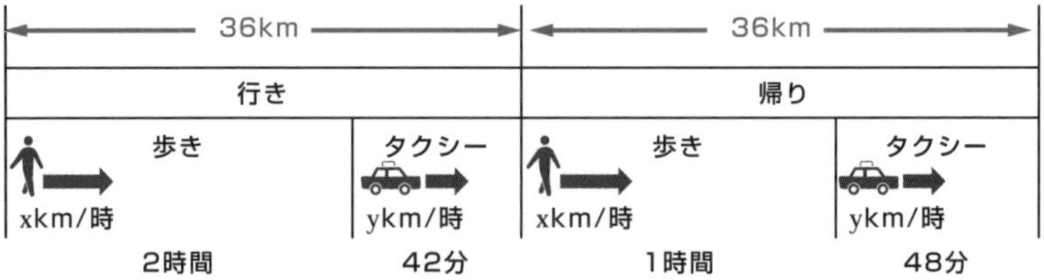

歩く速さを時速xkm、タクシーの速さを時速ykmとする。

それぞれ距離を求める式を立てる。「距離＝速さ×時間」より、

行き：$2 \times x + \frac{42}{60} \times y = 36$…①

帰り：$1 \times x + \frac{48}{60} \times y = 36$…②

行き：$120x + 42y = 2160$…③

帰り：$60x + 48y = 2160$…④

④×2－③

$$\begin{array}{rr} & 120x+96y=4320 \\ -) & 120x+42y=2160 \\ \hline & 54y=2160 \\ & y=40 \end{array}$$

6日目 旅人算 (72～75ページ)

練習問題

問題1 答え：G 24分後

「2人が出会う距離＝1周分の距離」＝14km

「2人が1時間ごとに進む速さの和」＝15＋20＝35km/時

「時間＝距離÷速さ」＝

$14 \div 35 = 2 \div 5 = \frac{2}{5}$時間

よって求める時間＝$\frac{2}{5} \times 60 = 24$分

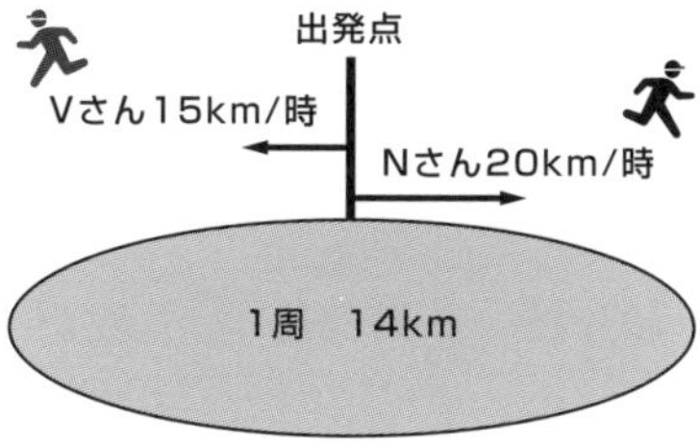

問題2 答え：E 90分後

2人が向かいあって進むので、1時間ごとに6＋8＝14km近くなる

「時間＝距離÷速さ」より、出会う時間＝21÷14＝3÷2＝1.5時間＝90分

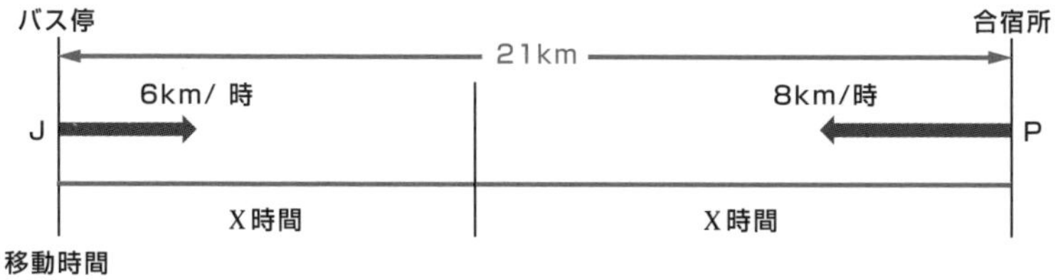

問題3 答え：C 300m

Aの速さをx(m/分)、Bの速さをy(m/分)として、すべての単位を(m)で考える

20分後に出会うとき：20x＋20y＝6000…①

18分後に出会うとき：18x＋18y＋12y＝6000より、

18x＋30y＝6000…②

①×3－②×2

$$
\begin{array}{rr}
 & 60x+60y=18000 \\
-) & \underline{36x+60y=12000} \\
 & 24x=6000 \\
 & x=250\cdots③
\end{array}
$$

③を①に代入する

$20\times250+20y=6000$

$5000+20y=6000$

$20y=1000$

$y=50$

よって、1分後の2人の距離は、$250+50=300$m

問題4　答え：F　3200m

ランニングコースの長さを x kmとする。

1時間に2人が進む距離の和は、

$14+10=24$km

また、2人は8分後＝$\frac{8}{60}$時間後

に出会うので

$x\div24=\frac{8}{60}$

$x=\frac{8}{60}\times24=\frac{16}{5}=3.2\text{km}=3200\text{m}$

問題5　答え：F　20分後

彩の分速：18km/時＝18000m/時÷60＝300m/分

由紀の分速：15km/時＝15000m/時÷60＝250m/分

30分後の彩の位置：300×30＝9000m　…スタート地点から9000mの所

そこはスタート地点から10km－9km＝1km＝1000m手前のところと言える。

よって、彩が由紀に追いつくというのは、彩が分速300mで1000m先の分速250mの由紀を追い越すことだといえる。

1分間に2人が進む距離の差は

300－250＝50mなので

1000mの差を追いつくには

1000÷50＝20分後となる。

問題6　答え：I　AからHのいずれでもない

梨乃さんの速さを分速にすると
18 km/時＝18000÷60＝300 m/分
麻友さんの速さを分速にすると
15 km/時＝15000÷60＝250 m/分
麻友さんは7分先に出発し、その間に進む距離は、250×7 m
1分間に2人が進む距離の差は
300－250＝50mなので
250×7mの差を追いつくには
250×7÷50＝35分後となる。

問題7　答え：C　12km/時

G君の速さを時速xkmとする。
1時間に2人が進む距離の和は、
x+18 km

また、24秒＝$\frac{24}{60}$分＝0.4 分 なので

8分24秒＝8.4分＝$\frac{8.4}{60}$時間＝0.14時間

2人は0.14時間後に出会ったので
4.2÷(x+18)=0.14
4.2=0.14(x+18)
420=14(x+18)
30=x+18
x=12 km/時

問題8　答え：B　1300m

T君の速さを分速にすると
4.8 km/時＝4800÷60＝80 m/分
P君の速さを分速にすると
3.6 km/時＝3600÷60＝60 m/分
P君は5分先に出発し、その間に進む距離は、5×60＝300 m
1分間に2人が進む距離の差は
80－60＝20mなので
300mの差を追いつくのは
300÷20＝15分後となる。
このとき、T君は 15×80＝1200 m
走っているので、競技場の長さは
1200＋100＝1300 m

7日目　時刻表 (76～79ページ)

練習問題1

問題1　答え：D　4.8km/時

速さを知りたいので、距離と時間を調べる。
表より
距離：3.6km＝3600m
時間：9：35－8：50＝45分
求める速さは「距離÷時間」より、
3600÷45＝80m/分
これを時速に直す、80×60＝4800m/時
＝4.8km/時

問題2　答え：E　4km

距離を知りたいので、速さと時間を調べる。
速さ：4.8km/時、時間：10：55－10：05

＝50分(50/60時間)＝$\frac{5}{6}$時間

「距離＝速さ×時間」より、

4.8×$\frac{5}{6}$＝4.8×5÷6＝24÷6＝4km

問題3　答え：F　95m/分

梨乃さんは9時35分に出発し、B地点に皆と同じ10時55分に到着するので、

10：55－9：35＝1時間20分＝80分

7.6km＝7600m

「速さ＝距離÷時間」より

7600÷80＝95m/分

練習問題2

問題1　答え：D　18km/時

時速を求めるので、距離と時間を求める。

距離は12km、

時間は10：40－10：00＝40分

$=\frac{40}{60}$時間$=\frac{2}{3}$時間

「時速＝距離÷時間」より、

$12\div\frac{2}{3}=12\div2\times3=6\times3=18$km/時

問題2　答え：G　25.2km/時

問題1でK君の速さが18km/時と出ているので、その1.4倍が答えになる。

18×1.4＝25.2km/時

問題3　答え：B　8.4km

距離を知りたいので、速さと時間を探す。

T－U間の速さは25.2km、時間は

11:30－11:10＝20分$=\frac{20}{60}$時間$=\frac{1}{3}$時間

よって求める距離は「速さ×時間」より、

$25.2\times\frac{1}{3}=25.2\div3=8.4$km

問題4　答え：F　24.5km/時

速さを知りたいので、距離と時間を探す。

距離はS駅からU海岸までなので、

12＋8.4＝20.4km

時間は50分$=\frac{50}{60}$時間$=\frac{5}{6}$時間

求める速さは、「距離÷時間」より、

$20.4\div\frac{5}{6}=4.08\times6=24.48\fallingdotseq24.5$

50分以内なので速さは24.48より大きい数で一番近い数を選択肢から選ぶ。

8日目　通過算　(80～83ページ)

練習問題1

問題1　(1) 答え：C　16秒

長さ：240m、速さ：15m/秒なので、240÷15＝16秒

(2) 答え：E　40秒

長さは「橋＋列車」なので、

360＋240＝600m

速さは15m/秒なので、求める時間は、

600÷15＝40秒

(3) 答え：E　360 m

特急列車の長さをxとする。

距離は$240+x$(m)、

速さの和は$15+25=40$(m/秒)、

時間が15秒「距離＝速さ×時間」より、

$240+x=40\times 15$

$240+x=600$

$x=600-240$

$x=360$

問題2　(1) 答え：C　25m/秒

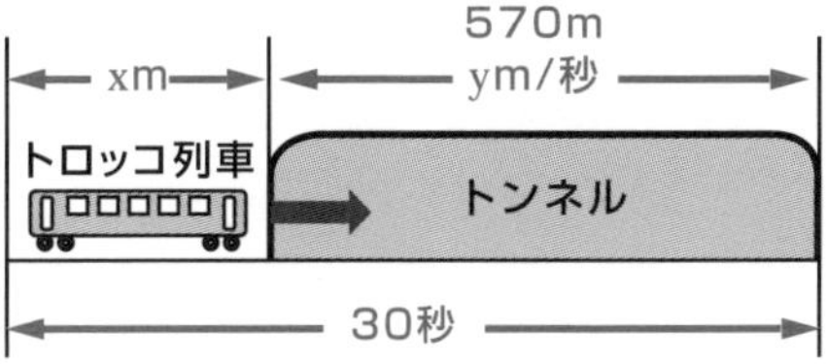

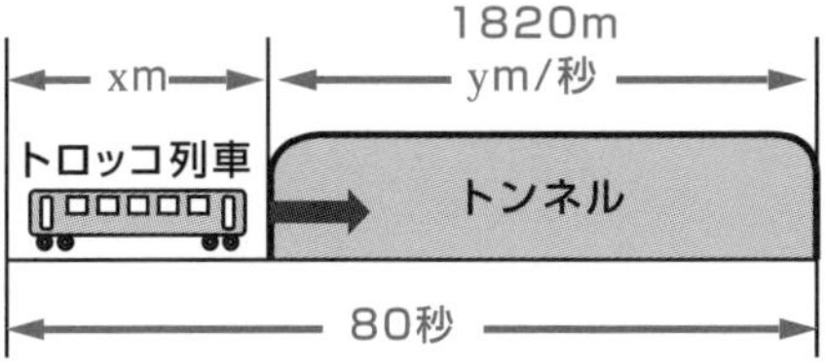

トロッコ列車の長さをxm、速さをym/秒とすると

最初のトンネルの長さ：570m

次のトンネルの長さ：1820m

かかった時間：30秒

かかった時間：80秒

「全体長さ＝時間×速さ」より

$x+570=30\times y$…①

$x+1820=80\times y$…②

②－①

$$
\begin{array}{rr}
 & x+1820=80\times y \\
-) & \underline{x+570=30\times y} \\
 & 1250=50y \\
 & y=25
\end{array}
$$
…③

(2) 答え：A　180m

トロッコ列車の長さは、③を①に代入する。

$x+570=30\times25$

$x+570=750$

$x=750-570$

$x=180$

練習問題2

問題1　(1) 答え：E　180m

特急列車の長さを x m、速さを y m/秒

とする。

鉄橋を渡るときの長さ：x+240 (m)

かかった時間：21秒

「全体長さ＝時間×速さ」より

$x+240=21y$ …①

トンネルを通過するときの長さ：

x+1080 (m)

かかった時間：1分3秒＝63秒

$x+1080=63y$ …②

②－①　$840=42y$　$y=20$m/秒

これを①に代入して、

$x+240=21\times20$

$x=420-240=180$m

(2) 答え：D　130秒

(1)より特急列車の速さは20 m/秒

また、トンネル内に列車がいるときの長さは「トンネルの長さ－列車の長さ」

なので、

$(2780-180)\div20=130$ 秒

問題2　答え：E　96m

つり橋の長さをx m、行列の速さをy m/秒とする。

つり橋を渡るときの長さ：x+84 (m)

かかった時間：3分45秒＝225秒

「全体長さ＝時間×速さ」より

$x+84=225y$…①

行列の最後尾がつり橋に入ってから先頭が橋を出るまでの長さ：$x-84$ (m)
かかった時間：15秒
$x-84=15y$…②
①－②　$168=210y$　$y=0.8$ m/秒
これを②に代入して、
$x-84=15\times0.8$
$x=12+84=96$ m

問題3　答え：E　1800m

列車Aの速さをx(m/秒)とする。快速列車BがQ駅を出発して55秒後の地点をRとする。列車Aと快速列車Bが出合う地点をSとする。
Q駅とR地点の距離は、$20\times55=1100$(m)
P駅とS地点の距離は$20\times15=300$(m)
S地点とQ駅の距離は$100x$(m)
列車AがP駅とS地点との間を進むのにかかる時間と快速列車BがR地点からS地点を進むのにかかる時間が等しいので、

$$\frac{300}{x}=\frac{100x-1100}{20}$$

$$\frac{300}{x}=5x-55$$

両辺にxをかけると、
$300=5x^2-55x$
$0=5x^2-55x-300$
$0=5(x^2-11x-60)$
$0=(x-15)(x+4)$
$x=15$、-4…マイナスは存在しない
よって、$x=15$(m/秒)
S地点間とQ駅の距離は$100\times15=1500$(m)なので
P駅とQ駅の距離は
$300+1500=1800$(m)

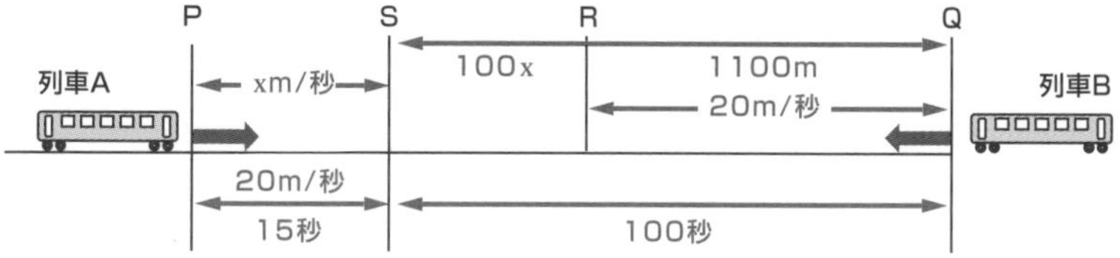

9日目　流水算 (84～87ページ)

練習問題

問題1　(1) **答え：E　1km/時**

上りの速さは、24÷4＝6(km/時)

下りの速さは、24÷3＝8(km/時)

川の流れの速さは、(8－6)÷2＝1(km/時)

(2) **答え：D　7km/時**

静水時の速さ＝(上りの速さ＋下りの速さ)÷2

＝(6＋8)÷2

＝14÷2

＝7(km/時)

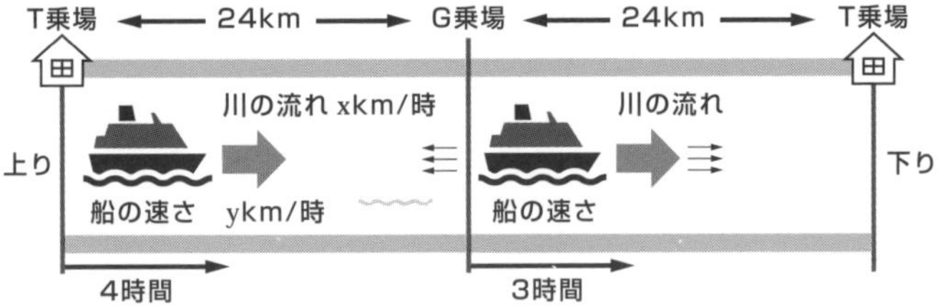

別解：

船の静水時の速さをykm/時、川の流れの速さをxkm/時とすると

上りより、y－x＝24÷4　　y－x＝6…①

下りより、y＋x＝24÷3　　y＋x＝8…②

①＋②

2y＝14　　y＝7

問題2　**答え：E　0.8km/時**

船の速さは、上りと下りで異なる。(静水時の速さ→、川の流れの速さ⇇とすると)

「上りの速さ＝静水時の速さ－川の流れの速さ」

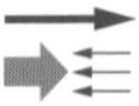
上りの速さ

上りの速さ＝距離÷時間より、12÷5＝2.4(km/時)

「下りの速さ＝静水時の速さ＋川の流れの速さ」

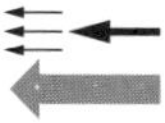
下りの速さ

下りの速さ＝距離÷時間より、12÷3＝4(km/時)
その差は川の流れの2倍になる。4－2.4＝1.6(km/時)
よって、川の流れの速さは、1.6÷2＝0.8(km/時)

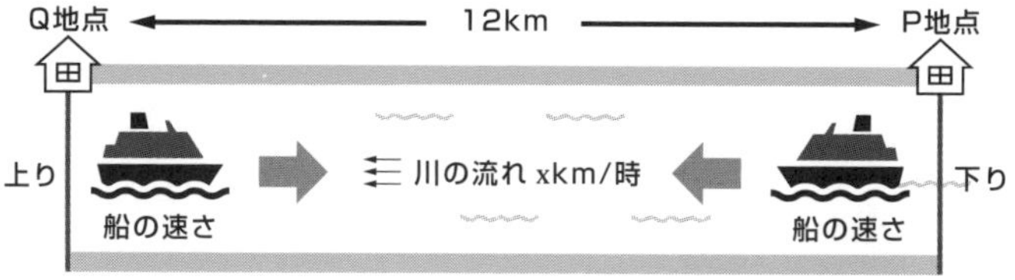

問題3　答え：B　1時間12分

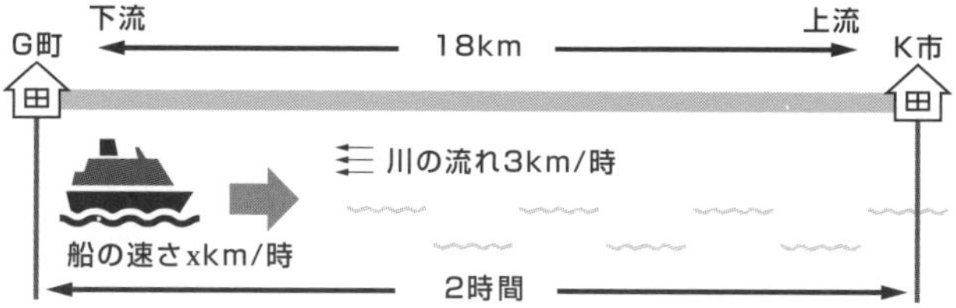

移動距離：18km
上りの速さ(静水時の船の速さ－川の流れの速さ)＝$x-3$
時間：2時間
「速さ＝距離÷時間」より、$x-3=18\div 2$　　$x-3=9$　　$x=12$

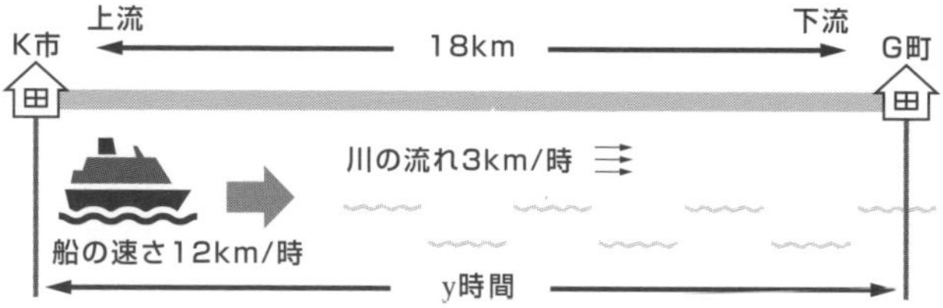

上流から下流に向かうので、下りの速さは、「静水時の船の速さ＋川の流れの速さ」になる。
12＋3＝15km/時
求める時間は「距離÷速さ」より、18÷15＝1.2時間
0.2時間＝0.2×60＝12分
よって、かかる時間は、1時間12分

問題4　答え：B　12km/時

ある日

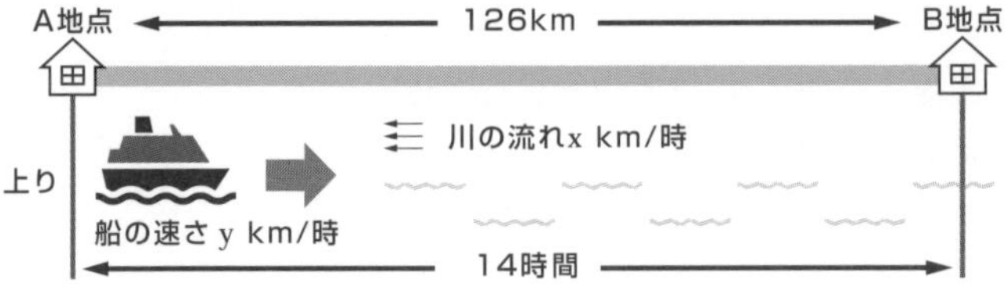

次の日

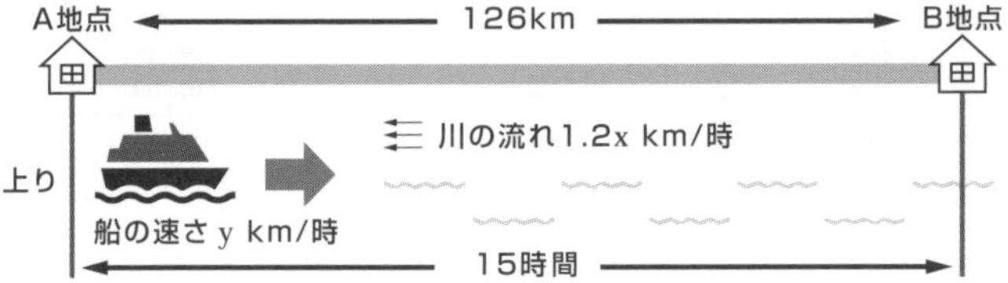

川の流れの速さをxkm/時、船の静水時の速さをykm/時とする。

ある日　上りの速さ：$y-x$、距離：126km、時間：14時間より

$y-x=126\div 14$

$y-x=9$ …①

次の日　上りの速さ：$y-1.2x$、距離：126km、時間：15時間より

$y-1.2x=126\div 15$

$y-1.2x=8.4$…②

①－②

$$
\begin{array}{r}
y-x=9 \\
-)\ \underline{y-1.2x=8.4} \\
0.2x=0.6 \\
2x=6 \\
x=3
\end{array}
$$

これを①に代入すると、$y-3=9$　$y=12$

問題5　(1) 答え：E　7.2km

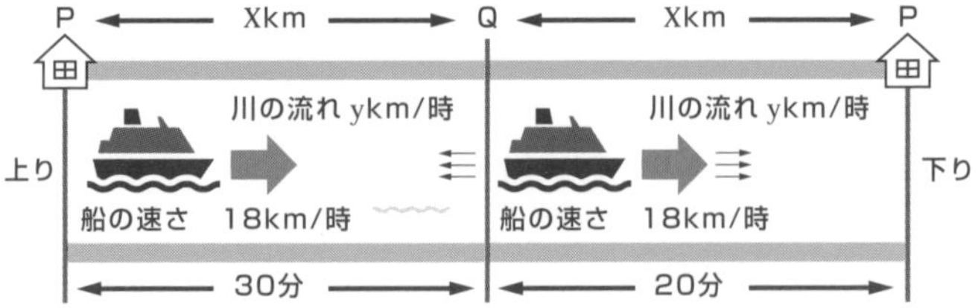

距離をxkm、川の流れの速さをy km/時とすると、

上り：$x=\frac{1}{2}(18-y)$ ⇒$2x=18-y$…①

下り：$x=\frac{1}{3}(18+y)$ ⇒$3x=18+y$…②

①＋②

$$\begin{array}{r} 2x=18-y \\ +)\ \underline{3x=18+y} \\ 5x=36 \\ x=7.2 \end{array}$$

(2) 答え：D　12分後、38分後

遊覧船HとRの速さは上り（P地点からQ地点に行くとき）は$7.2\times2=14.4$km/時

下り（Q地点からP地点に行くとき）は$7.2\div\frac{20}{60}=21.6$km/時

同時に出発するので、船の距離は7.2km
1時間で$14.4+21.6=36$km近づく
だから1回目に出合うまでにかかる時間は、「距離÷速さ」より、
$7.2\div36=0.2$時間
つまり、12分後
1往復するのにかかる時間が50分なので、
50分－12分＝38分後

10日目　濃度算1 （88～91ページ）

練習問題1

問題1　答え：E　200g

シオの量＝【%】×【g】÷100
＝12×2＝24g
水を増やして濃度を6%にするので、
公式の分母にxを加える。

$$6=\frac{24\times100}{200+x}$$

$2400=6(200+x)$
$400=200+x$　　よって、$x=200$g

問題2　答え：D　80g

シオの量＝【%】×【g】÷100より、
8×4＝32g
水を蒸発させて濃度を10%に上げるので、公式の分母からxを引く。

$$10=\frac{32\times100}{400-x}$$ これを変形すると、

$3200=10(400-x)$
$320=400-x$
$x=400-320$　　よって、$x=80$g

問題3　答え：C　12.5g

シオの量＝【%】×【g】÷100

$=15\times2=30\text{g}$

シオを混ぜて濃度を20%にするので、分母と分子の両方にxを加える。

$$20=\frac{(30+x)\times100}{200+x}$$

$$20(200+x)=100(30+x)$$
$$200+x=5(30+x)$$
$$200+x=150+5x$$
$$4x=50$$

よって、$x=12.5\text{g}$

問題4　答え：E　300g

最初の食塩水の量をxgとすると、

シオの量＝【%】×【g】÷100

$=8\times x\div100$

$$=\frac{8}{100}x=0.08x\text{g}$$

6%の濃度になった食塩水の式をつくる。

食塩水xgに水100g加えるので、

$$6=\frac{0.08x\times100}{x+100}$$

これを変形すると、

$$6(x+100)=0.08x\times100$$
$$6x+600=8x$$
$$600=2x$$

よって、$x=300\text{g}$

問題5　答え：B　180g

7%の食塩水の量をxgとすると、

シオの量＝【%】×【g】÷100

$=7\times x\div100$

$=0.07x$

濃度の式に代入すると

$$10=\frac{(0.07x+6)\times100}{x+6}$$

これを変形すると、

$$10(x+6)=(0.07x+6)\times100$$
$$10x+60=7x+600$$
$$3x=540$$

よって、$x=180\text{g}$

練習問題2

問題1　答え：C　14%

$$濃度=\frac{シオ\times100}{シオ+水}=\frac{35\times100}{35+215}=\frac{3500}{250}=14$$

問題2　答え：B　125g

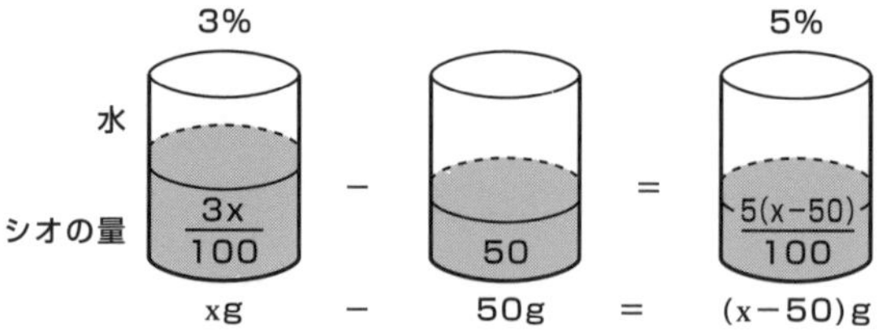

図のようにシオの量の式を立ててみると速い

元の食塩水の量をxgとすると、シオの量：(%)×(g)÷100＝$\frac{3x}{100}$ …①

蒸発後のシオの量を求めると、シオの量：5×(x－50)÷100＝$\frac{5(x-50)}{100}$ …②

①も②も同じシオの量なので、$\frac{3x}{100}=\frac{5(x-50)}{100}$ … ×100して分子だけ計算する。

$3x=5(x-50)$　　$3x=5x-250$　$2x=250$　$x=125$

問題3　答え：D　5g

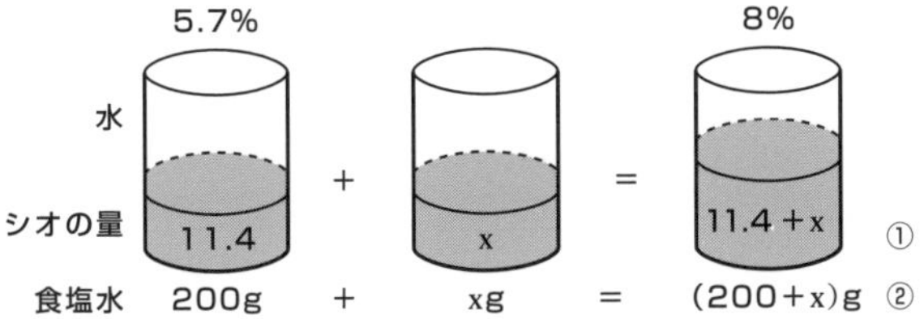

上の図からシオの量を求める式を作る。
シオの量から　：$11.4+x$…①
食塩水の量から：$8\times(200+x)\div100=(1600+8x)\div100$…②
①も②も同じシオの量なので
　$11.4+x=(1600+8x)\div100$
$1140+100x=1600+8x$
$100x-8x=1600-1140$
$92x=460$　　$x=5$

問題4　答え：D　15%

濃度＝$\frac{シオ\times100}{シオ+水}=\frac{3\times100}{3+17}=\frac{300}{20}=15$

食塩の量：水の量＝3：17なので
その割合をそのまま使えばよい。

問題5　答え：A　7%

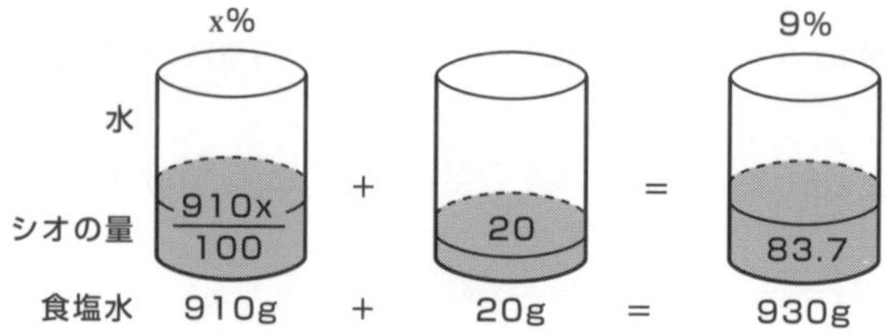

20 g の食塩を入れて9 %の食塩水が930 g できたので、
はじめの食塩水の量は、$930-20=910$ g
この濃度がx%なので、そのシオの量は、(%)×(g)÷100＝$x\times910\div100$
混ぜた後の食塩水の濃度は9%で930 g あるので、シオの量は$9\times930\div100$
よって、$x\times910\div100+20=9\times930\div100$

$$x\times910+2000=9\times930$$
$$910x+2000=8370$$
$$910x=6370$$
$$91x=637$$
$$x=7$$

11日目　濃度算2 (92 ～ 95ページ)

練習問題

問題1　答え：G　8%

シオの量はそれぞれ、
$9\%\times400g\div100=9\times4=36g$
$4\%\times100g\div100=4\times1=4g$
食塩水の量は，$400g+100g=500g$

$\text{濃度}=\dfrac{\text{シオ}\times100}{\text{シオ}+\text{水}}$ の公式より

$$\frac{(36+4)\times100}{500}=\frac{4000}{500}=8\%$$

問題2　答え：B　3%

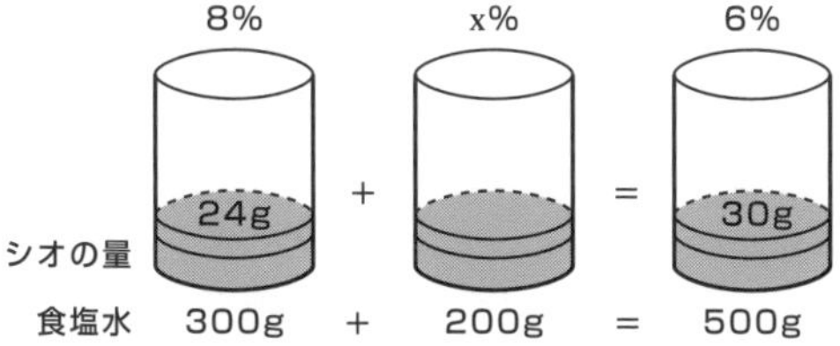

シオの量はそれぞれ、

$8\% \times 300\text{g} \div 100 = 8 \times 3 = 24\text{g}$

$6\% \times 500\text{g} \div 100 = 6 \times 5 = 30\text{g}$

混ぜる食塩水の量は、

$500\text{g} - 300\text{g} = 200\text{g}$

混ぜる食塩水のシオの量は、

$30\text{g} - 24\text{g} = 6\text{g}$

よって、求める濃度は、

$$\frac{6 \times 100}{200} = \frac{6}{2} = 3\%$$

問題3　答え：D　400g

8%の食塩水の量をxgとすると、

5%の食塩水の量は、$(600 - x)$g

8%の食塩水のシオの量は、$8 \times x \div 100$ g

5%の食塩水のシオの量は、$5 \times (600 - x) \div 100$ g

7%の食塩水のシオの量は、$7 \times 600 \div 100 = 7 \times 6 = 42\text{g}$

これらから式をつくると

$(8x \div 100) + 5(600 - x) \div 100 = 42$

$8x + 5(600 - x) = 4200$

$8x + 3000 - 5x = 4200$

$3x = 1200$

$x = 400\text{g}$

問題4　答え：B　90g

シオの量はそれぞれ、

$3\% \times 400g \div 100 = 3 \times 4 = 12g$

$12\% \times 500g \div 100 = 12 \times 5 = 60g$

蒸発させる水の量を x gとすると、
それぞれが蒸発するので、
残りの食塩水の量は、
$(400-x)g$、$(500-x)g$になる。
これらを混ぜると10%の食塩水になるので、公式に当てはめると

$$10 = \frac{(12+60) \times 100}{(400-x)+(500-x)}$$

$10(900-2x)=7200$

$900-2x=720$

$2x=180$

$x=90\ g$

問題5　答え：A　6%

容器A、容器Bの食塩水の濃度をそれぞれ x%、y%とする。
容器Aから240g、容器Bから120gの食塩水を取り出したときのシオの量は、
それぞれ、

容器A：$x \times 240 \div 100=2.4x$

容器B：$y \times 120 \div 100=1.2y$

混合：$8 \times (240+120) \div 100=28.8$

シオの量から式をつくると

$2.4x+1.2y=28.8$

$24x+12y=288$

$2x+y=24$…①

容器Aから80g、容器Bから160gの食塩水を取り出したときのシオの量は、
それぞれ、

容器A：$x \times 80 \div 100=0.8x$

容器B：$y \times 160 \div 100=1.6y$

混合：$10 \times (80+160) \div 100=24$

シオの量から式をつくると

$0.8x+1.6y=24$

$8x+16y=240$

$2x+4y=60$…②

②－①

$\quad 2x+4y=60$

$-)\ \underline{2x+\ \ y=24}$

$\qquad 3y=36 \qquad y=12$

これを①に代入して、$x=6\ \%$

問題6　(1) 答え：E　40g

シオの量はそれぞれ、

容器J：$4 \times x \div 100$

容器K：$10 \times y \div 100$

混合：$8 \times 60 \div 100=8 \times 0.6=4.8$

シオの量から式をつくると

$(4x \div 100)+(10y \div 100)=4.8$

$4x+10y=480$

$2x+5y=240$…①

食塩水の量から

$x+y=60$…②

①－②×2

$\quad 2x+5y=240$

$-)\ \underline{2x+2y=120}$

$\qquad 3y=120$

$\qquad\ \ y=40g$

(2) 答え：C　240g

(1)より、容器Jと容器Kに残っている食塩水の量は、それぞれ180gと80gである。
容器Jからpg、容器Kからqg取り出して、6%の食塩水を作るとする。
シオの量はそれぞれ、

容器J：$4 \times p \div 100$

容器K：$10 \times q \div 100$

混合：$6\times(p+q)\div100$
シオの量から式をつくると
$(4p\div100)+(10q\div100)$
$=6\times(p+q)\div100$
$4p+10q=6(p+q)$
$2p+5q=3(p+q)$
$2p+5q=3p+3q$
$2q=p$
よって、6%の食塩水の量は
$p+q=2q+q=3q$
この量が最大となるのは、qが最大となるとき、つまり、残っている80gをすべて使うときである。
最大で、$3\times80=240$gの食塩水ができる。

問題7　答え：D　8.5%

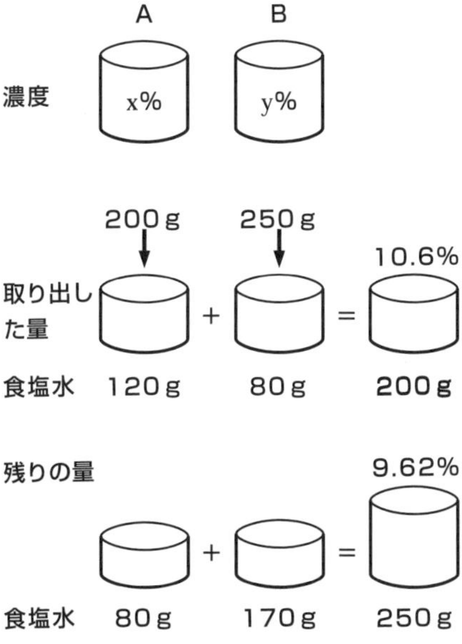

食塩水A、Bの濃度をそれぞれ x%、y%とする。
食塩水のシオの量は
A'：$x\times120\div100=1.2x$
B'：$y\times80\div100=0.8y$
シオの量C：$10.6\times(120+80)\div100=21.2$
A'+B'=C より、
$1.2x+0.8y=21.2$
$120x+80y=2120$…①
残りの食塩水について、シオの量は
A"：$x\times80\div100=0.8x$
B"：$y\times170\div100=1.7y$
シオの量D：$9.62\times(80+170)\div100=24.05$
A"+B"=D より、
$0.8x+1.7y=24.05$
$80x+170y=2405$…②
②×3－①×2

$$\begin{array}{rr} & 240x+510y=7215 \\ -) & \underline{240x+160y=4240} \\ & 350y=2975 \\ & y=8.5\% \end{array}$$

問題8　答え：E　6倍

食塩水P、Q、Rの濃度をそれぞれ p%、q%、r%とする。
Pを200gとQを100g混ぜたときの
シオの量は
P：$p\times200\div100=2p$
Q：$q\times100\div100=q$
混合：$2\times(200+100)\div100=6$
シオの量から式をつくると
$2p+q=6$…①
Qを100gとRを300g混ぜたときの
シオの量は
Q：$q\times100\div100=q$
R：$r\times300\div100=3r$
混合：$5.5\times(100+300)\div100=22$
シオの量から式をつくると
$q+3r=22$…②
Rを300gとPを200g混ぜたときの

シオの量は

R：$r\times300\div100=3r$

P：$p\times200\div100=2p$

混合：$q\times(300+200)\div100=5q$

シオの量から式をつくると

$3r+2p=5q$…③

②－③

$$
\begin{array}{rl}
 & q+3r=22 \\
-) & 3r+2p=5q \\
\hline
 & q-2p=22-5q \\
 & -2p+6q=22
\end{array}
$$

$-2p+6q=22$…④

①＋④

$$
\begin{array}{rl}
 & 2p+q=6 \\
+) & -2p+6q=22 \\
\hline
 & 7q=28
\end{array}
$$

$q=4$…⑤

⑤を①に代入して、

$2p+4=6$

$2p=2$

$p=1$…⑥

⑤を②に代入して、

$4+3r=22$

$3r=18$

$r=6$

よってRの濃度は6%、Pの濃度は1%なので、6倍である。

問題9　答え：D　5.3%

1回目の作業前の濃度は10％なので、作業後は

$$\frac{10(1-0.1)}{100}=\frac{9}{100}=9\%$$

2回目の作業前の濃度は9％なので、作業後は

$$\frac{9(1-0.1)}{100}=\frac{8.1}{100}=8.1\%$$

3回目も同様にすると濃度は8.1％なので、作業後は

$$\frac{8.1(1-0.1)}{100}=\frac{7.29}{100}\fallingdotseq7.3\%$$

これを6回行うのもいいが時間がかかる。

SPIとしてはここまでの式から法則性を見出した方が速い。

次の濃度は前の濃度の10％薄くなっている。

つまり、「前の数×0.9」になる。

そこで4回目は、$7.3\times0.9=6.57$、5回目は$6.57\times0.9=5.913$

求める6回目は、およそ$5.9\times0.9=5.31\fallingdotseq5.3\%$

12日目 ブラックボックス （96～101ページ）

練習問題1

問題1　(1) 答え：D　13

まず、P、Q、Rの装置の記号を読み取る。

その際、例外が起きないように、わかる数字すべての範囲で式を検証しながら確認すること。

P：X＋Y＝Z　　より、［＋］だとわかる。

Q：X÷Y＝Z　　より、［÷］だとわかる。

R：2X＋Y＝Z　より、［ 2X＋Y ］だとわかる。

これらの符号を使って、それぞれの関係を数字に直す。

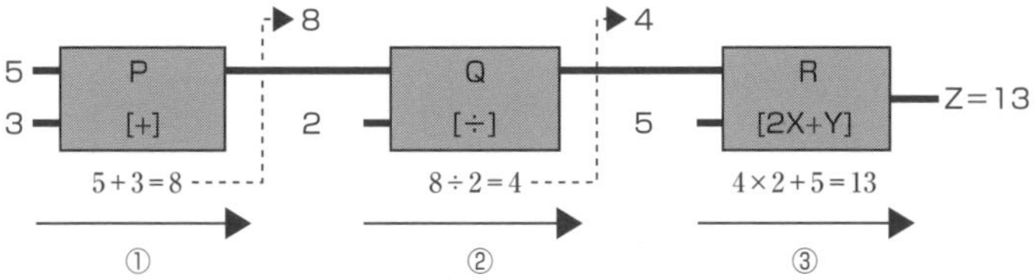

(2) 答え：B　21

答えがわかっていて、もとをたどる場合、代入に注意。

式の変形で符号ミスが起こりやすい。

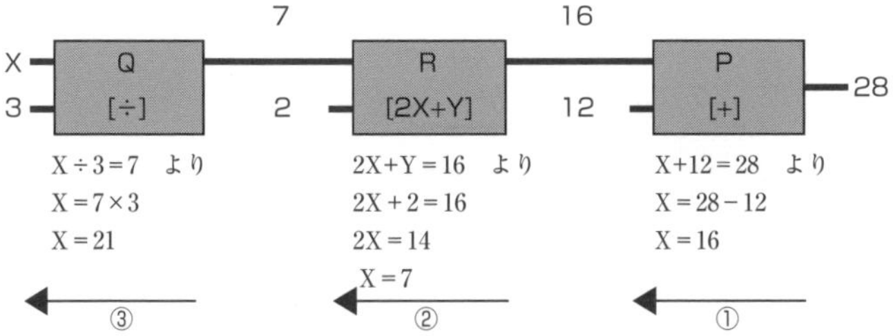

(3) 答え：F　8

途中に空白がある場合、わかる数字が揃っているところから計算を始める。この場合は12と8のボックスを求め、次に最後のボックスを求める。この両方で求めた数を真ん中のボックスの決められた位置に置いて答えを求める。

R1：2×12＋8＝32　…①

R2：2X＋2＝10　2X＝8　X＝4　…②
①と②を合わせると、32÷ア＝4
ア＝32÷4＝8

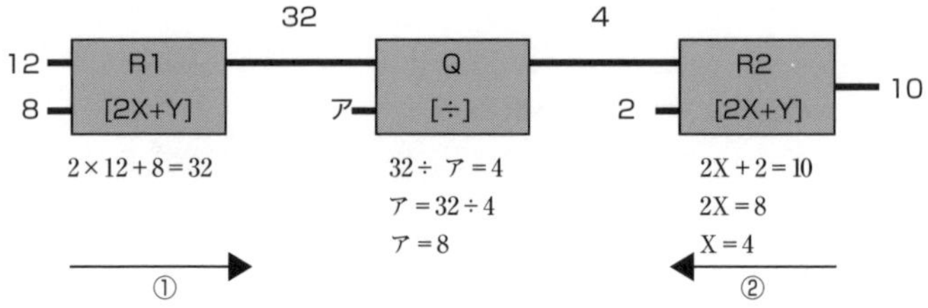

(4) 答え：E　−13

ボックスに計算記号を書き込んで考えると次のようになる。
上から：Pの装置：27＋3＝30…①
Qの装置：30÷W＝10
W＝30÷10＝3…②
Rの装置：2×8＋Z＝3
16＋Z＝3
Z＝−13

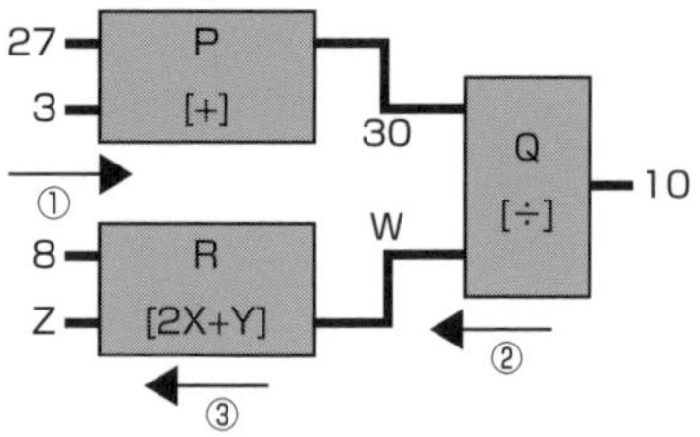

問題2　答え：D　21

X＝[＋]、Y＝[−]、Z＝[×]なので、それを式に代入すると、
次のようになる。

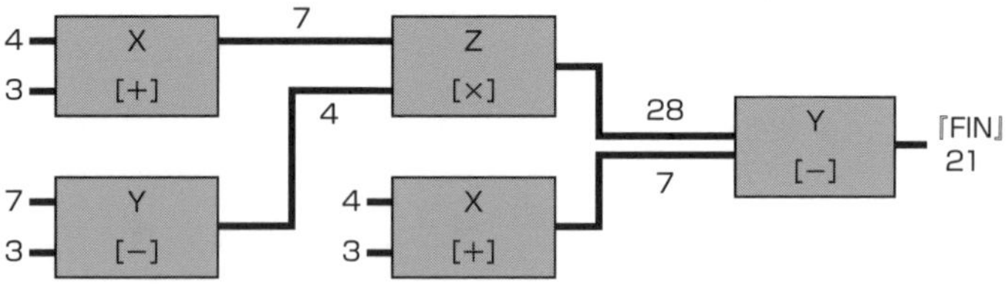

それぞれのボックス内に当てはまる計算記号を入れる。
それに従って計算して出た値を右側に書き込む。
左上のXを出る値は7、Yを出る値は4となる。
これがZを通ると7×4＝28になる。
次に、真ん中のXを出る値は7になるので、Yを通過するときに28−7＝21となる。

練習問題2

問題1　(1) **答え：C　[＋]**

ア＝$[2x+y]$、イ＝$[2x+y]$、カ＝[÷]を当てはめて計算できるところを終え、簡略化する。

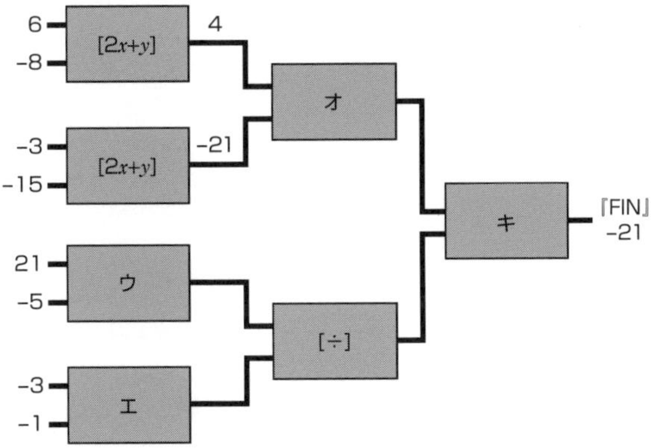

次にウ、エ、オのボックスについて考える。
オに入る数字が4と－21なので、選択肢の割り算、最大公約数、素数はない。
…D、G、Eは消える。
カが[÷]なのでウとエを出た値は倍数関係の数になることがわかる。
それを前提に、[－]とすると、

ウ：21－(－5)＝26
エ：－3－(－1)＝－2
カ：26÷(－2)＝－13…(○)
オ：4－(－21)＝25
キ：25－(－13)＝38…(×)

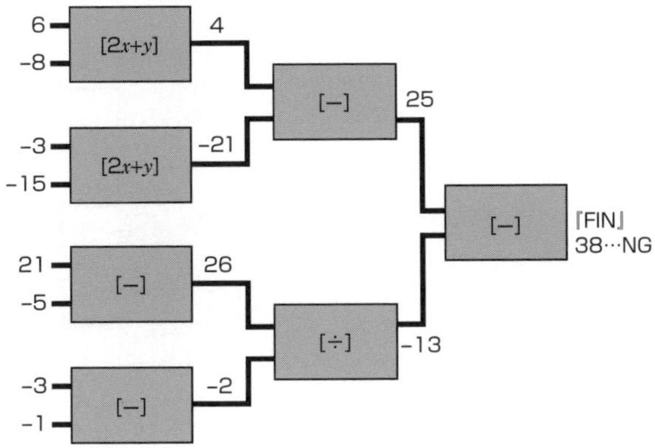

次に、［ ＋ ］とすると、
ウ：$21+(-5)=16$
エ：$-3+(-1)=-4$
オ：$4+(-21)=-17$
カ：$16\div(-4)=-4$
よって、キ：$-17+(-4)=-21$となり、答えが合う。

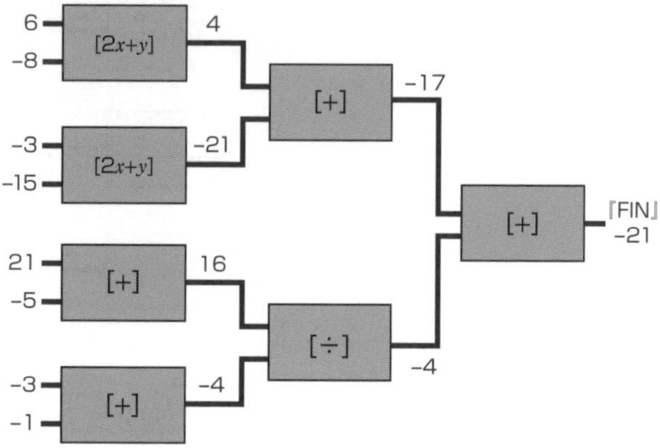

＊ひとつの符号で答えが出ると、他の符号では答えは出ないので
あとの符号は計算しなくてよい。

(2) 答え：C　2

問題に示された符号を当てはめてみる。

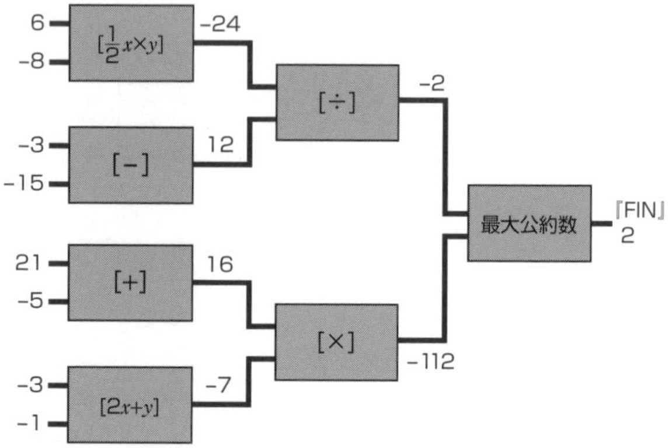

各ボックスの計算の結果、ア：-24、イ：12、ウ：16、エ：-7、

オ：-2、カ：-112になる。
よって、-2と-112の公約数は、-2、-1、$+1$、$+2$になるので、
答えは$(+2)$が該当。

(3) 答え：D　[÷]か[×]

与えられた条件を当てはめて、できるところまで計算を進めてみる。

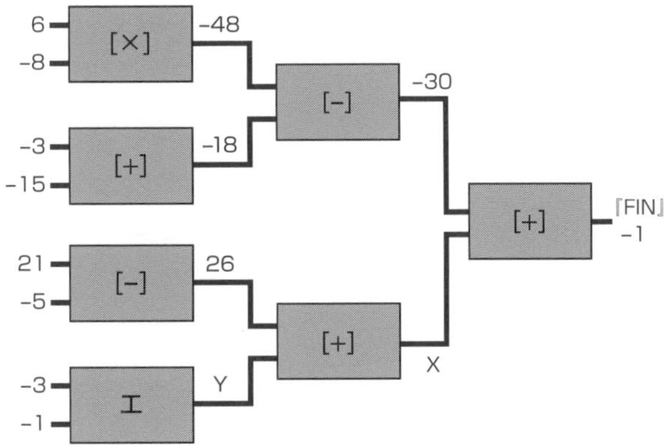

最後の「FIN」が-1とわかっているので、ここから逆算する。
キ：$-30+X=-1$より、$X=29$
同様にその前のボックスを使うと、カ：$26+Y=29$、$Y=29-26=3$
最後のボックスにもどり、3を代入する。
エ：$-3\square-1=3$
ここからこの式が成り立つ符号を検討する。
[＋][－]だと数字が変わる…(×)
数字が変わらず符号だけが変わるのは、公約数か、[÷][×]しかない。
2つの数の公約数は、-1、1しかない…(×)
[÷]を当てはめると、$-3\div(-1)=3$
また、[×]を当てはめると、$-3\times(-1)=3$となる。

練習問題3

問題1　(1) 答え：D　−8

わかっている記号や数字を記入する。

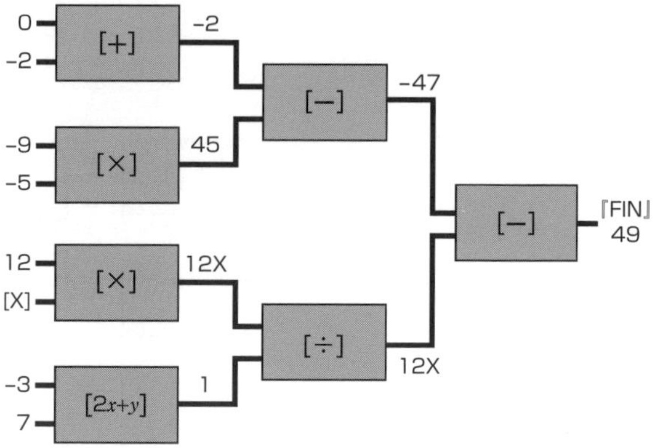

上のように書きこんだら、順番にボックスを計算してみる。
最後の計算では、$-47-12X=49$となっている。
これを変形して求めると、
$-12X=49+47=96$
$12X=-96$なので、$X=-8$

(2) 答え：A　−51

下の図のように、$X=-8$を代入して計算すると、最後の式は$-47-4=-51$
よって、「FIN」は-51になる。

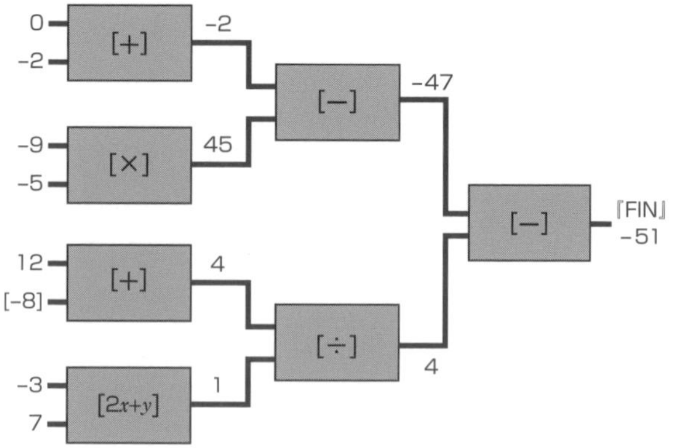

13日目　順列（102 ～ 105ページ）

練習問題1

問題1　答え：E　24通り

最初は4種類どれでも自由に選べる。次は残りの3枚を自由に選べる。その次は残りの2枚から選べる。最後は1枚だけになる。というように選ぶ種類は1つずつ少なくなっていく。

よって、${}_4P_4 = 4 \times 3 \times 2 \times 1 = 24$通り

問題2　答え：D　30通り

最初は6人から選べ、次は5人から選ぶので、${}_6P_2 = 6 \times 5 = 30$通り

問題3　答え：D　20通り

2つの役職を選ぶだけなので、男子2人でもいいし、女子が2人でもいい。

よって委員長を選ぶ方法は、$3 + 2 = 5$通り、副委員長は4通りなので、

全部で ${}_5P_2 = 5 \times 4 = 20$通り

問題4　答え：A　6通り

2けたの整数が偶数になるには一の位が偶数であればいいので、2と4の2種類。あとは3種類から1つを選ぶので3通り。

よって、$2 \times 3 = 6$通り

問題5　答え：B　36通り

3けたの整数が5の倍数になるのは、一の位が5のときである。

百の位は6通り、十の位は6通り、一の位は1通りなので、

$6 \times 6 \times 1 = 36$通り

練習問題2

問題1　(1) 答え：E　216通り

5の倍数になるのは、一の位が0か5。

6ケタなので左端が0にはならない。

以上の条件に合わせて考える。

一の位が0の場合：残りの5つの数の並ぶ種類は、

${}_5P_5 = 5 \times 4 \times 3 \times 2 \times 1 = 120$通り

一の位が5の場合：左に0がおけないので4通り、次の桁は0がつかえて4通り、次は3通り、次は2通り、最後は1通りとなるので、$4 \times {}_4P_4 = 4 \times 4 \times 3 \times 2 \times 1 = 96$通り

求める種類は、$120 + 96 = 216$通り

(2) 答え：E　312通り

一の位が0になるとき、

${}_5P_5 = 5 \times 4 \times 3 \times 2 \times 1 = 120$通り

一の位が2になるとき、

$4 \times {}_4P_4 = 4 \times 4 \times 3 \times 2 \times 1 = 96$通り

一の位が4になるとき、

$4 \times {}_4P_4 = 4 \times 4 \times 3 \times 2 \times 1 = 96$通り

よって、求める偶数の数は、

$120 + 96 + 96 = 312$通り

問題2　答え：C　20個

それぞれの線でできる間隔を１とすると、下のような関係になる。

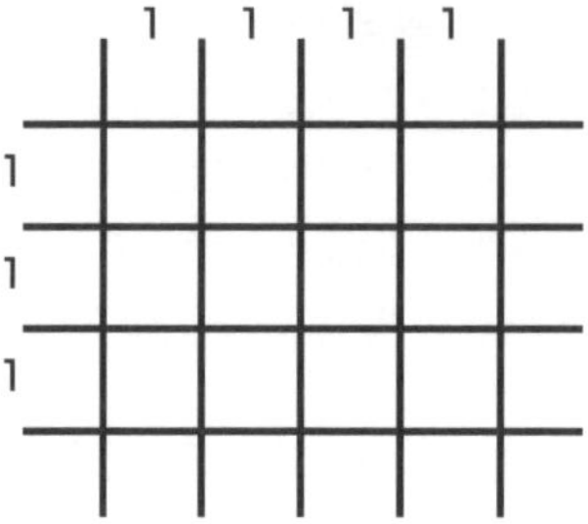

正方形なので、縦と横の長さが同じである四角形をさがす。

縦×横＝1×1の場合、3×4＝12個

　　　＝2×2の場合、2×3＝6個

　　　＝3×3の場合、1×2＝2個

求める正方形の個数：12＋6＋2＝20個

問題3　答え：E　240通り

A君とBさんが隣合わせなので、

このふたりを1つのかたまりとしてとらえるとわかりやすい。

A・B・C・D・E・F → □・C・D・E・F

従って、最初は、5つのうちのどれでもいいので、5種類選べる。

次は、1つ減った4つから選べる。

次は、同様に3つ、2つ、1つとなる。

よって、$_5P_5$＝5×4×3×2×1＝120通り

さらに(A・B)(B・A)の並びかたがあるので2通りできる。

120×2＝240通り

問題4　答え：B　24通り

円卓を囲う並び方は、位置が違っても編成が同じ場合は1種類とみなすので、

上の並び方はすべて同じとする。

並べ方としては

一番上を固定して残りの場所の並び方を考えればいい。

従って、1つは固定なので、今回の場合5つの中から1つを固定すると4つが変わる数になる。だから、

(全体－1)！＝4×3×2×1＝24通り

14日目 組み合わせ （106～109ページ）

練習問題1

問題1　答え：B　6通り

4人から2人を選ぶ組み合わせは、(W、K)、(W、R)、(W、M)、(K、R)、(K、M)、(R、M)の6種類。これを式で表すと、

$${}_4C_2 = \frac{4\times3}{2\times1} = 2\times3 = 6\text{通り}$$

問題2　答え：C　6通り

N	3	2	2	1	1	1
M	1	2	1	1	2	3
B	1	1	2	3	2	1

必ず1人に1冊以上配るので、ノートの配り方は表のように6通りある。

問題3　(1) 答え：B　15通り

6か所から2か所を選ぶので、

$${}_6C_2 = \frac{6\times5}{2\times1} = 3\times5 = 15\text{通り}$$

(2) 答え：A　6通り

行かない1か所の選び方と同じなので、6通り

問題4　答え：B　10通り

5つの椅子から3つ選ぶので、

$${}_5C_3 = \frac{5\times4\times3}{3\times2\times1} = 5\times2 = 10\text{通り}$$

練習問題2

問題1　答え：D　240通り

AとGが端にならぶ方法は、A－G、G－Aの2種類ある。

残りの5人の並び方を考えて、それを2倍すればいい。

よって、$(5\times4\times3\times2\times1)\times2 = 120\times2 = 240$通り

問題2　答え：D　252通り

最初に赤石を置き、次に2つの白石を置く。最後に6個の青石を置くとすると、赤石は1個なので置ける場所は9か所となる。2個の白石は、残りの8か所から2か所選んで置くので、

$${}_8C_2 = \frac{8\times7}{2\times1} = 28\text{通り。}$$

6個の青石は、残りの6か所に置くので1通りとなる。よって、$9\times28\times1 = 252$通り

問題3　答え：E　216通り

同じ数字を何度使ってもよいとは、333や448という数字でもよいということ。つまり百の位、十の位、一の位、それぞれについて6種類から選べるということ。

よって、$6\times6\times6 = 216$通り

問題4　答え：D　560通り

アーツは最初8個の商品の中から3個選べるので、

$${}_8C_3 = \frac{8\times7\times6}{3\times2\times1} = 56\text{通り}$$

次に、ビリーが残りの5個から2個選ぶので、

$${}_5C_2 = \frac{5\times4}{2\times1} = 10\text{通り}$$

最後に、サップは残りの3個を受け取るので1通り。
よって、$56\times10\times1=560$通り

問題5　答え：D　30通り

A ～ Pに行く方法：たて1角、横1角より、
長さ2を2つの方向に変わるので
$2\times1=2$通り
P～Wに着く方法：たて2角、横4角より、6つの節がある。5つの分かれ目があるが、下には進まない。
最短距離をとるので、半分になると考える。

$${}_6C_2=\frac{6\times5}{2\times1}=3\times5=15\text{通り}$$

よって、$2\times15=30$通り

練習問題3

問題1　(1)　答え：E　126通り

横4区画、縦5区画なので全部で9区画通過する。
横は4区画と少ないので、それを元に計算すると早い。

$${}_9C_4=\frac{9\times8\times7\times6}{4\times3\times2\times1}=9\times2\times7=126\text{通り}$$

(2)　答え：A　60通り

P－Qの行き方は、横２、縦２、全部で4
その行き方は、

$${}_4C_2=\frac{4\times3}{2\times1}=2\times3=6\text{通り}$$

Q－Mの行き方は、横2、縦3なので、全部で5。
その行き方は、

$${}_5C_2=\frac{5\times4}{2\times1}=5\times2=10\text{通り}$$

よって、求めるすべての行き方は、
$6\times10=60$通り

(3)　答え：B　86通り

P－Rの行き方は、横3、縦2、合計5なので

$${}_5C_2=\frac{5\times4}{2\times1}=5\times2=10\text{通り}$$

R－Mの行き方は、横1、縦3、合計4なので、
${}_4C_1=4$通り
よって、R社に寄ってP社からM社に行く道筋は、$10\times4=40$通り
「全体－Rに寄る道筋」より、
$126-40=86$通り

問題2　(1)　答え：E　729通り

最初の人をL、M、Nのどこに入れるかで3種類、次の人も同様に3種類と考えていくと、すべての人が3種類考えられるので、
$3\times3\times3\times3\times3\times3=9\times9\times9=729$通り

(2)　答え：D　60通り

(L、M、N)＝(１，２，３)と決まっているので、数の少ないLに入る人から考える。
6人が当てはまるので6種類、次のMは残り5人から2人選ぶことになるので、

$${}_5C_2=\frac{5\times4}{2\times1}=5\times2=10\text{通り}$$

残り3人はNになるから1種類。
よって、全部で、$6\times10=60$通り

15日目　確率（110～115ページ）

練習問題1

問題1　(1) 答え：A　$\frac{1}{6}$

サイコロの6つの面で4の目が出るのは1通りしかない。
よって、求める確率：条件の種類÷全体の種類より、$\frac{1}{6}$

(2) 答え：C　$\frac{1}{3}$

5以上の目は、5と6の2種類なので、求める確率は、$\frac{2}{6}=\frac{1}{3}$

問題2　答え：D　$\frac{1}{2}$

表を○、裏を●とすると次の4種類ある。

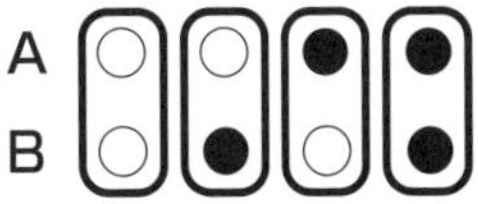

そのうち、(表、裏)の組み合わせになっているのは、2種類なので、$\frac{2}{4}=\frac{1}{2}$

問題3　答え：C　$\frac{1}{3}$

偶数になるということは、一の位が偶数であることなので、2枚目が6になること。
その組み合わせは、5－6、7－6の2種類。
全体が3×2＝6種類なので、
(5－6)(5－7)(6－5)(6－7)(7－5)(7－6)
求める確率は、$\frac{2}{6}=\frac{1}{3}$

問題4　答え：C　$\frac{2}{3}$

組み合わせの全種類は、

$_4C_2=\frac{4\times3}{2\times1}=6$通り。

(男1、男2)(男1、女1)(男1、女2)(男2、女1)(男2、女2)(女1、女2)
このうち男女の組み合わせは4通りある。

よって、$\frac{4}{6}=\frac{2}{3}$

練習問題2

問題1　答え：C　$\frac{1}{4}$

一度引いてまた元に戻す場合、くじは常に6本あるので、1回目も2回目も全体の種類は同じ。
くじは合計6本、当たりは3本なので

1本目当たりの確率：$\frac{3}{6}=\frac{1}{2}$

2本目はずれの確率：$\frac{3}{6}=\frac{1}{2}$

よって、$\frac{1}{2}\times\frac{1}{2}=\frac{1}{4}$

別解：
2本のくじの引き方は全部で6×6＝36通り
1回目当たり：3通り、2回目はずれ：3通り
両方になるのは、3×3＝9通り

よって、$\frac{9}{36}=\frac{1}{4}$

問題2　答え：E $\frac{11}{14}$

8本のくじから2本を引く引き方は、

$${}_8C_2=\frac{8\times7}{2\times1}=28\text{通り}$$

「少なくとも1本は当たり」である確率は、全体の確率1から、2本ともはずれる確率を引いたものである。
4本のはずれくじから2本を引く引き方は

$${}_4C_2=\frac{4\times3}{2\times1}=6\text{通り}$$

よって、2本ともはずれる確率は

$\frac{6}{28}=\frac{3}{14}$なので求める確率は、

$$1-\frac{3}{14}=\frac{11}{14}$$

問題3　答え：B $\frac{3}{5}$

2人とも5枚ずつカードを持っているので、起こりうるすべての種類は
5×5＝25通り
上原さんの方が小さい数字の場合、(2、3)(2、5)(2、7)(2、9)(4、5)(4、7)(4、9)(6、7)(6、9)(8、9)の10通り
よって、上原さんの方が小さい数字となる確率は$\frac{10}{25}$
ゆえに、大きい数字になる確率は、

$$1-\frac{10}{25}=\frac{15}{25}=\frac{3}{5}$$

問題4　答え：E $\frac{3}{16}$

左右の袋に4個ずつ球が入っているので、起こりうるすべての種類は、
4×4＝16通り
左と右の袋で同じ数字の球は、3、2、1の3種類なので、

求める確率は、$\frac{3}{16}$

練習問題3

問題1　答え：B $\frac{5}{12}$

サイコロを2回投げたとき、出る目の出方は、6×6＝36通り
図2のAからIのどこかの位置にコインが進む場合は、(1回目のサイコロの目、2回目終了時の位置)とすると、
(2、A)(2、B)の2通り
(3、B)(3、C)(3、D)(3、E)の4通り
(4、D)(4、E)(4、F)の3通り
(5、E)(5、F)(5、G)(5、H)の4通り
(6、H)(6、I)の2通り
合計2＋4＋3＋4＋2＝15通り

よって、求める確率は、$\frac{15}{36}=\frac{5}{12}$

問題2　(1)答え：B $\frac{4}{27}$

4人の手の出し方は、$3^4=81$通り
1人だけ勝つ種類は、
グー：チョキ、チョキ、チョキ
チョキ：パー、パー、パー
パー：グー、グー、グー

の3種類ある。よって、$\frac{3}{81}=\frac{1}{27}$

これが4人に当てはまるので、

$\frac{1}{27}\times 4=\frac{4}{27}$

(2) 答え：E $\frac{2}{9}$

4人のうちどの2人が勝つかで、

${}_4C_2=\frac{4\times 3}{2\times 1}=6$通り

それぞれについてどの手で勝つかで3通り

よって、$6\times 3=18$通り

求める確率は、$\frac{18}{81}=\frac{2}{9}$

問題3　答え：C $\frac{11}{16}$

「少なくとも2枚は表」である確率は、全体の確率1から、表が0枚である確率と表が1枚である確率を引いたものである。
硬貨1枚の出方は裏、表の2種類あるので、硬貨4枚では、$2^4=16$
通りある。
このうち、表が0枚となるのは、すべて裏となる1通り、表が1枚となるのは、4枚の硬貨の中でどの1枚が表になるかで4通りある。
よって、求める確率は

$1-\frac{1}{16}-\frac{4}{16}=\frac{16-1-4}{16}=\frac{11}{16}$

問題4　(1) 答え：E $\frac{1}{120}$

取り出した4個のボールが同じ文字の小箱に入るには、ボールを取り出した順に並べたとき、ボールに書かれた文字が、A・I・K・Hと並んでいればよい。
先頭がAとなるのは3通り、残りの文字はそれぞれ1通りなので、
A・I・K・Hと並ぶのは
$3\times 1\times 1\times 1=3$通り
また、6個のボールから4個を並べる方法は、$6\times 5\times 4\times 3=360$通り
よって、求める確率は

$\frac{3}{360}=\frac{1}{120}$

(2) 答え：A $\frac{1}{15}$

(1) と同様に考えて、ボールを並べたとき、ボールに書かれた文字が、
母音・母音・子音・子音と並んでいればよい。
先頭が母音となるのは4通り、次の文字が母音となるのは3通り、次の文字が子音となるのは2通り、最後の文字が子音となるのは1通り。
よって、母音・母音・子音・子音と並ぶのは、$4\times 3\times 2\times 1=24$通り
求める確率は

$\frac{24}{360}=\frac{1}{15}$

問題5　答え：E $\frac{17}{36}$

表を作ると分かりやすい。
P＞Lとなるのは、表の◎のところである。
大小2つのサイコロの目の出方は全部で6×6＝36通り
P＞Lとなるのは、17通り

よって求める確率は、$\frac{17}{36}$

L＼P	1	1	2	5	6	6
1			◎	◎	◎	◎
2				◎	◎	◎
3				◎	◎	◎
4				◎	◎	◎
5					◎	◎
5					◎	◎

問題6　答え：C $\frac{2}{5}$

まず十の位についてみると、1から5までの5通りある。それぞれについて一の位の数は4通りあるので、全体で5×4＝20通り。
3の倍数は、十の位の数と一の位の数の合計が3の倍数であればいい。
12、15、21、24、42、45、51、54の8通り。

よって、求める確率は、$\frac{8}{20}=\frac{2}{5}$

16日目　推論1　(116～121ページ)

練習問題1

問題1　答え：B　B大学

条件を記号で表すと、
A＞C、B＞C、B＞A、D≒Aとなる。
まとめると、B＞D≒A＞Cとなり、
B大学が一番遠くなる。

問題2　答え：E　e

c＞a＞b、e＝a＋b＝c＋d
ここから、cに加わるdは一番小さい数とわかる。
eは2数の和なので一番大きい。
よって、e＞c＞a＞b＞dの順番になる。

問題3　答え：BとD　QとS

順に書き出してまとめると
次のようになる。
P＞Q、T＞U、Q＞Rより、
P＞Q＞RとT＞U
S＞R、P＞S、U＞Pより、
U＞P＞S＞R
まとめると、
T＞U＞P＞S＞RとP＞Q＞Rの
2系統できる。
この2系統で、SとQについては
決定できない。

問題4　答え：D　緑

Sは嘘になるので、赤色ではない。
Tはそのまま青色。
Oはそのまま黄色。
残っているのは、赤と緑だが、「Sが赤ではない」ので、Sが緑になる。

問題5　答え：E　98.2

平均を出すには、それぞれの数がわからなければ算出できない。
「ウ：W×W＝X」から、
XはWの2乗であることがわかる。
与えられた4つの数で2乗になる数を探すと、121だけ。
これは11の2乗なので、
X＝121、W＝11
これを「イ：X－W＝Z」に代入すると、
121－11＝110　となる。
よって、Z＝110
「ア：V－Y＝W」にわかっている数を代入すると、V－Y＝11のVに代入できるのは130だけ。
ここでは130より大きい数はないので、
V＝130となる。
よって、Y＝130－11＝119と決まる。
(130＋11＋121＋119＋110)÷5＝98.2

問題6　(1) 答え：C　2勝2敗

図表に表して考えると判断しやすくなる。
まず、Lの3勝0敗を記入する。

＼	K	L	M	N
K	＼	×		
L	○	＼	○	○
M		×	＼	
N		×		＼

次に、Kが2勝1敗で負けた相手がLだとわかったので、そのほかを勝ちにする。

＼	K	L	M	N
K	＼	×	○	○
L	○	＼	○	○
M	×	×	＼	
N	×	×		＼

さらに、Mの0勝4敗を書き込むと、
すべての表が埋まる。

＼	K	L	M	N
K	＼	×	○	○
L	○	＼	○	○
M	×	×	＼	××
N	×	×	○○	＼

ここでMが4敗していることに注目すると、表に書けない勝負が1つあることがわかる。これは誰とした試合か？
このとき、Kは2勝1敗、またLは3勝0敗とそれぞれ3試合しかしていない。
よって、MとNが4試合したことになる。
Mは0勝4敗なので、NはMに2回勝ったことになり、2勝2敗になる。

(2) 答え：E　M君とN君

表を見ると、Kが勝ったのは2試合。
相手はMとNの2人である。

練習問題2

問題1　答え：E　9位

時系列で並べると、Yは9位になる

問題2　答え：C　10歳

年齢の差だけしか出ていないので、どちらが大きいかが分からない。そこで差が0になるようにそれぞれの差を(＋)、(−)で求めていくと次のようになる。

P−Q＝＋6
Q−R＝＋4　} 合計　＋10

R−S＝−1
S−T＝−5
T−P＝−4　} 合計　−10

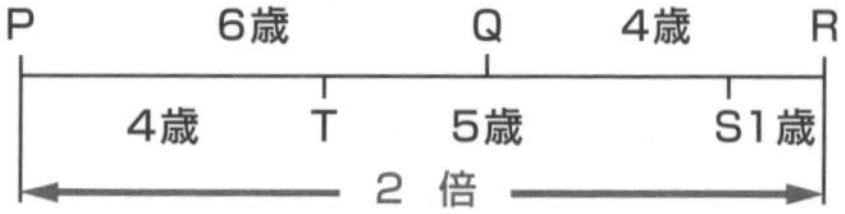

10歳の違いで年齢が2倍になるので、最年長者は20歳、最年少者は10歳になる。

問題3　答え：C　Lは前から4番目に並んでいた。

男子を○、女子を△にして並べる。

最初の並び方 ⇒ 向きを変える ⇒ 偶数番は右に ⇒ 偶数番は左に

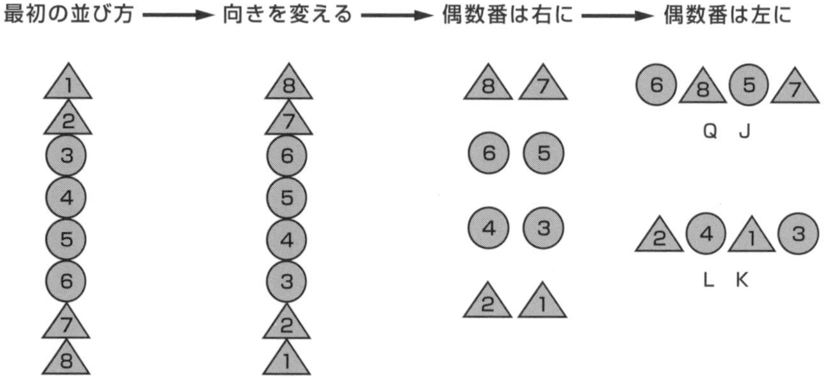

これらにⅰ）〜ⅲ)の結果を当てはめてみると、図の最後の順番になる。

よって、当てはまるのはCだけである。

＊命令を出す順序は6通りある。しかし、向きを変えるだけの命令はどの順序によっても変わらない。

問題4　答え：D　Zの2人おいた隣にWが座った。

条件に沿って図に示すと、次の通りになる。

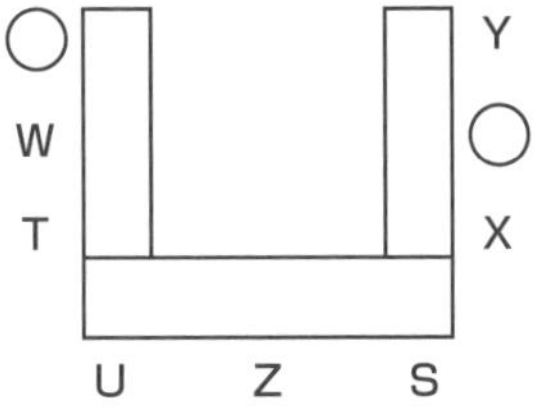

イより、WとXは左右の6席のどれかである。
ウより、Sは正面に誰もいない席で、Yは右側、Tは左側のどれかである。
アより、Tは左下、Zは真ん中、Xは右下と決まるので、Wは左真ん中、Sは真ん中右、Yは右上と決まる。エより、Uは真ん中左、または左上である。
RとVの場所は特定できないので、選択肢から外すこと。

問題5　答え：A　日によってN社またはB社に派遣者を1人送ればいい。

M社には4人を派遣して，次のようにシフトを組むと条件を満たす。

(M社)

	O	P	Q	R
1	○	○	○	×
2	○	○	×	○
3	○	×	○	○
4	×	○	○	○

N社に3人，B社に5人派遣して，それぞれシフトを次のように組む。

(N社)

	S	T	U
1	○	○	×
2	○	×	○
3	×	○	○
4	○	○	○

(B社)

	V	W	X	Y	Z
1	○	○	○	×	○
2	○	○	×	○	○
3	○	×	○	○	○
4	×	○	○	○	×

このシフトでは，4日目だけが条件に合わない。N社では1人多い3人が，B社では1人少ない3人が勤務するからである。そこで，4日目はN社で勤務している1人がB社に行くとちょうど条件と合う。

17日目　推論2 （122 ～ 127ページ）

練習問題1

問題1　答え：C　D社

当初の予想のとおりに順位を横軸、会社名を縦軸に表を作る。すべて外れたことから、書かれた順位を消していく。

	1	2	3	4	
S					
T	×	×			←Mさんの予想より
D	×				←K君の予想より
U	×	×	×		←Rさんの予想より

以上より、まずU社は1位、2位、3位ではなくなるので、4位が決定する。

	1	2	3	4
S	○			
T	×	×	○	
D	×	○		
U	×	×	×	○

次に、Tは1位、2位ではなく、4位でもないので、3位となる。
次に、Dは1位でも、3位、4位でもないので、2位となる。
順位は1位…S社、2位…D社、3位…T社、4位…U社となる。

問題2　答え：B　28g

小の玉の合計の重さ＋大の玉の合計の重さ＝1218g
小の玉の合計の重さ＝「大の合計の玉の重さ＋238」なので、
全部の重さ－小の玉の合計と大の玉の合計の重さの差＝1218－238＝980g
大の玉の合計の重さ＝980÷2＝490g
小の玉の合計の重さ＝490＋238＝728g
小さい玉1個の重さは大きい玉1個の重さの0.8倍なので、
すべて小の玉だったとしたら、全体の重さは、
$490 \times 0.8 + 728 = 1120$
40個なので1個は、$1120 \div 40 = 28$g

別の解き方：小さい玉の数をxとすると、大の玉の数は$40-x$
大の玉の重さをyとすると、小さい玉の重さは$0.8y$
$0.8xy + y(40-x) = 1218$
$0.8xy = y(40-x) + 238$
これを解くと、$y=35$　　小さい玉：$0.8 \times 35 = 28$ g

問題3　(1) 答え：D　19

順に、正確に数を当てはめていく。

Bより、125÷3＝41.666→42

Cより、42－34＝8

Aより、8×7＝56

Bより、56÷3＝18.66→19

(2) 答え：D　65

$$62 \xrightarrow{\text{ア}} \square \xrightarrow{A} \square \xrightarrow{B} \square \rightarrow 31$$

アに機械A、B、Cをそれぞれ当てはめて妥当性を判断する。

アに機械Aを使う：62×7＝434
　　→Aを使う：434×7＝3038　→Bを使う：3038÷3＝1012.66→1013
イに機械Aを使う：1013×7＝7091……31より大きいので[×]
　　　Bを使う：1013÷3＝337.6→338……31より大きいので[×]
　　　Cを使う：1013－34＝979……31より大きいので[×]

アに機械Bを使う：62÷3＝20.66→21
　　→Aを使う：21×7＝147　→Bを使う：147÷3＝49
イに機械Aを使う：49×7＝343……31より大きいので[×]
　　　Bを使う：49÷3＝16.33→16……31より小さいので[×]
　　　Cを使う：49－34＝15……31より小さいので[×]

アに機械Cを使う：62－34＝28
　　→Aを使う：28×7＝196　→Bを使う：196÷3＝65.33→65
イに機械Aを使う：65×7＝455……31より大きいので[×]
　　　Bを使う：65÷3＝21.66→22……31より小さいので[×]
　　　Cを使う：65－34＝31
よって、機械の順番は、62→C→A→B→C→31　ということがわかる。
それぞれの数字の変換は、62→28→196→65→31となり、
Bの機械を通した後の数字は、65となる。

問題4　答え：B　50点

慶太君とちあきさんが同じ点だったので、まず、2人が同じ解答をしているところを見てみる。すると、問題2、4、6、10の4問が同じであることがわかる。

この4問が2人共に間違いだとすると合計70点にならないので、正解として考える。よって、問題2、4、6、10の正解は順にA、A、B、Bになる。

問題	1	2	3	4	5	6	7	8	9	10	得点
		A		A		B				B	
慶太	A	A	B	A	B	B	A	A	B	B	70
ちあき	B	A	A	A	A	B	B	B	A	B	70
千里	B	B	B	B	A	A	B	A	B	A	60
ココネ	B	A	B	B	A	A	A	B	B	A	

表から千里さんは、この4問すべて間違えていることがわかる。
しかし、得点が60点ということから、残りの問題は合っている。
よって、正解は問1はB、問3はB、問5はA、問7はB、問8はA、問9はBとなる。

	1	2	3	4	5	6	7	8	9	10	得点
正解	B	A	B	A	A	B	B	A	B	B	100
慶太	A	A	B	A	B	B	A	A	B	B	70
ちあき	B	A	A	A	A	B	B	B	A	B	70
千里	B	B	B	B	A	A	B	A	B	A	60
ココネ	B	A	B	B	A	A	A	B	B	A	50

これにココネさんの解答を合わせると、1、2、3、5、9が正解となるので50点になる。

問題5　答え：C　8点

モエさん、さやかさん、尚美さん、かおりさんにわかっている条件を書き込むと次のようになる。同時に各記号の残量も書けるような一覧を書き出す。

モエさん	◎1点		
さやかさん	3の倍数		
尚美さん	★3点		
かおりさん	◎1点、3の倍数		

	◎	○	★	●
残り枚数	1	3	2	3

ここから、それぞれの数を割り当てていく。
もっとも条件の多いかおりさんから見ていく。
3の倍数になることがわかっている。すでに1点が決まっているので、残り2枚で3の倍数になるのは、3、6、9である。
3は1点が2枚必要だが、残り1枚なので、不可能。
9には4点が2枚必要だが3種類のカードにならないのでこれも不可能。
よって、6になる組み合わせを考える。すると、(2, 3)しかない。

モエさん	◎1点		
さやかさん	3の倍数		
尚美さん	★3点		
かおりさん	◎1点、3の倍数	○2点、★3点	合計6点

	◎	○	★	●
残り枚数	1	2	1	3

次に、さやかさんも同じ3の倍数なので、これを考える。
(1、2、3)(2、3、4)の2種類の組み合わせが考えられる。
ここで(1、2、3)のカードをとると、
●が3枚残り、モエさんか尚美さんが●を2枚もつことになってしまい、3種類に反するので不可能。
よって、さやかさんは(2、3、4)の組み合わせをもつことになる。

モエさん	◎1点		
さやかさん	3の倍数	○2点、★3点、●4点	合計9点
尚美さん	★3点		
かおりさん	◎1点、3の倍数	○2点、★3点	合計6点

	◎	○	★	●
残り枚数	1	1	0	2

残りが表のようになった。
これを既に決まっている条件も含めて配分する。
●は2枚残っているので、モエさんと尚美さんに分けられる。
モエさんは◎をもっているので○をとることになる。
尚美さんは◎をとるので合計は3＋4＋1＝8点

モエさん	◎1点	●4点、○2点	合計7点
さやかさん	3の倍数	○2点、★3点、●4点	合計9点
尚美さん	★3点	●4点、◎1点	合計8点
かおりさん	◎1点、3の倍数	○2点、★3点	合計6点

練習問題2

問題1　答え：D　N

Sの発言とNの発言が矛盾していることに着目して、次の場合に分けて考える。

「S、Nの2人がウソのとき」
S、Nは棄権者となるので、Hはウソとなり、棄権者である。残りのKとTが完走者となり、どちらかが最下位であるが、S、Nの2人がウソをついていることに矛盾する。

「Sが本当、Nがウソのとき」
Sは完走者であり、発言からKが最下位で完走者となる。また、Hも本当のことを言っているので完走者となる。
これは、完走者が2人であることに矛盾する。

「Sがウソ、Nが本当のとき」
Tが最下位で完走者。Nも完走者。
Tの発言からHは棄権者であり、その発言からSも棄権者。Sの発言からKは棄権者か優勝者であるが、棄権者とすると、Kの発言はウソとなりなんら矛盾は生じない。
したがって、完走者はTとNでTが最下位なので、優勝者はNである。

問題2　答え：D　Wは2階に事務所を持つ

条件ア、イとエより、TとFが3つの階に連続する。しかもSは1階おきに3部屋使用する。2つはMが同じ階になることからS、M、T、Fは次のようになる。

5	S	M	
4			
3	S	T	F
2			
1	S	M	

次に条件イとウより、TとWが2つ同じ階になる。また、Tの3つの場所が決まる。

5	S	M	
4	T	W	
3	S	T	F
2	T	W	
1	S	M	

Fが3階続きなので2パターンできる。

(Ⅰ)

5	S	M	F
4	T	W	F
3	S	T	F
2	T	W	
1	S	M	

(Ⅱ)

5	S	M	
4	T	W	
3	S	T	F
2	T	W	F
1	S	M	F

(Ⅰ)、(Ⅱ)より、Aからの検証をする。

A：Mが2階にない場合がある。(Ⅱ) → Aは×

B：Mが4階にない場合がある。(Ⅰ) → Bは×

C：Wが1階にない場合がある。(Ⅱ) → Cは×

D：Wがどの場合にも2階にある。 → Dは○

E：Fが4階にない場合がある。(Ⅱ) → Eは×

よって、確実に言えるのはDである。

問題3　(1) 答え：D　N

4つの結果を数直線で表す。

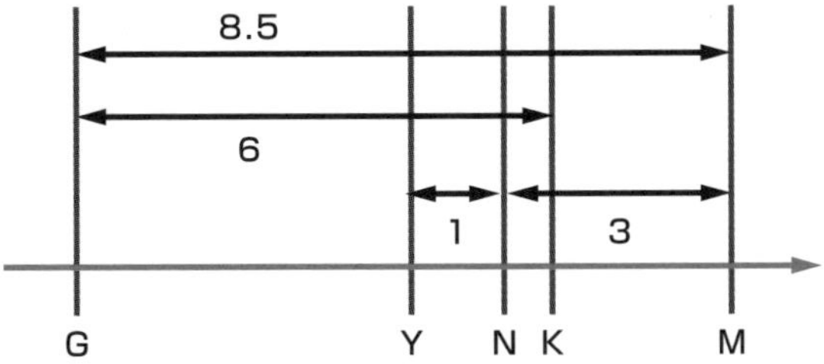

図より，G<Y<N<K<Mとなる。

(2) 答え：E　4cm

(1)の図より，MY＝MN＋NY＝3＋1＝4

問題4　答え：E　QとS

Q　6÷5、2÷8だと答えが整数にならない。( )を使って、6÷(5−2)とすると2になるので、2＋8＝10。よって、6÷(5−2)＋8

R　( )を2つ使ったので、(6□5)(2□8) となる。( )内は「÷」だと整数にならないのでそれ以外の符号になる。(6□5)は「×」「＋」だと後が続かない。よって「−」にすると(6−5)＝1、(2□8)で10か9になればいい。9はできないので10になる

「＋」を使う。よって、(6－5)×(2＋8)

S　数字を入れ替えるので、2つの数字をたして10より大きくなった分だけひく。「÷2」が使えるのは6か8しかない。8÷2＝4の場合、残りの5と6を使って6か14になる必要があるがどちらもできない。「6÷2」を使って10になる式を考えると3通りできる。5＋8－6÷2、8－6÷2＋5、－6÷2＋5＋8。いずれも符号は同じ。よって、「×」を使ったのはRだけであり、QとSは使っていない。

問題5　答え：A　アだけ

ア：Pは奇数階が女性服売り場と言っており、Qが言っている3階、5階はその中に入るので女性服売り場があるといっていい。(○)

イ：Qの女性服売り場の階と、Rの男性服売り場の階の関係がわからない。(×)

ウ：2階と4階に男性服売り場があったからといって、奇数階すべてが女性服売り場とは言い切れない。(×)

18日目　グラフの領域 (128 ~ 133ページ)

練習問題1

問題1　(1) 答え：F　⑤⑦⑩⑪

エ　$y<2x+1$

yは$2x+1$より小さいのでグラフ上では、直線より下の範囲になる。

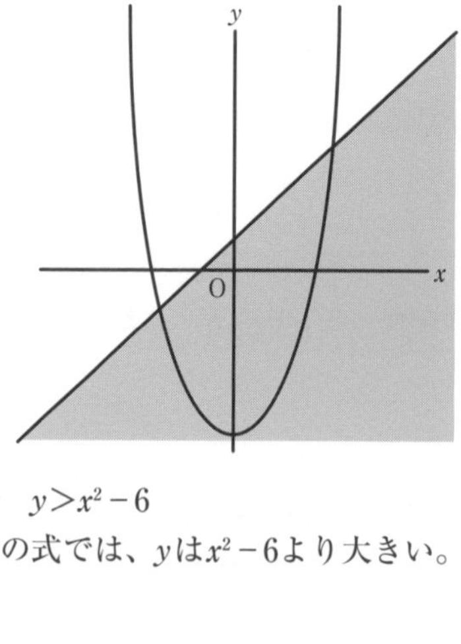

オ　$y>x^2-6$

オの式では、yはx^2-6より大きい。

つまりyの値が放物線上の値より上にあるところなので、放物線の中が該当する範囲になる。

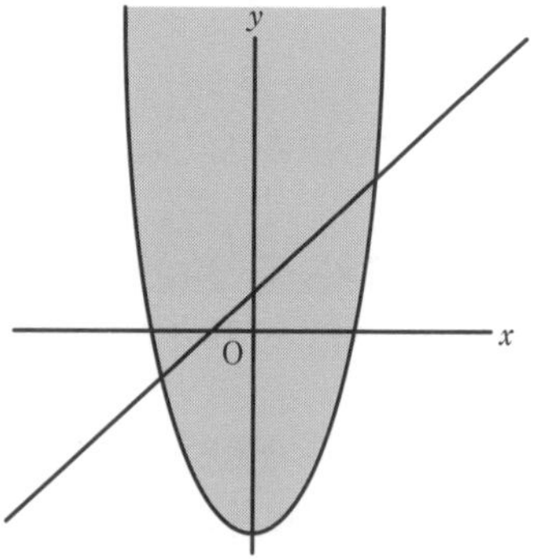

両方の領域の重なる部分を求めると以下のように⑤⑦⑩⑪になる。

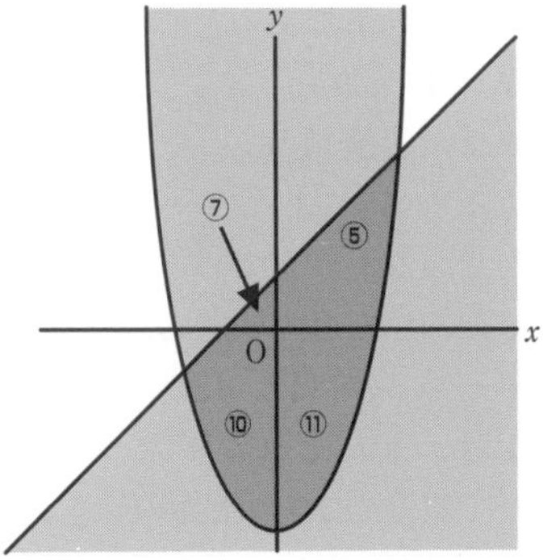

(2) 答え：E　イとウ

アの直線から考えると、
②と⑨は直線より上になるので、
$y>2x+1$
イの式、$y=x^2-6$の放物線の外側になるので、$y<x^2-6$の関係になる。
ウの式では、xの値が負の場合より、
$x<0$の式になる。
よって不等号の向きが[＜]になるのはイとウになる。

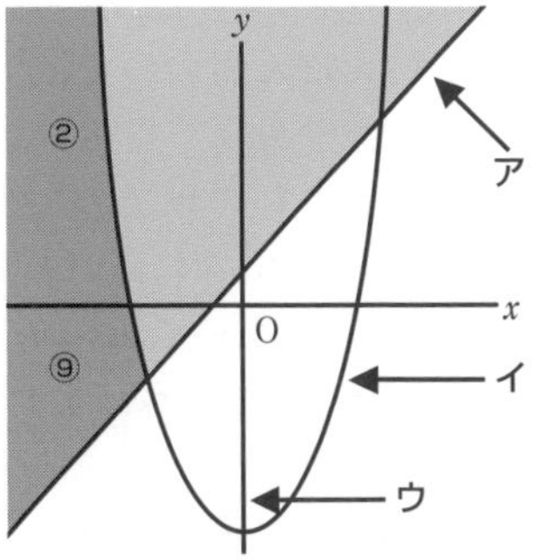

練習問題2

問題1　(1) 答え：F　⑤⑧⑪

$y<2x+5$
$y>x^2$

$y<2x+5$の式では、直線より下が該当する領域になる。(⑤、⑥、⑧、⑪、⑫、⑭、⑮、⑯)次に、$y>x^2$の不等式での範囲は、放物線の内側である。(③、④、⑤、⑦、⑧、⑩、⑪)これらを合わせて重なる部分が求める領域になる。それらが当てはまる範囲は⑤と⑧と⑪になる。

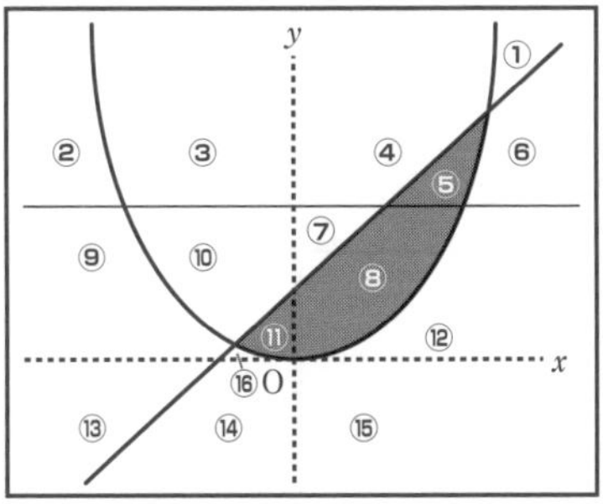

(2) 答え：E　⑨⑬

それぞれの領域の範囲を重ね合わせ、3つともが重なる範囲を選び出す。それぞれの範囲を示すと次のようになる。
$y>2x+5$

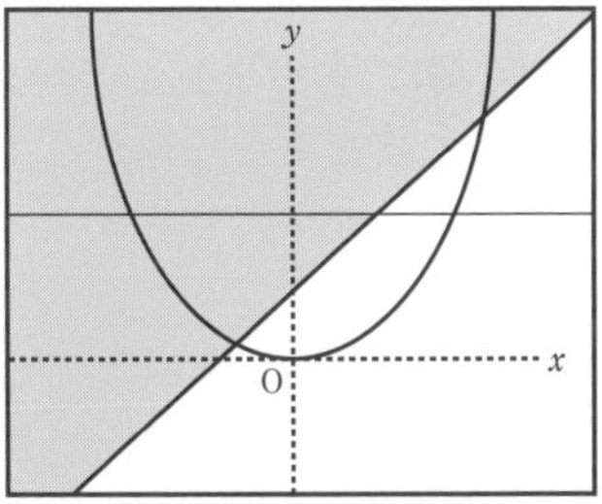

$y<x^2$

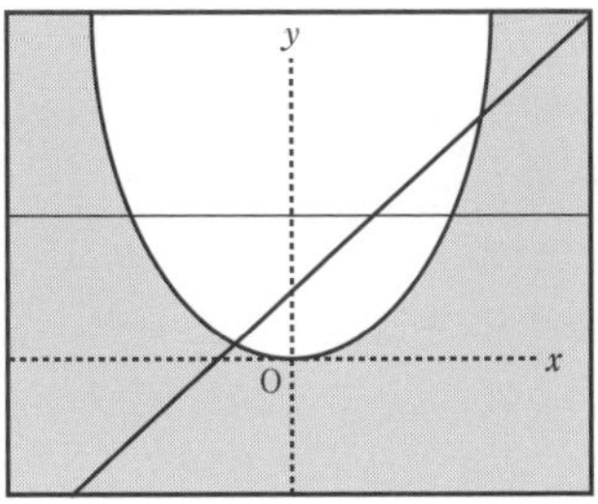

$y<8$

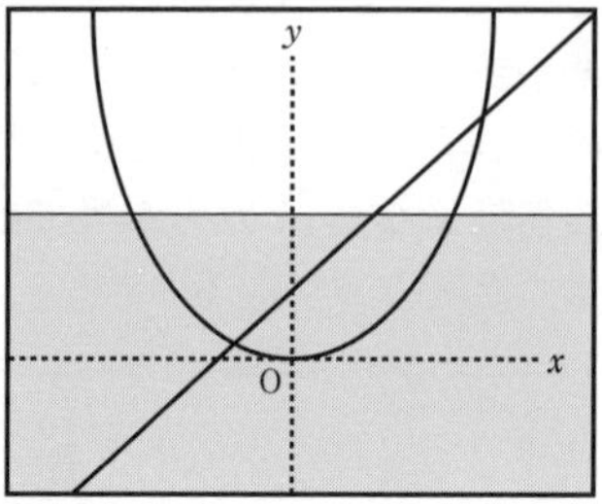

3つ合わせると、⑨⑬になる。

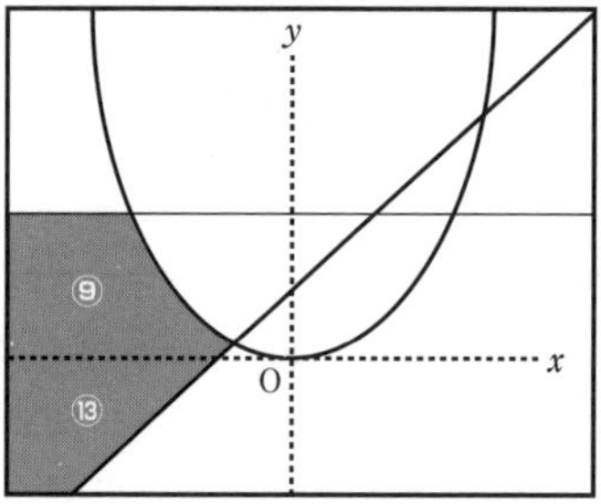

練習問題3

問題1　(1) 答え：A　条件4

問題を解く前に、各点を結んだ直線がどの条件に当てはまるかを確認しておくと早く解ける。数字に注目すると選びやすい。

直線エ－オ： 縦軸の5を通っているので5に注目すると「2. ケーキは5個以上にする」が当てはまる。

直線カ－オ： 横軸の15を通る直線なのでシュークリームが15になる。これに合うのは「1. シュークリームは15個以下である」。

直線ア－カ： ア(12、12)、カ(15、9)という座標の共通点を考えると、和が24だとわかる。そこで24を使った条件を選ぶと、「4. シュークリームとケーキの合計は24個以下である」。

直線ウ－エ： ウ(8、8)、エ(8、5)を通る直線なので横軸のシュークリーム8が共通点となる。「3. シュークリームは8個以上である」が当てはまる。

ここで条件1～4が決まった。

直線ア－ウ： ア(12、12)、ウ(8、8)の共通点は、それぞれの座標の数字が同じなので残りの2つの条件のうち、条件5「ケーキの数はシュークリームの数より多くならない」が当てはまる。

(2) 答え：E　点オ

イは(10、10)なので、合計20になり、プリンの数は24－20＝4個

各点の座標の合計を24から差し引いて4になるものを選ぶ。

ア＝0、ウ＝8、エ＝11、オ＝4、カ＝0

よって、答えはオになる。

(3) 答え：C　点カ

ケーキがいちばん高いので、ケーキの数が多いと合計も高くなる。いちばんケーキの数が多いのはアの12個。2番目は、イかカになる。次に高いのは180円のシュークリームなので、シュークリームの数が多いほうを選べばよい。よって、点カになる。

ア：12×250＋12×180＝5160円…いちばん高い合計金額

カ：9×250＋15×180＝4950円… 2番目に高い合計金額

(4) 答え：C　4010円

一番安い価格は原点に近い点である。座標としてはエが該当する。

シュークリーム＋ケーキ＋プリン：
8×180＋5×250＋11×120＝4010円
イ＝10×180＋10×250＋4×120＝4780円
ウ＝8×180＋8×250＋8×120＝4400円

(5) 答え：E

条件7のプリンの数は4個以内ということは、シュークリームとケーキの合計が20個以上ということである。よって、問題に出ている五角形の図から2つの合計が20になる点を結んでできる直線より上の図を選べばいい。

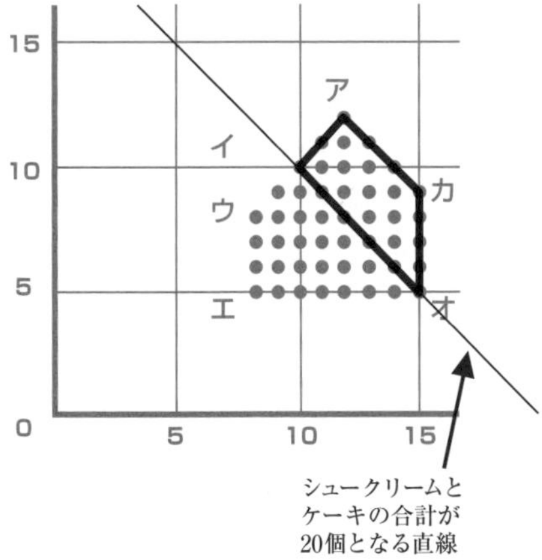

(6) 答え：D

ケーキの数を y 個、シュークリームの数を x 個とすると、プリンの数は、
24－（$x+y$）となる。
これがケーキの数より多くならない、つまり等しいか少ないので、
24－（$x+y$）≦ y
これをyについての式に変えると、
$y \geqq -\frac{1}{2}x+12$となる。直線$y=-\frac{1}{2}x+12$を当てはめて、その上側を選べばいい。

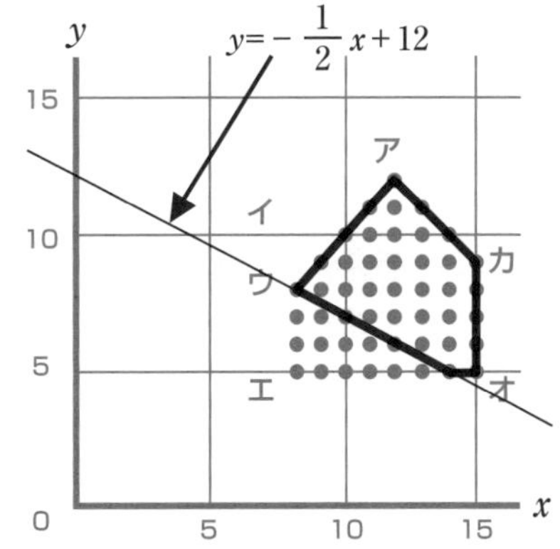

19日目 モノの流れと比率 (134～139ページ)

(134～139ページ)

練習問題1

問題1　答え：C　Y=x

$Y=100\times x\div 100=x$

問題2　答え：C　$Y=\frac{Nx}{100}$

$Y=N\times x\div 100=\frac{Nx}{100}$

問題3　答え：E　$W=\frac{xy}{100}$

Yに送られるのは、$Y=100\times x\div 100=x$
Wに送られるのは、$W=x\times y\div 100=\frac{xy}{100}$

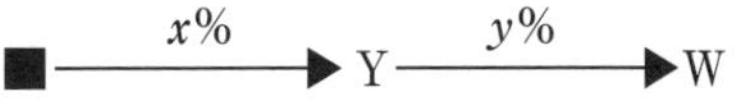

問題4　答え：D　Z＝x＋2y

YからZへの流れは、$100\times x\div 100=x$、

WからZへの流れは、$200\times y\div 100=2y$

よって、$Z=x+2y$

問題5　答え：D　2.4P

XからYに移す商品の数は、

400個×60÷100＝240個

YからZに送られる商品の数は、

240×P÷100＝2.4P

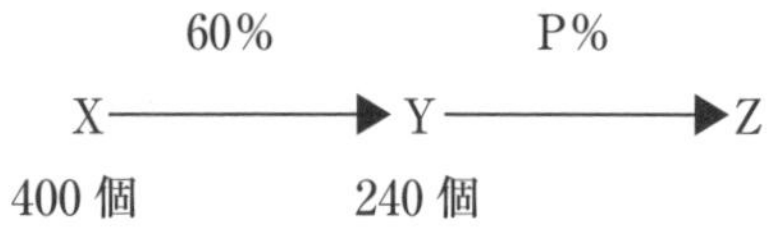

練習問題2

問題1　(1) 答え：F　アとウ

ア：Wからcの割合で送られるのでcW。Yからはbの割合で送られるので、bYとなる。

よって、Z＝cW＋bY　…（○）

イ：YへはXのaの割合だけ送られるのでY＝aX

YからZへの移動はbYだったので、

それにY＝aXを代入すると、

Z＝bY＝b×aXより、Z＝abX＋cW

よって､イの式は(×)

ウ：Z＝cW＋bY、またはZ＝cW＋abXであれば正解なので(○)

(2) 答え：A　Wからのルート

Wからのルートは50%、Xからのルートは80%×60%＝48%

よって､Wからのほうが2%多く運ばれることになる。

(3) 答え：C　80%

a＝0.75　c＝0.6として

abX＞cWとなるbを求める。

WとXが同じなので、割合だけを考えればよい。

よって、ab＞cより、0.75b＞0.6

b＞0.8

(4) 答え：C　4980個

Z＝cW＋abXより、

＝0.7×3000＋0.9×0.4×8000

＝2100＋2880＝4980個

練習問題3

問題1　(1) 答え：D　アとイ

%のまま式を立てると、

A→B→Cの流れの場合：

B＝70A、C＝aB＝70aA

E→F→Cの流れの場合：

F＝bE、C＝cF＝bcE

E→F→Iの流れの場合：

F＝bE、I＝30F＝30bE

G→H→Iの流れの場合：

H＝60G、I＝dH＝60dG

以上に該当しない式は選ばない。

ア：(70＋a)Aは当てはまらない

イ：30bFは当てはまらない

ウ：IにはF、Hから送られるので、

I＝60dG＋30F

エ：I＝60dG＋30bE

(2) 答え：E　50%

10000×70÷100＝7000冊がB倉庫に運ばれた。そこからa%運ぶとC書店の3500冊になったので、

7000×a÷100＝3500冊となり、

70a＝3500、よって、a＝50%

(3) 答え：F　60%、30%

E社からF倉庫に運ばれる数：
5000×b%なので、5000×b÷100＝50b
次にF倉庫からC書店に運ばれる数：
50b×c%なので、50b×c÷100＝$\frac{bc}{2}$
これが900冊なので、$\frac{bc}{2}$＝900
これを解くと、$\frac{bc}{2}$＝900
bc＝1800となる。
よって、b×c＝1800になる組み合わせを選ぶ。これに当てはまるのはF(60%、30%)しかない。

(4) 答え：D　40%

全部で1620冊だが、E社からF倉庫を通ってI書店に配送されたものが900冊なので、
G社から送られてきた数は、
1620－900＝720冊。
G社の60%がH倉庫に送られるので、
3000×0.6＝1800冊
よって、d＝720÷1800＝0.4、つまり40%

(5) 答え：G　700冊

下の図のように、割合が決まっているので赤い矢印のように逆にして考える。

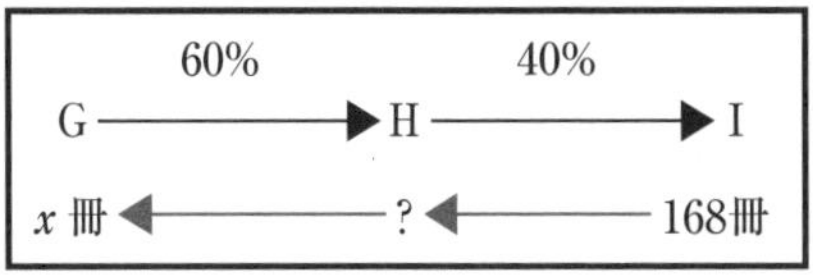

逆行する時は、割り算すればよい。
H＝168÷0.4＝420
よって、求めるx冊は、420÷0.6＝700冊

(6) 答え：B　Cが11%多い

出荷量がすべて同じなので、割合だけを比べればよい。
各ルートの割合をまとめてみる。
A→B→Cの場合：70%×50%なので、
0.7×0.5＝0.35
E→F→Cの場合：60%×30%なので、
0.6×0.3＝0.18
C＝0.35＋0.18＝0.53
G→H→Iの場合：60%×40%なので、
0.6×0.4＝0.24
E→F→Iの場合：60%×30%なので、
0.6×0.3＝0.18
I＝0.24＋0.18＝0.42
よって、C－I＝0.53－0.42＝0.11、
したがって、Cが11%多い。

20日目　集合（140 ～ 145ページ）

練習問題1

問題1　(1) **答え：D　32人**

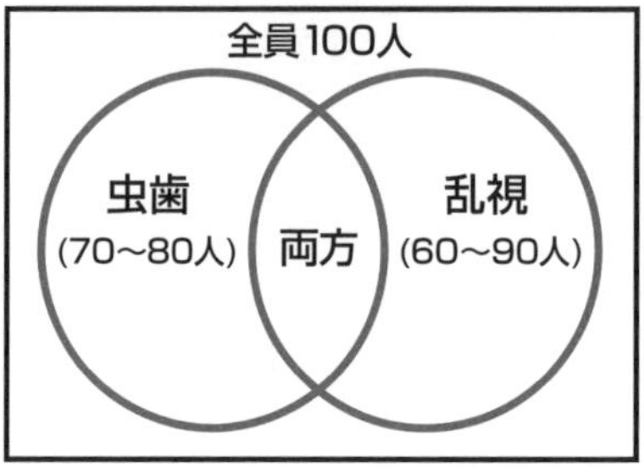

虫歯があり乱視である人の数は、「両方の和－100」で求めることができる。
虫歯の人の範囲が70から80人なので、最小の70と最大の80を使う。
乱視の人は60から90人を当てはめる。

虫歯の人	乱視の人	両方ある人
70 人のとき	60 人のとき	30 人
70	70	40
70	80	50
70	90	60
80 人のとき	60 人のとき	40
80	70	50
80	80	60
80	90	70

よって、両方を持つ人の範囲は、30 ～ 70になる。
その範囲に当てはまる数を選ぶ。

(2) **答え：A　10人**

この範囲はこの図から見ると、「虫歯の人－両方ある人」で求められる。

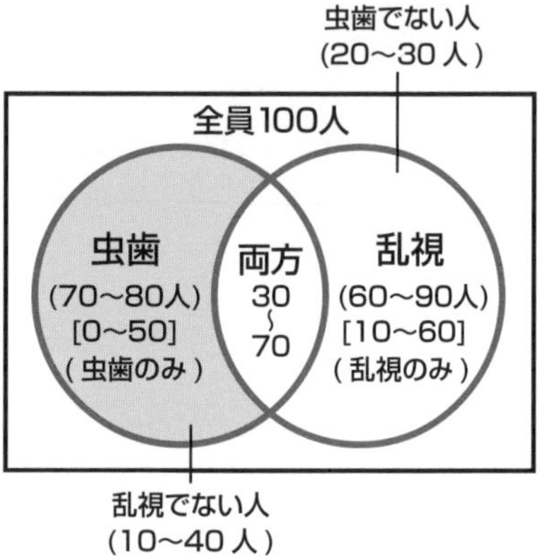

すると、両方ある人は、最大で70人なので、虫歯のある人が70人ならば、
70－60＝10人以上
80人ならば、80－70＝10人以上が、
虫歯があって乱視でない人になる。
よって、最小は10人。

問題2　**答え：E　10人**

全員で45人、両方使わない人の数は22人なので、どちらかを使う人は
45－22＝23人
電車で通学する人は全体の$\frac{2}{5}$なので、
$45\times\frac{2}{5}=18$人
自転車で来る人は電車で来る人よりも3人少ないので、18－3＝15人
合計は、18＋15＝33人
電車と自転車の両方使う人：
33－23＝10人

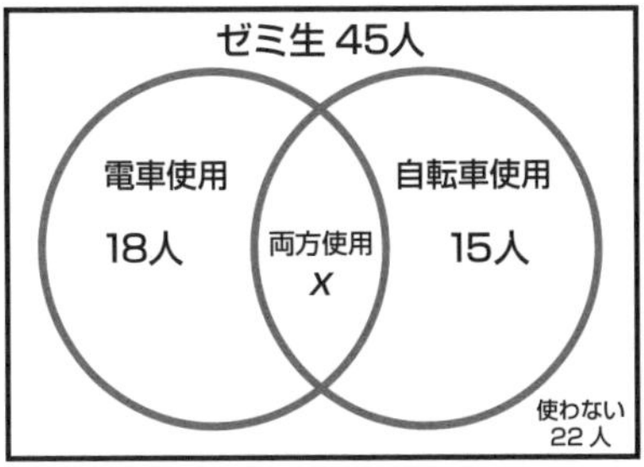

問題3　答え：A　男子354人、女子232人

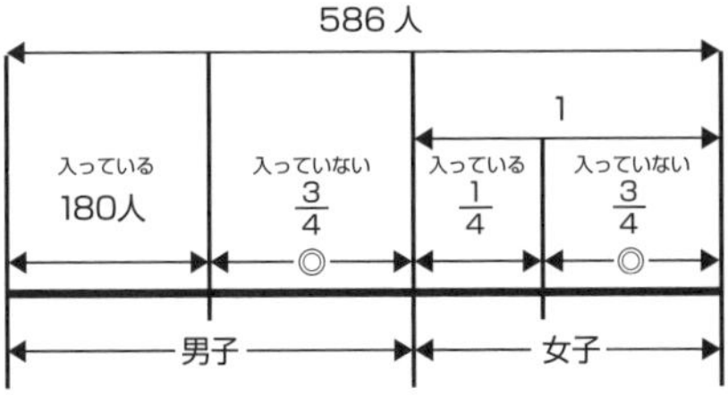

全体が586人、男子の部員数は180人が決まっているので、その差は、

$586-180=406$人

$◎=1-\frac{1}{4}=\frac{3}{4}$

$406\div\left(\frac{3}{4}+1\right)=232$人　…女子の人数

男子の数：$586-232=354$人

問題4　答え：E　960人

言語分野の正解者：560人、非言語分野の正解者：520人

全体の人数をx人とすると、両方できた人は学部全体の$\frac{1}{4}$より、$\frac{1}{4}$x人、両方ともできなかった人は全体の$\frac{1}{8}$なので$\frac{1}{8}$x人となる。

両方できた人の重なりに気をつけて式にすると、

$$560+520-\frac{1}{4}x+\frac{1}{8}x=x$$

$$1080-\frac{1}{8}x=x$$

$1080=\frac{9}{8}x$　よって、$x=960$人

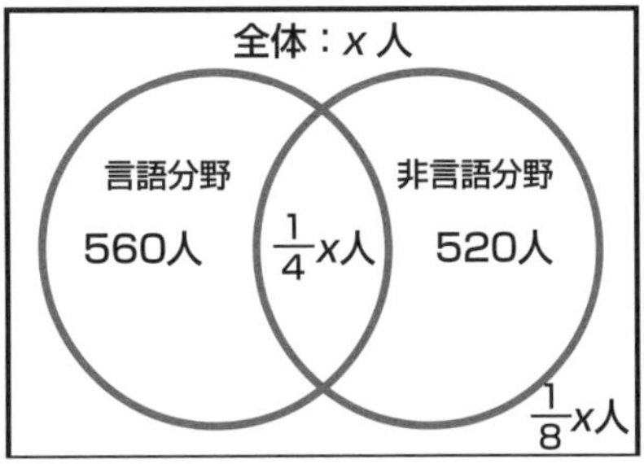

問題5　答え：B　127500円

山荘に行った人は25人、臨海合宿所に行った人は23人なので、この合計48人で、全員は40人。

その差が両方行った人になるので、

両方行った人：$48-40=8$人

山荘だけに行った人＝［山荘に行った人］－［両方に行った人］より、

$25-8=17$人

臨海合宿所だけに行った人＝［臨海合宿所に行った人］－［両方行った人］より、

$23-8=15$人

これらの費用を計算する。

山荘だけ行った交通費：

$17\times2500=42500$円

臨海合宿所だけ行った人の交通費：

$15\times3000=45000$円

両方行った人の交通費：

$8\times5000=40000$円

これらを合わせると：

$42500+45000+40000=127500$円

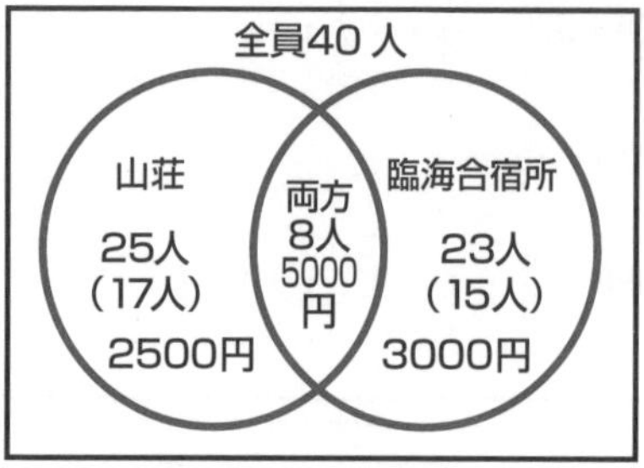

問題6　答え：A　126人

まず、実数に注目する。条件をそれぞれ当てはめていくと下表のようになる。

	大人	子ども	割合
男性			5
女性	11(66人)	4(24人)	3
割合	4	1	X

ここでは、大人の女性と女の子の比、女の子の人数が24人とわかっていることから、女性の人数が出せる。
11：4＝x：24より、4x＝11×24、x＝66
次に、注目するところは共通の割合の合計。縦の割合と横の割合の交わるところがXである。ここを縦、横、同じ大きさにすることが必要となる。
縦の比は、5：3、横の比は、4：1
なので、各割合の合計は縦が8、横が5となる。よって、大きさを合わせるために最小公倍数を求める。
5×8＝40、これがXの値となるよう
それぞれの箇所の大きさを修正する。

	大人	子ども	割合
男性	21	4	5 → 25
女性	11(66人)	4(24人)	3 → 15
割合	4 → 32	1 → 8	X ＝ 40

すると、女性全体の割合15に対して、女性大人：女の子＝11：4と11＋4＝15に合う。よって、このまま割合計算をしてよいので、男性の大人は、32－11＝21、男の子は、8－4＝4の割合になる。
これですべての大きさの割合が出たので、わかっている人数を使って答えを求める。女の子の割合が、4→24人とわかっており、大人の男性の割合は21なので、
4：24人＝21：x人　x＝24×21÷4＝126人

別の解き方

ここでは、女性の中で大人と子どもの比が11：4であり、女の子の人数が24人とわかっていることから、女性の大人の人数が出せる。大人の女性をxとおく。
11：4＝x：24より、4x＝11×24、x＝66
大人の女性は66人。女性の総数は
66＋24＝90人
次に男性の数をyとする。y：90＝5：3より、3y＝450、y＝150人
男性の総数は150人。ここから記念式に参加した総数が、150＋90＝240人とわかる。
子どもと大人の割合1：4から、
子どもの総数は240÷5＝48人。
そこから女の子の数24人を引き、
男の子の数が24人とわかる。
男性の総数－男の子の数＝大人の男性の数となるので、150－24＝126人

問題7　答え：C　15人

Aだけ：
全体－(BまたはCを注文した人)
＝660－450＝210人

Bだけ：
全体－(AまたはCを注文した人)
＝660－476＝184人
Cだけ：
全体－(AまたはBを注文した人)
＝660－518＝142人

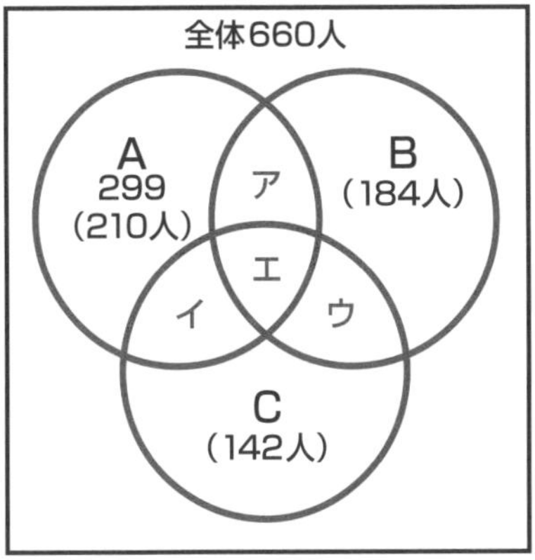

次にア、イ、ウ、エについて、
式を考える。
ア＋イ＋ウ＋エ
＝660－(210＋184＋142) ＝124人
ウ＋エ＝50人
ア＋イ＝(ア＋イ＋ウ＋エ) －(ウ＋エ)
＝124－50 ＝ 74人
A を注文した人が299人なので、
エ＝A－(ア＋イ)＝299－(210＋74)
＝15人

練習問題2

問題1　答え：E　32人

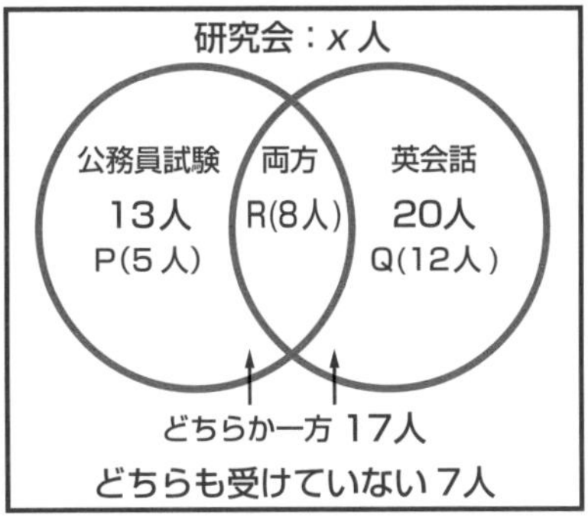

公務員試験対策だけを受けている人の人数をP、英会話だけを習っている人の人数をQ、両方受けている人の人数をRとすると、
$P+Q=17$… (1)
$P=13-R$、$Q=20-R$より、(1) に代入して
$13-R+20-R=17$
$33-17=2R$
$R=8$
$P=13-R$より
$P=13-8=5$人
よって、全人数＝P＋英会話全員＋どちらも受けていない＝5＋20＋7＝32人

問題2　(1) 答え：A　3人

		海外	旅行	合計
		好き	嫌い	
国内	好き	15	P(12)	27
旅行	嫌い	Q(8)	X(3)	R(11)
合計		S(23)	15	38

カルノー表の計算方法はたて、横の3つ

の項目を計算していく。
すべての数字を埋めると、あとの質問が何問あっても計算することなく一目瞭然に答えられる便利な計算表。

P＝27－15＝12人
S＝38－15＝23人
Q＝23－15＝8人
R＝38－27＝11人
X＝15－12＝3人

(2) 答え：B　8人

該当する範囲はQになるので、(1)で表された値より8人となる。

問題3　(1) 答え：D　17人

「ワイン・日本酒」「男・女」「好き・きらい」の6つの項目があるため、ベン図よりカルノー表を使って条件を表してみる。

		日本酒		
		好き	きらい	計
ワイン	好き	6 (2、4)	P (8、a)	21
	きらい	Q (b、8)	R (c、d)	S
計		20	T (e,f)	38 (18、20)

(男子：18人、女子20人)

まず、P、Q、R、S、Tの大項目を決めてみる。
P＝21－6＝15
Q＝20－6＝14
S＝38－21＝17…(1)の解答
T＝38－20＝18
これらからR＝T－P＝18－15＝3
次に質問に該当する(　)内の男女の人数a、b、c、d、e、fを計算する。

		日本酒		
		好き	きらい	計
ワイン	好き	6 (2、4)	15 (8、7)	21
	きらい	14 (6、8)	3 (2、1)	17
計		20 (8、12)	18 (10、8)	38 (18、20)

a＝15－8＝7
b＝14－8＝6
男子人数が18人より、18＝8＋2＋b＋c＝10＋b＋cとなり、8＝b＋c
b＝6を代入すると、8＝6＋c
よって、c＝2…(3)の解答
ここからd＝1がわかる。
よって(e、f)について、eは日本酒がきらいな(8、7)と(2、1)の男子の人数である8と2の和なので10
fは同様に7＋1＝8となり、(10、8)…(2)の解答

(2) 答え：E　(10人、8人)

(3) 答え：B　2人

問題4　(1) 答え：D　15人

全体が35人、Qより子どもを持つ社員数は、5＋5＋10＝20人
よって35－20＝15人

(2) 答え：B　2人

子どもの人数をみると女の子が15人、女の子がいる社員はQより、5＋10＝15人なので女の子が2人以上いる社員はいな

い。
子どもが1人いる社員は12人、その中で女の子だけいる社員が10人なので、12－10＝2人

(3) **答え：D　(男3人)または(男2人、女1人)**

男の子だけいる社員5人のうち、男の子が2人以上いる社員は(2)より、
5－2＝3人。子どもが2人以上いる社員の男の子の人数は14－2＝12人
これを表にすると、次のようになる。

男女の子ども	男の子だけ
男　女	男　男
男　女	男　男
男　女	男　男
男　女	
男　女	

この表から男の子は11人いる。
子どもが3人いる社員はこのどれかに男の子を加えればいい。
よって、その組み合わせ方は(男2人、女1人)か(男3人)になる。

21日目　PERT手法　(146～149ページ)

練習問題1

問題1　答え：B　9日

作業⑩に移るにはEまでの作業が終了していなければならない。
Eに至るまでの工程は2通りある。
①・②・⑤＝2＋3＋3＝8日
①・③・⑥＝2＋2＋5＝9日　遅いほうを選ぶので、9日となる。

問題2　答え：C　10日

作業Eから作業終了までの工程は2通りある。
⑨・⑧・⑫＝2＋5＋1＝8日
⑩・⑪・⑫＝3＋6＋1＝10日

問題3　答え：E　19日

すべての工程を書き並べて一番長くかかる工程を選ぶ。
①・②・④・⑧・⑫　→2＋3＋4＋5＋1＝15日
①・②・⑤・⑨・⑧・⑫　→2＋3＋3＋2＋5＋1＝16日
①・②・⑤・⑩・⑪・⑫　→2＋3＋3＋3＋6＋1＝18日
①・③・⑥・⑨・⑧・⑫　→2＋2＋5＋2＋5＋1＝17日
①・③・⑥・⑩・⑪・⑫　→2＋2＋5＋3＋6＋1＝19日
①・③・⑦・⑪・⑫　→2＋2＋4＋6＋1＝15日

問題4　答え：D　8日

作業日数は【問題3】より19日間になる。
26日から19日前は7日である。但し作業日数なので7日は入らない。
よって、8日から作業を始めることになる。

練習問題2

問題1　答え：D　①②④⑤⑦

⑫の作業の前にかかる作業をすべて挙げると、2通りの順路がある。
①・②・④と①・②・⑤・⑦である。これらをすべて書いたものが答えになる。

問題2　答え：E　25日

作業開始からHに至るルートを上からすべて書き出してみる。
①・②・⑤・⑧＝2＋3＋6＋11＝22日
①・②・⑤・⑨・⑩・⑬＝2＋3＋6＋3＋8＋2＝24日
①・③・⑥・⑩・⑬＝2＋4＋7＋8＋2＝23日
①・③・⑪・⑬＝2＋4＋17＋2＝25日

問題3　答え：A　1日

Fに至るルートを見ると2通りある。
①・②・⑤・⑨＝2＋3＋6＋3＝14日
①・③・⑥＝2＋4＋7＝13日　2つの作業の日程の差は1日である。

問題4　答え：D　5月3日

作業日数を知る必要があるので作業をすべて書き出して最も日数のかかる工程を選ぶ。
①・②・④・⑫・⑭・⑱＝2＋3＋8＋6＋10＋2＝31日
①・②・⑤・⑦・⑫・⑭・⑱＝2＋3＋6＋5＋6＋10＋2＝34日
①・②・⑤・⑧・⑮・⑱＝2＋3＋6＋11＋7＋2＝31日
①・②・⑤・⑨・⑩・⑬・⑮・⑱＝2＋3＋6＋3＋8＋2＋7＋2＝33日
①・②・⑤・⑨・⑩・⑯・⑱＝2＋3＋6＋3＋8＋11＋2＝35日
①・③・⑥・⑩・⑬・⑮・⑱＝2＋4＋7＋8＋2＋7＋2＝32日
①・③・⑥・⑩・⑯・⑱＝2＋4＋7＋8＋11＋2＝34日
①・③・⑪・⑬・⑮・⑱＝2＋4＋17＋2＋7＋2＝34日
①・③・⑪・⑯・⑱＝2＋4＋17＋11＋2＝36日　以上から最長作業期間は36日となる。
3月29日から36日目を求める。3月は31日までなので、29・30・31の3日間
4月は30日なのでここまでで合計33日
あと3日なので、作業終了日は5月3日となる。

22日目 論証と命題 （150～155ページ）

練習問題1

問題1 答え：C

まず最初に「対偶」を使うこと。
「AならばBである」は、「BでなければAでない」という関係である。
この場合、「A」は「オリンピック選手」、「B」は「朝早く起きる」である。
だから、「オリンピック選手は朝早く起きる」という命題の対偶は、
「朝早く起きない人はオリンピック選手ではない」となる。

問題2 答え：H

「優しい人は、みんなに好かれる人」の対偶は、
「みんなに好かれない人は、優しくない人」である。
したがって、クだけが適応する。

問題3 答え：G

ア、イ、ウの真偽を見ていく。
ア：×　月曜日に行う販売はPが参加できないから。このことは条件2からわかる。また、条件1から、PとSの両方が参加できない販売はうまくいかない。
イ：○　条件4と条件3より、Sは木曜日が忙しいので販売に参加できない。
ウ：×　Sが販売に参加できず、販売がうまくいかないことは明白だが、Pが販売に参加できるかはわからない。
したがって、Pの参加を決めるのは誤りになる。

問題4 答え：D

1より、「音楽が好き」を(音)
「感受性あり」を(感)
「性格がよい」を(性)とすると、

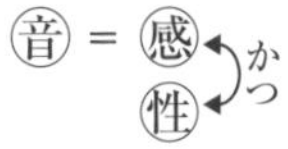

2より、「協調性がない」を△協
「性格がよくない」を△性
「挨拶をしない」を△挨
とすると、

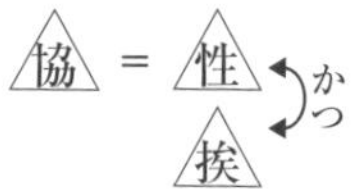

ここで、△の条件を対偶をとって
○にかえる。

または 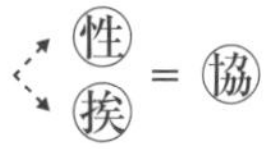 となる。

つまり、「性格がよいか、挨拶する人は協調性がある人」となる。
ここで、1とあわせて考えると、

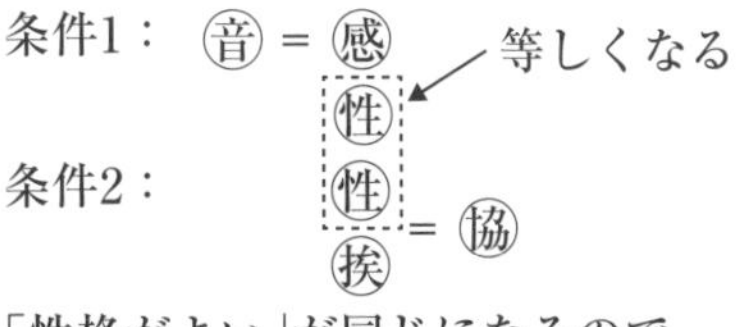

「性格がよい」が同じになるので
(音)=(性)=(協)になる。

問題5 答え：B

「真面目な人」を(真)
「明るい人」を(明)
「うそをつかない」を(うそ)
「好かれる」を(好)として、
図に表して考えてみる。

アより、真＝うそ
イより、明＝好
ウより、うそ＝好
アとウより、
真＝うそ＝好　ということがいえる。
（◯）

したがって、2の「真面目な人はみんなに好かれる」は真である。
1は、「正しい人」の記述がないので判断できない。
3は、「うそをつかない人」は「真面目である」というとらえ方は逆行になるので、真とはいえない。
4も逆行になるので、真とはいえない。
よって、1も3も4も真とはいえないので、2だけが正しい。

問題6　答え：A

「簿記が好き」を「1」、「歴史が好き」を「2」、「FPが好き」を「3」、「英検が好き」を「4」とする。嫌いな場合はそれぞれ
$\underline{1}$、$\underline{2}$、$\underline{3}$、$\underline{4}$として表すとすると、
「英検が嫌いな生徒は簿記が好きである」は「$\underline{4}$→1」、
「英検が好きな生徒は歴史が嫌いである」は「4→$\underline{2}$」、
「ＦＰが好きな生徒は簿記が嫌いである」は「3→$\underline{1}$」と表すことができる。
「$\underline{4}$→1」の対偶をとると「$\underline{1}$→4」、
「4→$\underline{2}$」の対偶をとると「2→$\underline{4}$」、
「3→$\underline{1}$」の対偶をとると「1→$\underline{3}$」。
よって、三段論法で考えると、
「2→$\underline{4}$」、「$\underline{4}$→1」、「1→$\underline{3}$」、より、
「2→$\underline{3}$」となる。

練習問題2

問題1　答え：B

アの文章について、
「核兵器を全廃する」をA、
「世界から戦争はなくならない」をBとすると、
「AならばBである」の関係。
これが真の関係になるには、
「BでなければAではない」の対偶しかない。これを当てはめると、
「世界から戦争がなくならなければ、核兵器は全廃できない」である。
文中では「世界から戦争をなくすには、核兵器の全廃が必要である」とあり、例外が残る意味合いになる。
論証としては、
「BならばAである」という逆の関係になっている。
イの文章は正しい。対偶をとると「世界を動かす力がなければ、論理ではない」となる。つまり、
「AだけがBではない」ということは、
「少なくともA」といっている。
これは後半の文章に等しいことになる。
ウの文章について、
「レーサーである」をA、
「無料高速道路通行券がもらえる」をBとすると、「AならばBである」になる。
これを真とすると、
「BでなければAではない」
という対偶だけが正しい。
「無料高速道路通行券がもらえなければ、レーサーではない」だけである。
文章の「レーサーであることは
無料高速道路通行券がもらえるための必要条件である」は、論理として

判断する関係ではない。
エは誤り。AかつBの否定は、
「Aでない、あるいはBでない」である。

問題2　答え：C

事柄をわかりやすくするために、
次のように記号化してみる。
休日に駐車　　…休(平日＝休とする)
駅周辺に駐車　…駅
レッカー移動　…レ
罰金を取られる…罰
以上として、条件文を論理式で表すと、
1　休　&　駅　→　レ　→　罰

論理式1の対偶を考えると、
2　罰　→　レ　→　休　or　駅

ア～ウを論理の式で表すと、
ア　休　&　駅　→　レ
イ　休　&　レ　→　駅
ウ　休　&　駅　→　罰

アとイは論理式1、2のいずれにも含まれていない。
ウは三段論法(A→B→Cが成り立つとき、A→Cも成り立つ)を用いれば、1の内容に含まれるので、確実にいえる。

23日目　資料の整理 (156～161ページ)

練習問題1

問題1　(1)　答え：A　(55～60)、(310～320)

左上の☆がある(55～60)、(300～310)が一番ポイントが高いところとなる。各点をそれぞれ記入していくと、Aが☆にもっとも近い点になる。

1500m走(秒) / 垂直跳び(cm)	300～310	310～320	320～330	330～340	340～350	350～360	計
55～60	☆	A					
50～55					B		
45～50							
40～45			D				
35～40				E			
30～35						C	
計							

(2)　答え：D　7人

すべての結果をまとめると、次の表のようになる。垂直跳び40cm以上45cm未満、1500m走が320秒以上340秒未満に当てはまる人は、表の斜線部分。よって、4＋3＝7人になる。

1500m走(秒) / 垂直跳び(cm)	300～310	310～320	320～330	330～340	340～350	350～360	計
55～60			1				1
50～55	1	1					2
45～50		1	2	2			5
40～45			4	3	1		8
35～40				1	1		2
30～35					1	1	2
計	1	2	7	6	3	1	20

(3)　答え：C　20%

垂直跳びが45cm未満、1500m走が340秒以上に当てはまる人数は、(2)の表の色のついた部分。よって、
1＋1＋1＋1＝4人
よって、4÷20×100＝20%

練習問題2

問題1　(1)　答え：D　エだけ

文章の正誤を判断の基準に考えていく。

ア：ここで間違えてはいけないのが「純増率」ではなく「純増数」である点だ。10年度加入者数の合計は約1300万件、11年度1200万件、12年度1100万件、13年度1000万件と加入者数は減っているが、14年は1250万件と増えている。(×)

イ：NNT社は10年度を約550万件とすると、11年度は約600万件、12年度以降は500万件強で推移しており、毎年20%ずつ減少の記述に当てはまらない。UA社は14年度に加入者数を伸ばしているが、13年度は加入者数が減っている。(×)

ウ：10年度に約1300万件あったのは加入者の総数である。(×)

エ：KT社は10年度から毎年契約者数が減っている。つまり純増数の減少、使用者数の減少を引きおこしているといえる。(○)

(2)　答え：B　3倍

11年のNTT社は約600万件、
13年のUA社は約200万件。
よって600÷200＝3倍

練習問題3

問題1　答え：B　イだけ

ア：「有効求人倍率は、14年に入ってから0.77倍が続き、大きな雇用の変化はない。」有効求人倍率は0.77と変化はないが、完全失業率は、約5%から4.7%に減少傾向にあり、それに伴って完全失業者数も30万人、20万人、50万人、50万人と減少の幅が大きくなる傾向が見られる。従って、雇用の傾向は大きく改善されているといえる。(×)

イ：「男性の完全失業率は、完全失業率全体の数値を常に上回っている。」折れ線グラフを見ていくと、男性が一番上の赤線、次いで全体数を示す太線、女性数の点線という順番になっている。それを見ると常に男性の失業率を表す赤線が総数、女性数の上にあることがわかる。(○)

ウ：「14年に入って女性の失業率は減っているが、逆に男性の失業率は増える傾向にある。」これはすべてが雇用を達成したことが原因かは不明である。たとえば、専業主婦に戻ったり、学校などへの所属が決まったのかもしれない。いずれにしても労働への意思を持たなくなったために失業のリスト外に入り、その結果下がったと考えられる要素はある。一方、男性の失業者は2月から3月にかけて失業率は大幅に下がってきているので、失業者は増える傾向にあるとはいえない。(×)

練習問題4

問題1　(1)　答え：A　0人

就職者が100%ということは、誰も大学院には進んでいないということ。

(2)　答え：E　6人

企業Aはすべての期の人数が出ているので、これに合わせればよい。
企業Aの就職者の合計は、
2＋1＋3＋5＋7＝18人
エを除く企業Cの人数は、

4＋1＋2＋5＝12人
その差は、18－12＝6人

(3) 答え：F　95人

第1期：大学院進学がいないので、0人。
2＋2＋4＋5＝13人

※第2期から5期生までは、就職者の割合が出ているが合計人数がわからないので、就職者の割合を全体の100から引いて大学院の進学率を求める。
大学院進学者数はわかっているので、「進学者数÷進学率×100」で合計人数が求まる。
第2期：大学院進学が3人いて、就職者の割合が78.6%なので、
100－78.6＝21.4%が大学院に進んだ割合になる。
よって全体の人数は、
3÷21.4×100≒14.01≒14人
第3期：大学院進学が4人でその割合が25%なので、4÷25×100＝16人
第4期：大学院進学が6人で、その割合が24%なので、6÷24×100＝25人
第5期：大学院進学が8人で、その割合が29.6%なので、
8÷29.6×100≒27.02≒27人
第5期までのゼミ生の合計：
13＋14＋16＋25＋27＝95人

24日目　同意語・反意語　(162～167ページ)

練習問題1

問題1　(1) 答え：D

「創刊」＝「新しく書籍や雑誌を出す」の意味。この反意語を選ぶ。
A「廃業」＝ それまでの職業・営業などをやめること。
B「脱稿」＝ 原稿を書き終えること。草稿ができあがること。
C「寄稿」＝ 原稿を新聞・雑誌などに載せるように送ること。
D「廃刊」＝ 出版を止めること。
E「回収」＝ 取り戻すこと。元へ返し収めること。

(2) 答え：B

「努める」＝ 努力し、前向きに捉えること。この反意語を選ぶ。
A「励む」＝ 気力を激しくする。ある目的に向かって心を奮い立たす。
B「怠る」＝ するべきことをしないでおく。おろそかにする。
C「休む」＝ 活動を中止する。動きが止まる。休息する。
D「眺める」＝ つくづくと見守る。見渡す。遠くのぞむ。
E「諦める」＝ 仕方がないと断念したり、悪い状態を受け入れたりする。

(3) 答え：E

「左遷」＝ 高い官職から低い官職に落とすこと。この反意語を選ぶ。
A「天下り」＝ 官庁で退職後の幹部などを民間会社や団体などに受け入れさせること。

B「退職」＝ 現職を退くこと。
C「派遣」＝ ある使命を持って行かせること。
D「保守」＝ その状態を保つこと。
E「栄転」＝ 従来よりもよい地位の職務や職場に移ること。

(4) 答え：D

「相対的」＝他との比較の上に成り立つさま。
A「比較的」＝一般的基準とくらべてみたときに判断されるさま。
B「圧倒的」＝他より非常に勝っているさま。
C「個人的」＝公的な立場を離れた、一個人としての立場であるさま。
D「絶対的」＝他の何物ともくらべようもない状態・存在であるさま。
E「楽観的」＝物事をうまくゆくものと考えて心配しないさま。

(5) 答え：B

「愚直」＝正直なばかりで臨機応変の行動をとれないこと。
A「適当」＝ある状態・目的・要求などにぴったり合っていること。
B「狡猾」＝ずるく悪賢いこと。
C「真面目」＝うそやいいかげんなところがなく、真剣であること。
D「謙虚」＝控え目で、つつましいこと。
E「正直」＝うそやごまかしのないこと。

(6) 答え：A

「簡潔」＝簡単で要領を得ているさま。
A「冗長」＝文章・話などが、むだが多くて長いこと。
B「複雑」＝物事の事情や関係がこみいっていること。
C「極端」＝一方にはなはだしくかたよっていること。
D「詳細」＝細部に至るまでくわしいこと。
E「明瞭」＝はっきりわかる。

(7) 答え：C

「貢献」＝ 力を尽くすこと。あずかって力があること。この同意語を選ぶ。
A「恩恵」＝ めぐみ。なさけ。
B「参画」＝ 計画、またはその立案に加わること。
C「寄与」＝ 国家や社会に対して役に立つことを行うこと。
D「利用」＝ 利益になるように物を用いること。
E「福祉」＝ 公的扶助やサービスによる生活の安定、充足。

(8) 答え：A

「勝者」＝ 勝った者。勝利者。この同意語を選ぶ。
A「覇者」＝ 競争者に勝ち、第一人者となった者。
B「賢者」＝ 賢い人。賢人。
C「独裁」＝ 独断で物事を決めること。
D「総帥」＝ 全軍を指揮統率する人。総大将。最高指揮官。
E「強者」＝強い人。力や権力を持つ者。

(9) 答え：D

「合併」＝ 2つ以上のものをあわせて1つにすること。この同意語を選ぶ。
A「吸収」＝ 外部にあるものを内部に

吸いとること。
B「体裁」＝ 物の、外から見える形・様子。
C「分裂」＝ 分かれ裂けること。
D「統合」＝ 2つ以上のものを1つにあわせること。
E「融合」＝とけて1つになること。

(10) 答え：B

「熟見」＝じっと見つめること。
A「一瞥」＝ちらっと見ること。
B「凝視」＝目をこらしてじっくり見つめること。
C「蔑視」＝相手をあなどって見くだすこと。
D「重視」＝必要なものとして注目すること。
E「注視」＝注意してよく見ること。

(11) 答え：E

「座視」＝そばで黙って見ていて手出しをしないこと。
A「直視」＝目をそらさないで、まっすぐに見つめること。
B「俯瞰」＝高い所から見下ろし眺めること。
C「達観」＝広く大きな見通しをもっていること。
D「対峙」＝二つの勢力が向き合ったまま動かないでいること。
E「傍観」＝そばで黙って見ていて手出しをしないこと。

(12) 答え：C

「苦心」＝物事を成し遂げようといろいろ試みたり考えたりして苦労すること。
A「会心」＝心にかなうこと。期待どおりにいって満足すること。
B「執心」＝ある物事に心が強くひかれること。
C「腐心」＝ある事を成し遂げようと心をくだくこと。
D「良心」＝正しく行動しようとする心。
E「残心」＝不満や未練が残ること。

練習問題2

問題1 (1) 答え：B

「満足」＝自分の思いどおりになった気持ち。
A「安らぐ」＝おだやかな気持ちになる。
B「気がすむ」＝気がかりなことが解決して満足すること。気持ちがおさまる。
C「満悦する」＝満足し、悦ぶこと。
D「納得する」＝他人の行動や考えを理解し、もっともだと認めること。
E「くつろぐ」＝ゆったりする。休息する。

(2) 答え：D

「頓挫」＝勢いが急にくじけ弱まること。
A「吐露」＝心中を隠さず述べること。
B「徒労」＝無駄な骨折り。
C「即座」＝すぐその場。
D「挫折」＝途中でくじけ折れること。
E「骨折り」＝精を出して働くこと。

(3) 答え：E

「友好」＝友達として仲良く付き合う場合に用い、国際関係などでもよく用いる。
A「外交」＝外国との交際。

B「社交」＝人々が集まって交際すること。世間の付き合い。
C「交遊」＝友達と交際すること。
D「確執」＝自分の意見を主張して譲らないこと。
E「親善」＝親しんで仲良くすること。

(4) 答え：D

「かしぐ」＝傾く。のけ反る。
A「抱える」＝腕の中に囲いもつ。囲い込む。
B「捉える」＝しっかりとつかむ。
C「見つける」＝発見する。見出す。
D「傾く」＝ななめになる。かたよる。
E「跨《また》ぐ」＝股を開いて物の上を越える。

(5) 答え：C

「賄う」＝取りはからう。やりくりする。処置する。
A「働く」＝動く。精を出して仕事をする。
B「調べる」＝点検する。研究する。
C「捌く」＝処理する。対処する。取り扱う。処分する。
D「炊事する」＝食物を煮炊きする。
E「上げる」＝上へやる。地位を高める。

(6) 答え：E

「面目を失う」＝名誉を傷つけられる。
A「帳尻を合わせる」＝事の結末、話のつじつまを合わせる。
B「蜘蛛の子を散らす」＝群衆などがちりぢりばらばらに逃げ散るさま。
C「当てがはずれる」＝期待どおりにならない。
D「後悔する」＝前にした事を後になって悔いる。
E「味噌をつける」＝失敗して面目を失うこと。

(7) 答え：A

「杜撰」＝いいかげんなこと。
A「緻密」＝念入りで手落ちがないこと。
B「厳密」＝細部まで手落ちなく厳しく行うさま。
C「疎密」＝まばらなことと、きめの細かいこと。
D「粗大」＝粗くて大きなこと。大雑把。
E「凡庸」＝平凡。すぐれたところのないこと。

(8) 答え：E

「ひるむ」＝気後れする。身がすくむ。
A「渋る」＝なめらかに進まない。
B「反り返る」＝後ろへ反り曲がる。
C「尻込みする」＝後ずさりする。ためらう。
D「和む」＝和やかになる。穏やかになる。
E「勇む」＝勢い込む。気力が奮い立つ。

(9) 答え：D

「企てる」＝実行しようとする。計画する。
A「図る」＝計画する。もくろむ。
B「攻める」＝つめ寄る。
C「観る」＝自分の目で認識する。
D「実行する」＝実際に行う。
E「継続する」＝前の状態・活動を続ける。

(10) 答え：D

「逐語訳」＝一語一語原文に忠実に訳すこと。

A「翻訳」＝ある言語をほかの言語で表すこと。

B「邦訳」＝外国語を日本語に訳すこと。

C「通訳」＝言語の違いから話の通じない人と人の間に立ち、双方の言葉を訳して相手に伝えること。

D「意訳」＝原文の一語一語にこだわらず、全体の意味に重点をおいて訳すこと。

E「直訳」＝外国語を原文の字句や語法に忠実に翻訳すること。

(11) 答え：E

「猫の額」＝猫の額のように狭いという意味で、土地などがきわめて狭いことをいう。

A「愛敬」＝にこやかでかわいらしいこと。

B「狭小」＝狭く小さいこと。

C「増大」＝数量が増えること。

D「豊潤」＝豊かで潤いのあること。

E「広漠」＝果てしなく広いさま。

(12) 答え：C

「激昂」＝いきりたつこと。

A「沈黙」＝だまって口をきかないこと。

B「静粛」＝静かに慎んでいること。

C「冷静」＝落ち着いて動じないこと。

D「平穏」＝変化がなく穏やかなこと。

E「清楚」＝飾り気のないさま。

練習問題3

問題1　(1) 答え：D

例の「突然－不意」は同意語の関係にある。同意語の関係になっていないのはウ。

「由緒」＝物事の起こり。いきさつ。いわれ。

「著名」＝世間に名が知られていること。有名。

(2) 答え：C

暖かさの順序は、「暑い＞暖かい」、涼しさの順序は、「寒い＞涼しい」となる。「暑い＞暖かい」なので、ウ「寒い＞涼しい」が正しい。

(3) 答え：C

例の「軽率－慎重」は反意語の関係。「拘束」の反対は「解放」、「安全」の反対は「危険」、「延長」の反対は「短縮」、「縮小」の反対は「拡大」になる。

(4) 答え：F

例の「許可－禁止」は反意語の関係。反意語の関係になっていないのはア。「偉人」の反対は「凡人」である。

(5) 答え：D

例の「気質－性質」は同意語の関係。同意語の関係になっていないのはウ。

「不便」＝不自由、都合が悪い。「無効」＝効き目がない、効力がない。

(6) 答え：D

例の「加害－被害」は反意語の関係。ウの「刻限－定刻」だけ同意語の関係。

(7) **答え：A**

例の「失望－落胆」は同意語の関係。
「公正」＝公平で偏っていない。
「穏健」＝行きすぎがなく、しっかりしている。

(8) **答え：D**

例の「洋風－和風」は反意語の関係。
ウの「応答－返答」だけが同意語の関係。

(9) **答え：D**

例の「上品－俗悪」は反意語の関係。
ウは同意語の関係になっている。

(10) **答え：F**

例の「かさむ－かさばる」は同意語の関係。アの「煩雑－簡易」は反意語の関係になっている。

(11) **答え：D**

例の「テンプレート－ひな形」は用語とその意味の関係(同意語)。アの「コンセンサス－合意」、イの「イノベーション－革新」は同じ関係。ウの「プレゼンス」は「存在感」である。

(12) **答え：F**

例の「肥沃－不毛」は反意語の関係。
「肥沃」＝土地が肥えていて作物がよくできること。
「不毛」＝土地がやせていて作物や草木が育たないこと。
ア「曖昧」＝態度や物事がはっきりしないこと。あやふや。その反対語は「明瞭(はっきり分かること)」。
「率直」＝繕うことなく、ありのままであること。
イ「故意」＝わざとすること。
「過失」＝不注意・怠慢などのためにおかした失敗。
ウ「包含」＝つつみこみ、中にふくんでいること。
「除外」＝その範囲には入らないものとして取りのけること。

25日目 二語の関係 (168 ～ 175ページ)

練習問題1

問題1 (1) **答え：D**

例題の関係は「機能」。DVDの機能は映像と音楽の「記録」。

(2) **答え：C**

鉛筆の機能は、筆記である。

(3) **答え：A**

蛍光灯の機能は、照明である。

(4) **答え：C**

体温計の機能は、検温である。

(5) **答え：B**

電話の機能は、通信である。

(6) **答え：C**

冷蔵庫の機能は、保存することである。

(7) **答え：E**

ライターの機能は、点火である。

(8) **答え：A**

学校の機能は、教育である。

練習問題2

問題1 (1) **答え：D**

日本はアジアの一部という「包括」の関係。よって、宅配便は何の一部かと考えると、「運輸」になる。

(2) **答え：B**

易は何のひとつかと考えると、占いのひとつである。Cのホロスコープは西洋の星占い。

(3) **答え：A**

パリはフランスの一都市である。

(4) **答え：D**

心理学は何の一部かと考える。Aのフロイトは自由連想法による精神分析療法を創始したオーストリアの心理学者、精神医学者。

(5) **答え：B**

正方形は四角形のひとつである。Eのパスカルはフランスの哲学者、数学者、物理学者。

(6) **答え：E**

ジャズは音楽の一種である。

(7) **答え：E**

こうもりは哺乳類の一種である。

(8) **答え：A**

シャンプーは石鹸の一種である。

練習問題3

問題1 (1) **答え：B**

例題の関係は「役割」。よって、捕手の役割は、「捕球」となる。

(2) **答え：C**

コックの役割は、「調理」である。

(3) **答え：B**

ダンサーの役割は、「舞踏」である。

(4) **答え：C**

薬剤師の役割は、「調剤」である。

(5) **答え：D**

記者の役割は、「取材」である。

(6) **答え：B**

アナウンサーの役割は、「告知」である。

(7) **答え：A**

作家の役割は、「著述」である。

(8) **答え：C**

宣教師の役割は、「布教」である。

練習問題4

問題1 (1) **答え：D**

例の関係は「包括」である。「キノコ－まつたけ」の組み合わせは、「属する物－種類」の順序が逆である。

(2) **答え：A**

「製品－原料」の関係。「米－せんべい」「大豆－豆腐」は並びの順番が逆である。

(3) 答え：F

「役目－もの」の関係。「ドライヤー－乾燥」は並びの順番が逆である。

(4) 答え：A

「公園－ブランコ」は「場所－設備」の関係。「学校－先生」は「場所－要員」、「会社－残業」は「場所－業務」の関係。

(5) 答え：B

「役者－舞台」の関係は「職業－活躍場所」の関係。「教師－生徒」は「教える人－受ける人」、「土俵－リング」は「どちらも活躍する場所」である。

(6) 答え：B

「ゼリー－ゼラチン」は「製品－原料」の関係。

練習問題5

問題1 (1) 答え：B

「外国－隣国」は外国の中に隣国が入る包含関係。(外国＞隣国)
ア「邦画－喜劇」は「日本映画－映画の種類」。
イ「書籍－聖書」は書籍の中に聖書が入る包含関係。(書籍＞聖書)
ウ「和風－洋風」の関係は、「日本風－西洋風」という対義語。

(2) 答え：A

「リスク－危険」の関係は、「用語－説明」。
ア「コラボ」の意味は「協力」。
イ「クレーム」は「苦情」であり、「提案」ではない。
ウ「タスク」は「課題」であり、「予約」ではない。

(3) 答え：C

「プリンター－印刷」の関係は、「道具－用途」の関係。
ア「サインペン」の用途は「筆記」であり、「文房具」ではない。
イ「ポインター」の用途は「指示すること」であり、「定規」ではない。
ウ「プロジェクター」の用途は「投影」である。

(4) 答え：F

「黒板－チョーク」の関係は「対になる道具」。
ア「斧－金づち」は対にはならない。
イ「ボルト－ナット」は固定するひとまとまりの働きをする対になるもの。
ウ「糸－針」はこれで着物を縫うひとつの動作が出来る対になるもの。

(5) 答え：A

「会社－社員」の関係は、「働く場所とそこにいる人」の関係。
ア「病院」で働く人に「看護師」がいる。
イ「学校」で働く人が「校歌」ではない。
ウ「野球場」で働く人が「ダグアウト」ではない。

(6) 答え：E

「講師－講義」の関係は「職業と仕事の内容」の関係。

ア「教授」の仕事は「研究」である。
イ「弁護士」の仕事は「法律事務を行う」ことで、「判決」ではない。
ウ「作家」の仕事は「著述」である。

練習問題6

問題1　(1) 答え：F

「地震－竜巻」の関係は共に自然現象の一部という並立の関係。
ア「相撲」を行う人が「力士」なので並立の関係ではない。
イ「蕎麦」と「うどん」は同じ麺類の一部なので並立の関係。
ウ「エアコン」と「洗濯機」は白物家電の一部で並立の関係。

(2) 答え：D

「日本酒－米」の関係は「製品と原料」。
ア「蒲鉾」の原料は「魚肉」である。
イ「ポップコーン」の原料は「とうもろこし」である。
ウ「ヨーグルト」の原料は「牛乳」であり、「マーガリン」ではない。

(3) 答え：F

「喜び－感情」の関係は「喜び」＜「感情の一部」という包含関係。
ア「童謡－子守唄」は「童謡」↔「子守唄」となり、別の種類の関係。
イ「金太郎－昔話」は「金太郎」＜「昔話」の包含関係。
ウ「公孫樹－樹木」は「公孫樹」＜「樹木」の包含関係。

(4) 答え：D

「箪笥－収納」の関係は、「製品と役割」。
ア「布団」の機能は「就寝」である。
イ「ダム」の役割は「貯水」である。
ウ「電力」の機能は「エネルギーを与える」であり、基礎構造の「インフラ」ではない。

(5) 答え：C

「ロボット－機械」の関係は「製品＜その分野」という包含関係。
ア「箒」と「掃除機」は共に清掃する道具という並列の関係。
イ「チョコレート」と「カカオ」は製品と原料の関係。
ウ「理科」と「教科」は「科目＜教科」という包含関係。

(6) 答え：D

「AI－人工知能」は「略語とその意味」の関係。
ア「IPO」は「株式公開」のことである。
イ「IOC」は「国際オリンピック委員会」のことである。
ウ「CEO」は「最高経営責任者」であり、「創業者」ではない。

26日目 語句の意味 （176～183ページ）

練習問題1

問題1 （1）答え：B

機微は心の細かな感じ方のことなので、「心のひだ」が正解。

（2）答え：C

焦燥は「あせること」。

（3）答え：A

「夭」は「若い」の意味。

（4）答え：C

達観は細かい所に捉われないで大きな視点で見ること。

（5）答え：A

B　行動がすばやいこと。
C　邪念がなく、静かに澄んだ心境。
D　運命を共にすること。
E　広くて限りがないこと。

（6）答え：A

B　はっきり言わないほうがその場は収まる。
C　よくものがわかった人になお教えること。
D　素晴らしい技術を持っている人でも失敗することがある。
E　思わぬ出来事にびっくりする。

（7）答え：E

A　縁を切る。
B　世話の必要がなくなる。
C　一緒になって始める。
D　うまくいかずに困る。

（8）答え：E

A　世間の裏も表も知り尽くした老獪《ろうかい》な人。
B　人の好みはさまざまだということ。
C　良いアドバイスはなかなか聞き入れにくいものだということ。
D　他人から疑いをかけられやすい行為は避けるようにせよ。

練習問題2

問題1 （1）答え：A

本来の意味は一番の聞かせどころ。

（2）答え：A

「馬脚をあらわす」は、芝居で馬の脚の役をしていた人が姿を見せてしまうことから生まれた慣用句。

（3）答え：B

「怪我の功名」は、過失が思いがけなく良い結果を生むこと。

（4）答え：E

歳若く経験に乏しい。転じて、生い先が長い。将来性がある。

（5）答え：A

追い詰められたネズミが猫に食いつくように、必死になれば弱者が強者を破ることがある。

(6) 答え：A

「意に介さない」は、気にかけないということ。

練習問題3

問題1 (1) 答え：B

A「忖度」＝他人の心をおしはかること。

C「教唆」＝教えそそのかすこと。

D「忌避」＝きらって避けること。

E「咀嚼」＝言葉や文章などの意味・内容をよく考えて理解し、味わうこと。

(2) 答え：D

A「慇懃」＝礼儀正しく、丁寧なこと。

B「推奨」＝それをするように人に強く勧めること。

C「暗示」＝手がかりを与えてそれとなく知らせること。

E「喧伝」＝盛んに言いはやして世間に広く知らせること。

(3) 答え：A

B「難渋」＝ことの運びに苦労すること。

C「躊躇」＝決心がつかず迷うこと。

D「不遜」＝思いあがっていること。

E「舌禍」＝自分の言葉から招く災い。

(4) 答え：C

A「緊迫」＝今にもことが起こりそうな様子。

B「暫時」＝しばらくの間。

D「窮余」＝苦し紛れ。

E「拙速」＝できはよくないが、仕事が早いこと。

(5) 答え：E

A「不意」＝思いがけないこと。だしぬけ。突然。

B「偶然」＝何の因果関係もなく、予期しないことが起こること。

C「言下」＝言い終わったすぐ後。

D「未聞」＝いまだに聞いたことがない。

(6) 答え：D

A「仲裁」＝争っている両者の間に入って和解させること。

B「紹介」＝未知の人どうしの間に入って引き合わせること。

C「相克」＝互いに勝とうとして争う。

E「相殺」＝差し引きゼロにすること。

(7) 答え：B

A「卓越」＝群をぬいてすぐれていること。

C「認知」＝はっきり認めること。

D「露見」＝悪事や秘密などがばれること。

E「卓抜」＝他のものを抜いて優れていること。

(8) 答え：A

B「変幻」＝隠れたり現れたりすること。

C「適時」＝ちょうどよい時。

D「追従」＝人の言うとおりに行動すること。

E「召喚」＝人を呼び出すこと。

(9) 答え：D

A「ぽつねんと」＝一人で寂しそうに。

B「すべからく」＝当然、ぜひとも。

C「くまなく」＝残らず。徹底的に。

E「つましい」＝地味で質素なこと。

(10) 答え：B

A「朋友」＝友達。

C「親友」＝互いに心を許し合っている友。

D「桂林」＝文人の仲間。

E「私淑」＝直接に教えは受けないが、ひそかにその人を師と考えて尊敬し、模範として学ぶこと。

(11) 答え：D

A「自尊」＝自分で自分をすぐれたものと思いこむこと。

B「英才」＝すぐれた能力をもった生徒にその能力を伸ばすために行う特別の教育。

C「養育」＝子供をそだてること。

E「陶冶」＝精神的能力の練磨を重視する教育。

(12) 答え：E

A「進展」＝新しい境地や段階に進むこと。

B「前進」＝前へ進むこと。

C「発展」＝物事がより進んだ段階に移っていくこと。

D「進行」＝乗り物などが目的地点に向かって前進して行くこと。

(13) 答え：B

A「弱点」＝十分でない点。弱み。

C「失点」＝スポーツの試合などで、相手に取られた点。

D「過失」＝不注意・怠慢などのためにおかした失敗。

E「欠員」＝定員が必要な数に満たないこと。

(14) 答え：A

B「庶民」＝特別な地位・財産などのない普通の人々。

C「民衆」＝社会を形成している一般的な人々。

D「公民」＝国家の政治に参加する権利をもつものとしての国民。

E「行人」＝苦行をする人。

(15) 答え：D

A「誤謬」＝まちがえること。

B「敷衍」＝おしひろげること。

C「不肖」＝未熟で劣ること。

E「食傷」＝食べ飽きること。

(16) 答え：B

A「黄昏」＝夕暮れ。

C「千秋」＝とても長い年月。

D「名残」＝物事が過ぎ去ったあとになお残るもの。

E「孤独」＝仲間や身寄りがなく、ひとりぼっちであること。

(17) 答え：A

B「あざける」＝ばかにして悪く言ったり笑ったりする。

C「さげすむ」＝人格・能力などが劣った者、卑しい者としてばかにする。見下す。

D「たぶらかす」＝うそを言ったり、ごまかしたりして人をだます。

E「あなどる」＝相手を見下げて軽んずる。見くびる。

(18) 答え：E

A「疎通」＝考えが相手に通ずること。

B「説得」＝よく話して聞かせ、相手に納得させること。

C「合意」＝互いの意思が一致すること。
D「御意」＝目上の人に対して、同意・肯定を示す返事の言葉。

(19) 答え：B

A「謁見」＝目上の人に会うこと。
C「出色」＝他より目立ってすぐれていること。
D「閲覧」＝書物や書類などを調べたり読んだりすること。
E「拝見」＝見ることをへりくだっていう語。

(20) 答え：C

A「恬淡」＝欲がなく、物に執着しないこと。
B「牛歩」＝物事がなかなかはかどらないさま。
D「漫然」＝ぼんやりとして心にとめないさま。
E「妥協」＝譲ることで意見をまとめること。

(21) 答え：D

A「杞憂」＝取り越し苦労。
B「執着」＝一つのことに心をとらわれて、そこから離れられないこと。
C「知悉」＝ある物事について、細かい点まで知りつくすこと。
E「懸案」＝前から問題になっていながら、まだ解決されていない事柄。

(22) 答え：A

B「雑然」＝いろいろなものが入り乱れて、まとまりのないさま。
C「放置」＝そのままにしてほうっておくこと。
D「略式」＝正式の手続きを一部省略して、簡単にしたやり方。
E「卑近」＝身近でありふれていること。

(23) 答え：D

A「踊り場」＝階段の途中に、やや広く場所をとった平らな所。
B「修羅場」＝血みどろの激しい戦いや争いの行われる場所。
C「土壇場」＝物事のせっぱつまった場面。
E「最高潮」＝雰囲気や感情などが最も高まった状態。

(24) 答え：E

A「凌駕する」＝乗り越える。
B「類する」＝似かよう。類似する点がある。
C「収斂」＝縮むこと。引き締まること。
D「十八番」＝最も得意とする芸。いちばん得意な事柄。

(25) 答え：D

A「論破」＝議論をして相手の説を破ること。
B「討論」＝ある事柄について意見を出し合って議論をたたかわせること。
C「口論」＝言い争いをすること。
E「議論」＝互いの意見を述べて論じ合うこと。

(26) 答え：A

B「訥弁」＝つかえたりして、なめらかでないへたなしゃべり方。
C「朴訥」＝かざりけがなく話し下手な

こと。
D「能弁」＝話が上手で、よくしゃべること。
E「雄弁」＝人の心を動かすように、力強くよどみなくしゃべること。

(27) **答え：D**

A「ままならない」＝思いどおりにならない。
B「抜け目ない」＝よく気がついて、手抜かりなく、ずるがしこく立ち回る。
C「よんどころない」＝そうするよりしかたがない。やむをえない。
E「たわいない」＝しっかりした考えがない。また、幼くて思慮分別がない。

(28) **答え：B**

A「対立」＝二つのものが反対の立場に立つこと。
C「対抗」＝互いに勝利を争うこと。
D「拮抗」＝力に優劣がなく互いに張り合うこと。
E「均衡」＝いくつかの物事の間に力や重さの釣り合いがとれていること。

(29) **答え：E**

A「性急」＝気が短くせっかちなこと。
B「拙速」＝できはよくないが、仕事が早いこと。
C「過度」＝程度が過ぎること。
D「今更」＝今となっては遅過ぎるという気持ち。

(30) **答え：D**

A「自暴自棄」＝やけくそになること。
B「戦々恐々」＝おそれて、びくびくするさま。
C「自業自得」＝自分でした悪事の報いを自分で受けること。
E「自画自賛」＝自分で自分のことをほめること。

(31) **答え：C**

A「追従」＝人にへつらうこと。
B「恍惚」＝うっとりとする様子。
D「敬虔」＝うやまいつつしむ気持ちの深いさま。
E「逡巡」＝ためらうこと。

(32) **答え：A**

B「面従腹背」＝表面は従っているように見せかけて、心で反対すること。
C「天衣無縫」＝無邪気にふるまうこと。
D「内憂外患」＝内にも外にも心配事があること。
E「傍若無人」＝周りを気にせず勝手気ままにふるまうこと。

27日目　文法 (184～187ページ)

練習問題1

問題1　(1) 答え：A

「にこやかに」は「にこやかだ」(形容動詞)の連用形。A「静かに」は「静かだ」の連用形。B変化の結果を表す、C列挙を表す、D続いて行われること、E「～として」の意味。

(2) 答え：D

「母親のくる日」の「の」は「が」という主語を表すはたらき。A「君のもの」の意味、B「小さいもの(方)」、C「安いもの高いもの」、E「ようだ」に連なる使い方。

(3) 答え：C

「女性ばかり」の「ばかり」は特定、限定を表す。A「今にも～しそう」、B「おおよその分量」、D「思い込む」、E「今にも～しそう」の意味。

(4) 答え：E

例の「この線」は「方針」のこと。A「電車などの経路」、B「神経、感覚」、C「ライン」、D「実際にある細いもの」。

(5) 答え：D

例の「あげる」は「はっきり示す」の意味。A「成し遂げる」、B「上達する」、C「進学させる」、E「名声を高める」。

(6) 答え：E

「変な目」の「目」は、「目つき」のこと。A「視力」、B「経験」、C「風当たり」、D「見抜く力」。

(7) 答え：D

例の「道」は、「道徳」のような規範のこと。A「みちのり、前途」、B「打開策」、C「専門」、E「通学路」。

(8) 答え：C

「腕をふるう」の「腕」は「持てる力、腕前、技量」のこと。A「なにもできない」たとえ、B「力ずく」、D「両手のこと」、E「悪事を行って、逮捕されること」。「手が後ろに回る」と同意。

練習問題2

問題1　(1) 答え：D

例の「いく」は「満足した状態」の意。A「嫁いでいなくなる」、B「ことが運ぶ」、C「出勤する」、E「出かける」。

(2) 答え：E

例の「のる」は「それによって運ばれる」の意。A「加わる」、B「その気になる」、C「だまされる」、D「調子が合う」。

(3) 答え：B

例の「でも」は、「たとえ～したとしても」の意。A「制限しない」、C「～でさえも」、D「試しに」、E「限定しない」。

(4) 答え：A

例の「気」は「集中力」の意。B「炭酸」、C「意識」、D「興味」、E「配慮」。

(5) **答え：A**

例の「山」は「クライマックス、大切な所」の意。BとE「数量」、C「山地」、D「予想」。

(6) **答え：D**

例の「口」は「収まるところ」の意。A「破れる、壊れる」、B「最初の頃」、C「好み」、E「話すこと」。

(7) **答え：B**

例の「さえ」は、条件の中の1つで十分という意。A「最小の条件」、C「加えて」、D「～であっても」、E「最低限の～であっても」。

(8) **答え：C**

例は「感動を表す」意。
A「否定の強調」、B「過去の習慣」、
D「判断の強調」、E「傾向」。

28日目　敬語　(188～191ページ)

練習問題

問題1　(1) **答え：B**

例文の謙譲表現である「拝見」がキーワード。「伺う」は謙譲語。
「おっしゃる」「召し上がる」「お聞きになる」は尊敬語。

(2) **答え：C**

謙譲表現は、イ、カ、コの3つである。

(3) **答え：C**

尊敬語は、ア、ウ、オ、ク、ケの5つである。

問題2　(1) **答え：A**

「食べる－いただく」は、原形と謙譲語の関係。イ「お聞きになる」は尊敬語、ウ「しゃべる」は謙譲語でも尊敬語でもない。

(2) **答え：C**

「話す－申し上げる」は、原形と謙譲語の関係。ア「おっしゃる」、イ「いらっしゃる」は尊敬語。

(3) **答え：E**

「食べる－召し上がる」は原形と尊敬語の関係。ア「頂戴する」は謙譲語。

問題3　**答え：D**

「いただく」は、「食べる」の謙譲語。A、B、Cの組み合わせはすべて尊敬語になっている。

問題4　**答え：B**

「お寒うございます。」は丁寧語である。

問題5　**答え：A**

イの「いたす」、ウの「おる」、エの「いただく」は謙譲語なので、相手の動作に用いるのは不適切である。

29日目　文章整序　(192～201ページ)

練習問題1

問題1　答え：C

4を答えるので文尾から考える。「使えない」の前を考えると、5はAになることが分かる。Aはなぜなのかと考えるとCになる。よって4はC、5はAとなる。

「あらゆるモノが」

1　E　ネットにつながる
2　B　「IOT」のインフラとして
　　　注目され
3　D　欧米中などで
　　　実用化されているが
4　C　日本では電波法の規制で
5　A　原則、屋内でしか

「使えない。」となる。

問題2　答え：A

2を答えるので、前から考える。いつ、どこで、だれが、何をと考えると、C－A－Eがまとまる。

「韓国の大統領が」

1　C　日本の統治時代に
2　A　朝鮮半島から動員された
3　E　徴用工について
4　B　日本企業への個人の
5　D　損害賠償請求権を認める

「立場を示した。」となる。

問題3　答え：D

文頭「イスラエルの」に続くのは何らかの名前になるので、BかD。Dは米とアメリカを示す語があるため使えない。よってB。Bがどうしたかは Eである。B－E。文尾は「進める」とあるので何を進めるかを見る。するとCになる。残りのA、Dを含めて考えるとD－A－Cとなる。

「イスラエルの」

1　B　モービルアイが
2　E　米インテルの傘下に入り
3　D　米エヌビディアは
4　A　人工知能との親和性を生かし
5　C　幅広い用途の半導体の開発を

「進める」となる。

問題4　答え：C

文尾から考える。どう「なったからだ」を選ぶと、Eになり、その条件はBなのでB－Eが決まる。A、C、Dで文を揃えるとA－D－Cになる。

「大学の数や入学定員が急増したのは」

1　A　事前規制から
　　　事後チェックへという
2　D　政府の規制緩和策が
3　C　大学設置基準にも及び
4　B　一定の要件を満たせば
5　E　新規開設が認められるように

「なったからだ」となる。

問題5　答え：D

4を知りたいので文尾から見てみる。何を「考案した」かを考えると、AかD。Aの「つまり」から前にその元になる考えがあるはず。それはDなのでD－A。B、C、Eで文をつなぐと、C－B－E。

「イタリアファッションが」
1　C　70年代アメリカ市場で
2　B　大きな成長と人気を得たとき
3　E　当時のイタリア雑誌編集長は
4　D　ブランドを世界的に育てる
　　　ための方策
5　A　つまり雑誌とブランドの提携
　　　「を考案した。」となる。

問題6　答え：E

2を答えるので文頭から考える。「暦の上では」何なのかと考えるとCが該当し、Eが続く。文尾に続く文は二十四節気となるので期間になるためBになる。残りのAとDで前後を決めればよい。
「暦の上では」
1　C　秋だといわれてもいまだ
2　E　蒸し暑い日々が続いていますが
3　A　この時期から本州では
　　　熱帯夜から解放され
4　D　朝晩は涼やかな風が吹き、
　　　虫の声がにぎやかになる
5　B　8月23日から9月6日は
「二十四節気の処暑です。」となる。

練習問題2

問題1　(1)答え：C

「死」「孤独」「条件」「実体」などのキーワードを捉えて文章全体の流れを見る。また、接続詞がどのような働きになっているかを見ながら検討を進める。
アの「あたかも、死が恐ろしい」と、ウの「孤独が恐ろしい」は対になっており、アがウを受けた形になっているのでウ－アとなる。
イの「しかも」は前の文のエに続くものと考えられるので、イ－オが最後にくると言える。
よってウ－ア－エ－イ－オになるので、アのあとはエ。

問題2　答え：E

接続詞がない文章で始まっているのは、アとウしかないのでどちらかだと予測できる。次に各文意に着目すると、ほかの文と内容が違うのはイである。
イの文頭は「たとえば」で始まり、文末が他人のことを悪く言うようなことがいろいろ書かれている。従ってその前には説明になる文を選べばよい。エの文に「責任転嫁」という言葉が出てくるので、それがつながりを持つ言葉になる。よって、エ－イの順になる。次にカを見てみる。ここでは「その結果」というまとめとなる言葉で始まっている。「型どおりに二つに分けようという強い衝動にますます深く落ち込み」ということから、無気力な、考えを放棄したような文になっている。従って、カの前の文にはそのような意味合いの文がくると考えて、ふさわしい文を選ぶと、オ－カがまとまりになる。よってウ－オ－カ－ア－エ－イとなる。オのあとはカ。

問題3　答え：A

選択肢を見るとアの1～2行目に「そういうことを」と書かれており、前提となる文章がこの文の前にあることがわかる。従って、アは最初に置けない。よって、ウから始める。ウは無重力状態のことが書かれている。次にオとイが考えられる。イは「それから私たちの」というように何かひとつ例が取り上げられ、その続きを意味する言葉から始まる。しかし、ウにはそれに等しい語句はないので、イは使えない。これで2番目がオと決まる。アの「そういうこと」は、無重力状態になったときの体についてのことなので、イ－アと続くことがわかる。オの話が体のことで終わっているので、オの続きとしてイが当てはまり、ウ－オ－イ－ア－エとなる。よって、4番目はアになる。

問題4　答え：B

ア、イ、ウのキーワードは「苦悩」と「違和感」、エ、オは「苦悩」のみである。イに「苦悩」は「『違和感』という形で現われてくる」とあるので、「違和感」は「苦悩」の前に出てくるキーワードだとわかる。次にエとオを比較すると、エに「だから」とあるので、オ－エが決まる。アはまとめなので、その次にくる文はイかウ。イ－ウの順で意味が通ることから、オ－エ－イ－ウ－アとなる。3番目はイになる。

練習問題3

問題1　(1) 答え：D

(2) 答え：C

問題提起の部分があればそれが最初に来る。この場合はエ。ここから文章が始まる。意味としてつなげると、イ－オ、またオ－ウとなるので、イ－オ－ウになる。残りアはエのあとでエ－アとすると前提条件としてまとまる。よって、エ－ア－イ－オ－ウの順になる。

全文を並べ替えると次のようになる。

エ　イノベーションを創出する方策の検討に当たり、まず、イノベーションにより、何の実現を果たすのかを検討する必要がある。

ア　わが国ではイノベーションは長きに渡り、「技術革新」と訳されてきた。

イ　イノベーションの提唱者によれば、物事の「新しい活用法」を創造することにより、新たな価値を生み出し、社会的に大きな変化を起こすことである。

オ　また、イノベーションは大別すると持続的イノベーションと破壊的イノベーションの２種類に大別される。

ウ　同時に、イノベーションを起こす手法として、新製品の開発により差別化を実現するものと、新たな方法の実施により差別化を実現する方法がある。

問題2　(1) 答え：B

(2) 答え：A

問題提起として、情緒力の欠如を挙げているオから始める。次に情緒力についての説明としてエが続く。更に情緒力をつける方法のアが続く。国語力の説明として次のウが続き、その体得法のイが最後にくる。よって、オ－エ－ア－ウ－イとなる。

オ　近年の日本社会に見られる人心などの荒廃が、人間として持つべき感性・情緒を理解する力、すなわち、情緒力の欠如に起因する部分が大きいと考えられることも問題である。

エ　情緒力とは、ここでは、例えば、他人の痛みを自分の痛みとして感じる心、美的感性、もののあわれ、懐かしさ、家族愛、郷土愛、日本の文化・伝統・自然を愛する祖国愛、名誉や恥といった社会的・文化的な価値にかかわる感性・情緒を自らのものとして受け止め、理解できる力である。
ア　この力は自然に身に付くものではなく、主に国語教育を通して体得されるものである。
ウ　国語教育の大きな目標は、このような情緒力を確実に育成し、それによって確かな教養や大局観を培うことにある。
イ　そして、そのためには情緒力の形成に欠くことのできない読書が特に大切であり、「自ら本に手を伸ばす子供を育てる」国語教育が必要である。

問題3　(1) 答え：D
(2) 答え：E

文頭を考える。問題提起か結論をさがすと、エの文がみつかる。次に接続詞に注目すると、「例えば」という具体例が続くイ。「また」という展開を示す語がくるオ。ここでエ－イ－オとなる。ウの「とはいえ」は別の展開を示す場合があるので、最後に置く。よってエ－イ－オ－ア－ウになる。
エ　今は日本のどこへ行こうと同じような表情を持つようになりました。
イ　例えば新幹線の駅や空港は、どこもよく似た感じです。
オ　また町にはコンビニエンスストアが至る所にあり、同じ名前の店ではいつでも同じような商品が買えます。
ア　いつでもどこでも同じものが手に入る便利さに価値があります。
ウ　とはいえ、かつてのようなその土地に行かねば手に入らない商品や特産物はなくなったのではありません。

30日目　長文の読み取り　(202～208ページ)

練習問題1

問題1　(1) 答え：D

直前にある、感動の仕方、何を体験すべきか、という言葉の意味が指す言葉を選ぶ。「羅針盤」のように方向を示すだけでなく、その方法も合わせて指示するものが答えとなる。

(2) 答え：D

マスメディアの情報は、忠実な「現実の鏡」ではないことを常に念頭においておく必要があること、から判断する。

(3) 答え：A

「テレビが形成したイメージに固執する」ということから、テレビに映る世界を中心に捉えてしまい、目の前にある現実を対象物にするという逆の見方になること。テレビはそれほど私たちの身近にあって、世界がどう見えるか、世界をどう見るかに大きな関わりを持つものだから、現実の方が受け入れられなくなる。

(4) 答え：B

映像での「さわり」という言葉の意味は、

前触れではなく、一番見せたいところ、気を引く場所のことである。

(5) 答え：B

「形成されたイメージの中の」とあるように現実的に見たことも行ったこともない世界で、テレビの前に広がる世界のこと。

練習問題2

問題1 (1) 答え：E

形容動詞は終止形が「だ」になる語で「重要だ」、形容詞は「い」で終わる語で「優しい」、従って、Eが解答になる。
「大きな」は連体詞で、形容詞「大きい」とは異なる。「力強さ」は名詞。

(2) 答え：E

本文の記述によると、根や茎は、力強さ・不気味さ、葉は、豊かさ・安堵感、花・果実は、華やかさである。それらがすべて正確に当てはまる組み合わせを選ぶ。

(3) 答え：C

葉は、豊かさ・安堵感、という印象から、葉の面構造についての判断をする。

(4) 答え：B

テーマが「生け花」であることから、生け花の重要な働きについてまとめる文を完成させる。生け花に使う植物の構造についていろいろと書かれているので生け花と植物の関係を捉える。

(5) 答え：B

欠落文をよく読み手がかりを探す。「太陽光」「葉」「面を構成」という語句を手がかりにして「太陽光を受け取るためには、葉が一枚ずつ横に並ぶのが都合がよい」ということから、どこに入れるかを判断する。

模擬テスト1 （222～229ページ）

問題1　答え：C　150m

碁盤の目の図を描けば、簡単に解答できる。余計な情報に惑わされず、本当に必要な道のみを描くこと。体育館と八百屋の関係は次のようになる。この図が正確に描ければ簡単！　八百屋から体育館までは、3つのブロックを歩けばよいことがわかるので、八百屋から体育館までの最短のルートは150mだとわかる。

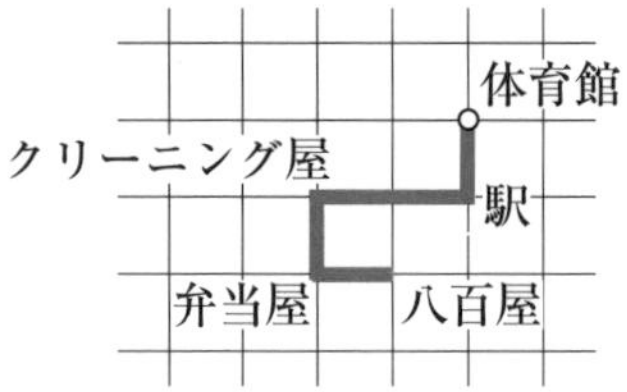

問題2　(1) 答え：D　24通り

4つの円の一番大きい円は4色選べる。
次の小さい円は3色選べる。
更に小さい円は2色になるので、
$4\times3\times2\times1=24$通り

(2) 答え：D　12通り

赤と青が隣り合う塗り方を表してみる。赤：A、青：B、黄：C、白：Dとして組み合わせを考える。A－B、B－Aを1つにして□で表すと、

□－C－D
□－D－C
C－□－D
D－□－C
C－D－□
D－C－□

これがA－B、B－Aの2種類あるので、全部で12通りあることになる。
これが隣り合う場合より、隣にこない塗り方は、$24-12=12$通り

別の解き方：A－B、B－Aを１つと考えると、
3つの円になるので、
$3\times2\times1=6$
それを、A－B、B－Aの2種類に分ける。
これを式で表すと、
$3\times2\times1\times2=12$通り
求めるのは、$24-12=12$通り

問題3　答え：D　250人

円に当てはまる項目を何にするかが大切。この場合、アルバイトをした人と女子の数の２つを選ぶ。
女子学生は全体の48％なので、
女子学生でアルバイトする人は、

$$48\times\frac{1}{4}=12\%$$

これより、アルバイトをする男子学生は、
$28-12=16\%$
これが40人なので、
全体数は、$40\div0.16=250$人

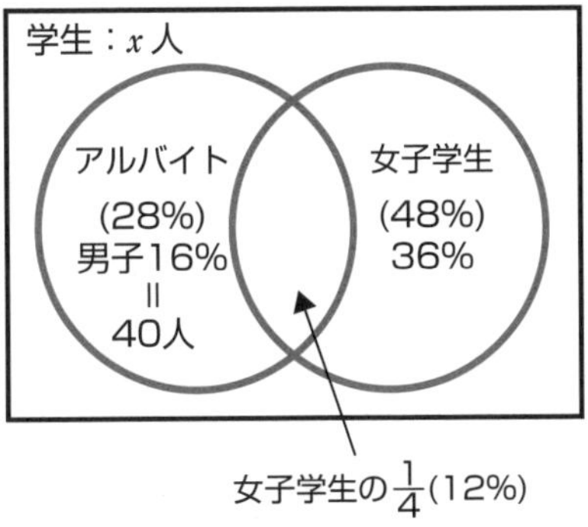

問題4　答え：C　3400円

支払総額は、$17000+23800=40800$円
1人分は、$40800\div3=13600$円
Mは17000円支払ったので、
$17000-13600=3400$円

問題5　答え：D　4位

	1位	2位	3位	4位
1回目	Q	（　）	（　）	（　）
2回目	（　）	（　）	Q	（　）

条件アを上に示した。
条件イより、MとFは2回目にともに1つずつ順位を上げている。
1回目の4位にMFのどちらかがいた場合、2回目の3位にQがいるので上がれない。よって、MとFの1回目は2位か3位ということになる。
つまり、4位は1回目も2回目もGになる。

問題6　答え：D　105円

ある製品の4、5月を合わせた
1個あたりの原価が103円ということは、
4月の原価×製造個数と
5月の原価×製造個数の合計を
4、5月の合計製造個数で割った値が
103円であるということ。
5月の製品原価を x 円とすると、
4月の原価の合計：$40\times100=4000$
5月の原価の合計：$60\times x=60x$
4月と5月の製造個数の合計：
$40+60=100$
よって、
$(4000+60x)\div100=103$となり、
この方程式を解くと、

$$4000+60x=103\times100$$
$$60x=10300-4000$$
$$60x=6300$$
$$6x=630$$
$$x=105\text{円}$$

問題7　(1)　答え：C　10通り

異なる金額になる組み合わせを書いてみる。
(5、5)(5、10)(5、50)(5、100)
(10、10)(10、50)(10、100)(50、50)
(50、100)(100、100)の10通り

別の解き方：種類の異なるもの同士の

組み合わせは、$_4C_2=\frac{4\times3}{2\times1}=6$

それに種類の同じもの同士の
組み合わせ＝4を足して、10になる。

(2)　答え：A　4通り

(5、10、50)＝65
(5、10、100)＝115
(5、50、100)＝155
(10、50、100)＝160の4通り

別の解き方：

$_4C_3=\frac{4\times3\times2}{3\times2\times1}=4$通り

問題8 (1) 答え：C $\frac{4}{7}$

$1-\frac{1}{7}=\frac{6}{7}$

$\frac{6}{7}\div12=\frac{6}{7\times12}=\frac{1}{14}$…1回分

$\frac{1}{14}\times4=\frac{4}{14}=\frac{2}{7}$

残りは、$1-\left(\frac{1}{7}+\frac{2}{7}\right)=\frac{4}{7}$

(2) 答え：B 6回

残りが$\frac{3}{7}$で1回の支払いは$\frac{1}{14}$なので、

$\frac{3}{7}\div\frac{1}{14}=\frac{3\times14}{7\times1}=6$回

問題9 答え：B 3：2

10%の食塩水の量をx gとすると、
5%の食塩水の量は$(450-x)$
それぞれのシオの量を求める。
10%のシオの量は：$10\times x\div100=0.1x$
5%のシオの量は：$5\times(450-x)\div100$
$=(450-x)\div20$
8%のシオの量は：$8\times450\div100=36$
それぞれのシオの量をもとに式をつくると：
$0.1x+(450-x)\div20=36$
$2x+450-x=720$
$x=270$
5%の食塩水は：$450-270=180$
よって、求める比は
$270:180=3:2$

問題10 (1) 答え：C

総数が100%なので、残りの項目を見て計算しやすい数字を探してみる。
すると、サービス職業従事者が10%でわかりやすいのでこれで検討する。
ここで、100%が隣の枠、2005年度の就業者総数の「61506」に相当すると仮定すると、10%はおよそ「6151」になる。
2005年度のサービス職業従事者の数字は「6146」と近いので、これが2005年度の割合とわかる。

(2) 答え：D 1051

(1)より、一番右の欄が2005年度の各職業従事者の割合だとわかったので、全体61506人のうち、1.7%が保安職業従事者とわかる。
よって、$61506\times0.017=1045.6$人
これに一番近い数を選べばいいので、Dが解答だと判断できる。

(3) 答え：F ウとエ

ア　減り続けているのはこの2つだけでなく、運輸・通信従事者数も毎年減っている。
イ　もっとも伸びたのは、1980－1990年度の分類不能欄で、$318\div63\fallingdotseq5$と約5倍の成長を遂げている。
ウ　毎年伸びているのは、
専門的・技術的職業従事者、サービス職業従事者、保安職業従事者、分類不能の4つ。
毎年伸びが下がっているのは、管理的

職業従事者・農林漁業従事者・運輸・通信従事者の３つ。
エ　2000年度の就業者の総数は62978人でもっとも多い。

問題11（1）答え：E　30m

向かい合ってくる場合、1秒間に近づく距離は2台の列車の速さの和になる。
$12 + 18 = 30$m

（2）答え：B　8秒

出合ってから離れるまでの距離：
$100 + 140 = 240$m
速さの合計：30m/秒
かかる時間：$240 \div 30 = 8$秒

問題12 答え：E　42%

勝率が37.5%ということから8試合中何試合勝ったのかをまず求める。
$8 \times 0.375 = 3$
つまり、8試合して3試合勝ったことになる。
次の4試合では2試合が勝ちなので、合計で12試合中5試合が勝ちとなる。
よって、その勝率は、
$5 \div 12 \fallingdotseq 0.4166$
つまり、41.7%となる。
小数点以下を四捨五入するので答えは42%。

問題13 答え：E　21000円

小学生は1人600円なので、
$(1200 \times 18 + 600 \times 14) \times (1 - 0.3)$
$= (21600 + 8400) \times 0.7$
$= 30000 \times 0.7 = 21000$円

問題14 答え：D　10000円

ウより、Bが4000円とわかっている。
イより、$A - B = 2(K - B)$
アより、$A - K = 3000$円なので、
K：$4000 + 3000 = 7000$円
A：$4000 + 3000 + 3000 = 10000$円

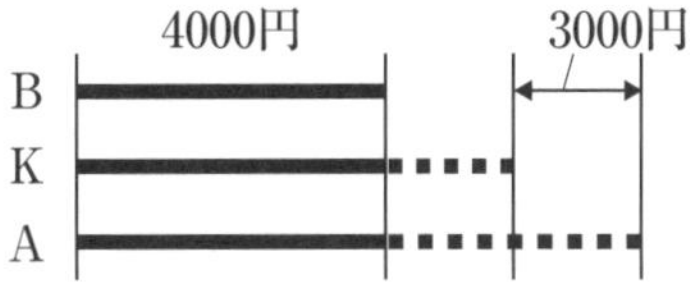

問題15 答え：C　1120m

48秒間に列車が進んだ距離は
「速さ×時間」より、$20 \times 48 = 960$m
これがトンネルと列車の長さの差になるので、トンネルの長さは、
$960 + 160 = 1120$m

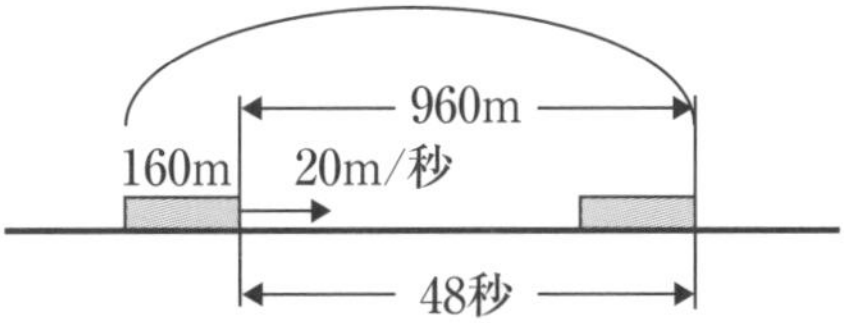

問題16 答え：C

接続詞のない文はウなので、ここから始める。
次は話が展開する「また」があるイがふさわしい。最後は、まとめの接続詞として使える「だから」のあるアが適当。

問題17（1）答え：D

例題の関係は、種類とその一部の関係。
ア　紙の一部に紙幣がある。
イ　文字の一部にひらがなはある。
ウ　寝具の一部に睡眠はない。

（2）**答え：F**

ことわざや慣用句になる組み合わせの語を選ぶ。

馬の耳に念仏：価値がわからず有り難くないこと。

ア　すずめの涙：ほんの少しのたとえ。

ウ　とんびに油揚をさらわれる：
　　おいしい所を取られること。

（3）**答え：D**

四字熟語になる組み合わせの語を選ぶ。

一日千秋：待ち遠しいこと。

ア　一騎当千：ひとりで千人の働きができるたとえ。

イ　千変万化：様々に変わること。

問題18（1）**答え：B**

A「雑然」＝まとまりのないさま。

C「雑踏」＝ひとごみ。

D「混雑」＝こみ合うこと。

E「騒音」＝騒がしくてやかましい音。

（2）**答え：E**

A「投機」＝値段の変動による利益、差益を狙うこと。

B「信託」＝信用して委託すること。

C「寄付」＝公共の団体や事業などに金銭・物品を贈ること。

D「収賄」＝賄賂を受け取ること。

問題19（1）**答え：C**

「遺棄」＝「保護義務を怠る」ということで、おきざりにすること。

（2）**答え：A**

「なかんずく（就中）」＝「その中で、特に、とりわけて」の意味。

問題20（1）**答え：E**

A　鳥なき里のこうもり：優れた人のいない所で、つまらぬものが幅を利かすこと。

B　負うた子に教えられて浅瀬を渡る：自分より未熟なものから教えられることもある。

C　河童の川流れ：達人でも失敗することがある。

D　火のないところに煙は立たぬ：うわさが立つ以上、何らかの事実があるはずだ。

問題21（1）**答え：D**

例文は接続助詞。

A　並立の格助詞

B　共同動作の相手を示す格助詞

C　動作を表す格助詞

（2）**答え：C**

「もったいない」という形容詞の一部。

A　動詞の連用形の一部

B　打ち消しの助動詞

D　形式形容詞

問題22 **答え：D**

A　次の土曜日に、先生のお宅に行きます。→行くのは自分なので、「伺います」が正しい。

B　先生が私たちに注意を申しました。
　　→先生が言ったので、「おっしゃった」が正解。

C　母は私の文章を拝見しています。
　　→見ているのは母なので「読んでい

ます」が正しい。

E　先生、父がこれを先生に渡してほしいと言ってました。→言ったのは父で、先生に伝えるので謙譲語にする。「申しておりました」が正しい。身内のことは謙譲語で表現。

問題23（1）答え：B

「銀行－金融業」は「企業－業界」の関係。
「ゼネコン」は大手建設会社。
「デパート」は流通業。
「保険会社」は金融業。

（2）答え：A

「クジラ－哺乳類」は、「目－類」の関係。
哺乳類クジラ目。
「カモノハシ」と「イルカ」は、哺乳類である。

問題24 答え：B

「蛇足」は必要のない余計なものを表すたとえ。

模擬テスト2 （230～238ページ）

問題1　答え：E （20、30）

Wの利益：$25000 \times 0.01x = 250x$

Gの利益：$15000 \times 0.01y = 150y$

この合計が9500円なので、

$250x + 150y = 9500$ …①

定価を考えると、「原価＋利益」より、

Wの定価：$25000 \times (1 + 0.01x)$

Gの定価：$15000 \times (1 + 0.01y)$

売値を考えると、

「定価×割引率」なので、

Wの売値：

$25000 \times (1 + 0.01x) \times (1 - 0.08)$

Gの売値：

$15000 \times (1 + 0.01y) \times (1 - 0.1)$

実売の利益＝「売値－原価」なので

Wの利益：

$25000 \times (1 + 0.01x) \times (1 - 0.08)$

$- 25000$

$= (25000 + 250x) \times 0.92 - 25000$

$= 23000 + 230x - 25000$

$= 230x - 2000$

Gの利益：

$15000 \times (1 + 0.01y) \times (1 - 0.1) - 15000$

$= (15000 + 150y) \times 0.9 - 15000$

$= 13500 + 135y - 15000$

$= 135y - 1500$

２つの実売の利益額：

$(230x - 2000) + (135y - 1500) = 5150$

$230x + 135y = 5150 + 3500$

$230x + 135y = 8650$ …②

②×10－①×9

$$
\begin{array}{r}
2300x + 1350y = 86500 \\
-)\ \underline{2250x + 1350y = 85500} \\
50x \qquad\qquad = 1000 \\
x = 20\%
\end{array}
$$

これを①に代入すると、

$5000 + 150y = 9500$

$150y = 4500$

$y = 30\%$

問題2　答え：F　1380m

山田さんの家から体育館までの距離をxとする。小栗君が出発してから、山田さんが体育館に着くまでの時間を考えると、

$x \div 60 + 10$（分）

小栗君のかかった時間：

$(1300 + x - 40) \div 80$（分）

これが等しいから、

$(1300 + x - 40) \div 80 = x \div 60 + 10$

$(1260 + x) \div 80 = x \div 60 + 10$

計算しやすくするために80と60の最小公倍数240を両辺にかける。

$(1260 + x) \times 3 = 4x + \underline{2400}$

↑ここも240倍する。忘れやすいので注意！

$3780 + 3x = 4x + 2400$

$x = 1380\text{m}$

問題3　**答え：A　60種類**

ブレスレットのように持ち上げることができるものでは、円順列のように「まわして重なる」だけでなく、「裏返せば重なる」ことがある。つまり、数珠順列の数は円順列の数の半分となる。

よって、n個のものを全部使ってできる数珠順列は$(n-1)!\div 2$

これを用いると、

$(6-1)!\div 2$

$=5\times 4\times 3\times 2\times 1\div 2$

＝60種類となる。

問題4　**答え：D　1600円**

原価をx円とすると、

定価＝原価＋利益より、$(x+500)$円

売値は定価の20％引きなので、

$(x+500)(1-0.2)=0.8(x+500)$

売値－原価＝利益より、

利益は$0.8(x+500)-x$

この利益が原価の5％なので、

$0.05\times x=0.05x$

$0.8(x+500)-x=0.05x$

$0.8x-x+400=0.05x$

$400=0.05x+0.2x$

$400=0.25x$

$40000=25x$

$1600=x$

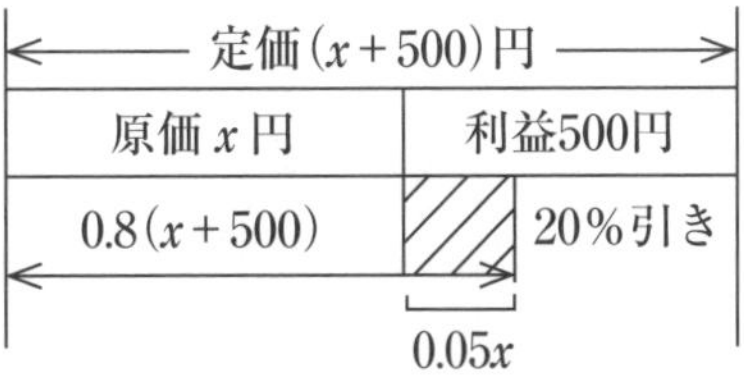

問題5　**答え：B　0人**

全体で40人いる。『トッドツイニー』を観ていない人は30人なので、観た人は10人ということになる。映画が好きで、『トッドツイニー』を観ていない人は22人なので、合わせると10＋22＝32人になる。

つまり、『トッドツイニー』を観た10人は全員が映画好きとなる。したがって、映画が嫌いな人で『トッドツイニー』を観た人はいないことがわかる。

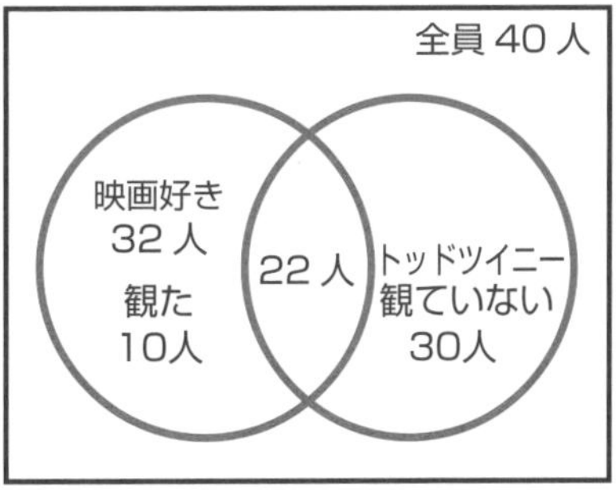

問題6(1)　**答え：A　90000円**

会場費y円、1人分の経費をx円とすると、

60人の場合：

$60x+y=300000$　…①

100人の場合：

$100x+y=440000$　…②

②－①

$$\begin{array}{rl} & 100x+y=440000 \\ -) & 60x+y=300000 \\ \hline & 40x \quad =140000 \end{array}$$

$x=3500$　…③

③を②に代入すると、

$y=440000-100\times 3500$

$=90000$円

(2) 答え：B　4000円

180人分の必要経費は、
180×3500となる。
これに固定費の会場代90000円を加えると、全経費が出る。
全経費を参加人数で割れば、1人分の負担金が出る。
$(180\times3500+90000)\div180=4000$円

問題7　答え：C　1440m

家からxmの地点で出会ったとすると、藤原さんが家からその地点まで歩いた時間：
$(1800+1800-x)\div60$(分)、
妹が自転車で走った時間：
$x\div240$なので、
$(1800+1800-x)\div60=x\div240+30$
となる。これを解くと、

$$7200+7200-4x=x+7200$$
$$7200=5x$$
$$1440=x$$

別の解き方：1800m÷60m／分＝30分
つまり、藤原さんは30分後にパワーセンターに着いてすぐ引き返した。
妹も藤原さんが家を出てから30分後(藤原さんがパワーセンターに着き、忘れ物に気がついてすぐに引き返した時刻)に240m／分で追いかける。

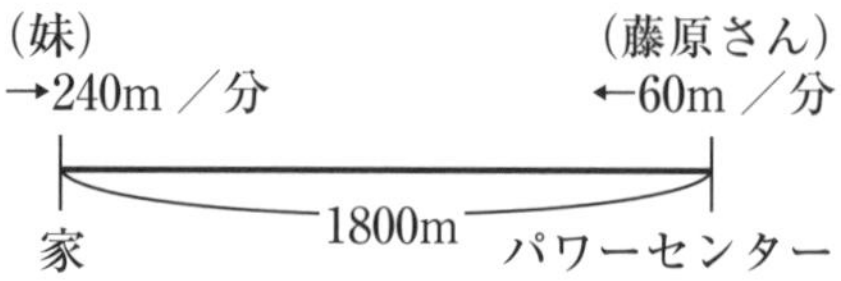

このような図になる。

よって、$1800\div(240+60)=6$分後に出合う。
よって、家から$240\times6=1440$mの地点になる。

問題8(1)　答え：F　80%

参加者は点の数を数えると全員で32人、欠席が8人いたので、志願者は40人であった。
よって、受験者の参加率は、
$32\div40\times100=80\%$

(2) 答え：E　(30、36)

下から10人目を選ぶ。
合計で判断するので、下の図のように数で範囲を決めて境界を限定すればよい。
10番目の点を含む直線は、
合計が66点になる範囲なので、
(28、38)：$28+38=66$、
(30、36)：$30+36=66$となる。
その中で該当する座標があるものは、
(30、36)である。

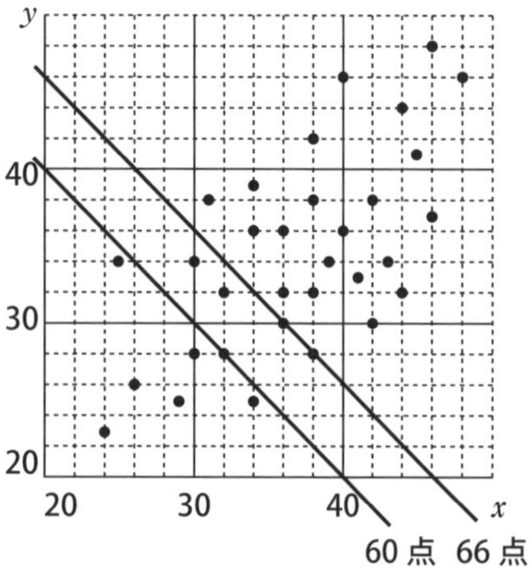

(3) 答え：G　59.4％

SPIと一般常識テストの結果で同じ得点を直線でつなぐと図のようになる。従って、SPIが一般常識より低い人は、図の直線より下に位置する点である。直線上は同点なので、下とは考えない。これらを数えると19ある。

よって、$19\div32\times100=59.375=59.4$％

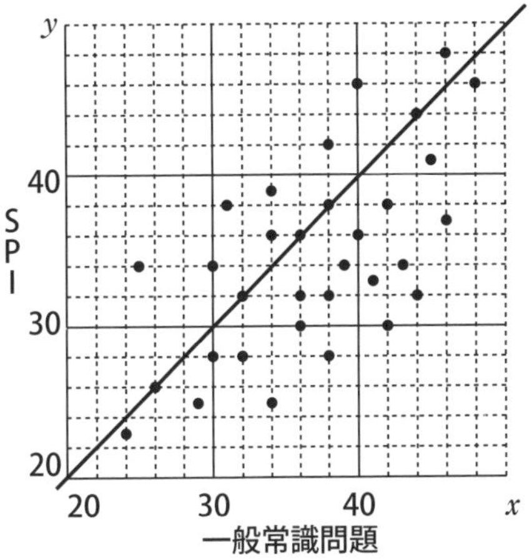

問題9(1) 答え：G　5040通り

7人全員を並べる並び方は、最初から順番に7、6、5、4、3、2、1通りあるので、すべてをかけることになる。

$7\times6\times5\times4\times3\times2\times1=5040$通り

(2) 答え：D　720通り

3人並ぶので、これを１つとまとめて考える。男子が4人なので、全部で5人と考えると、その場合の並び方は、

$5!=5\times4\times3\times2\times1=120$通り

3人ひとかたまりの中の並び方は、

$3\times2\times1=6$通りである。

よって、すべての並び方は、

$120\times6=720$通り

問題10 答え：D　375人

これは集合と論理的要素が含まれている問題。

- ビールを購入する人の30％はおつまみを購入する。
- おつまみを購入する人の40％はビールを購入する。
- 500人がビールを購入する。

以上を組み合わせ、論理を発展させる。求めるのはおつまみを購入した人数。そこで、おつまみを購入した人をxとする。

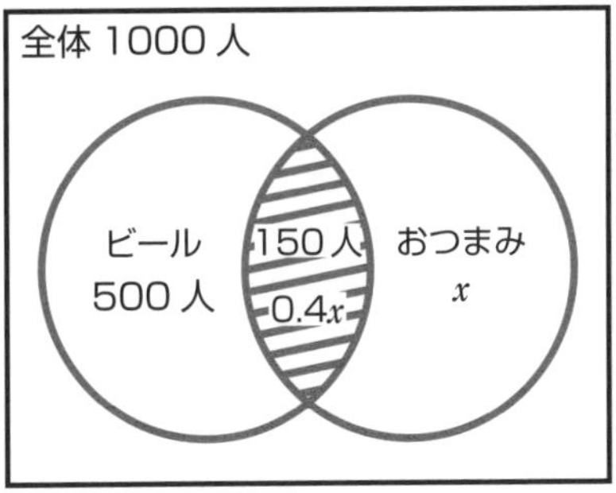

図の斜線の部分は

$0.4x=150$

よって、$x=375$人となる。

問題11 答え：E　5：3

全体をxとすると、

Pの取り分：$x\times\frac{3}{4}-3000$（円）…①

Qの取り分：$x\times\frac{1}{3}+1000$（円）…②

$$\left(x\times\frac{3}{4}-3000\right)+\left(x\times\frac{1}{3}+1000\right)=x$$

$$\frac{3}{4}x+\frac{1}{3}x-x=2000$$

$\frac{1}{12}x=2000$

$x=2000\times12$

$x=24000$円　…③

Pの取り分：

$24000\times\frac{3}{4}-3000=18000-3000$

＝15000円

③を②に代入

Qの取り分：$24000\times\frac{1}{3}+1000=9000$円

よって、P：Q＝15000：9000

＝15：9

＝5：3

問題12 答え：D　225

$3\times5^2+2\times5^1+4\times5^0$

$=3\times5\times5+2\times5+4=75+10+4=89$

6) 89

6) 14　…5

2　…2　↑

答え　225

下から読み上げる

問題13 答え：E　180g

15%の食塩水を100xg加えたとして、以下は100を省略して計算する

最初の食塩水のシオの量は：

$7\times3=21$

混ぜた食塩水のシオの量は：

$15\times x=15x$

完成した食塩水のシオの量は：

$10\times(3+x)$

これを式にすると、

$21+15x=10(3+x)$

$21+15x=30+10x$

$5x=9$

$x=1.8$

よって、省略した100をかけて180g

問題14 答え：H　ウとオ

①：赤色のシャツならば黄色のネクタイにするべきという論理の対偶は、「黄色のネクタイでないならば赤色のシャツにすべきではない」となる。

したがって、シャツの色は赤色のシャツ以外にするべきである。よって、ウが正解。

②：これは問題文の形式から確率を理解していないと戸惑う問題。

これは、コインの色を指定しているので条件付き確率ではない。3つの事象は独立していることに注意。

条件付き確率でなければ簡単に解ける。銀色、銅色のコインがそれぞれ表と裏になる確率は4分の1である。つまり、オが正解。

問題15 答え：D　130秒

列車の速さは時速54km

＝分速900m

＝秒速15m

電車の長さ：

列車が走った全体の長さ－橋の長さ

なので、

15×1分6秒（66秒）－810

＝990－810＝180m

トンネル内に列車がいる距離は

トンネルの長さから列車の長さを引く。

(2130－180)÷15＝130秒

問題16 答え：E　13800通り

ここでは団長3人ではなく、団長・連絡

係・書記という、1人が1つの役職を選ぶので、順列の問題となる。
よって、${}_{25}P_3 = 25 \times 24 \times 23 = 13800$通り

問題17 答え：A　アだけ

ア：企業間商取引市場
2002年度：46307÷0.071＝652211
2003年度：77432÷0.112＝691357
2004年度：102699÷0.147＝698633
2005年度：140444÷0.129＝1088713
2006年度：147875÷0.126＝1173611
このように毎年増えている。

イ：消費者向取引市場規模
2001年度：1484÷0.006＝247333
2002年度：2685÷0.009＝298333
2003年度：4424÷6.0016＝276500
2002年～2003年で下がっているので、毎年上がってはいない。
よって、正しくない。

ウ：2005年の企業間商取引の市場規模は、140444÷0.129＝1088713
2006年は、147875÷0.126＝1173611
よって、正しくない。
もしくは、アと矛盾しているので、正しくない。

エ：2001年の消費者向け市場規模は、1484÷0.006＝247333
2005年：3456÷0.016＝216000
2006年：4391÷0.02＝219550
この2年間は、2001年度よりも小さい。
よって、正しくない。

問題18（1）答え：D

「俯瞰」＝高い位置から視線を斜め下に向けて眺めること。
A「付記」＝本文に付け足して書くこと。
B「尊敬」＝他人を敬うこと。
C「架空」＝根拠のないこと。
D「鳥瞰」＝高い所から広範囲に見おろすこと。
E「丁々」＝物を続けて打つ音。

（2）答え：E

「伯仲」＝勢力や能力などがちょうど等しいこと。「AとBは勢力が伯仲している」のように用いる。
A「旧友」＝昔からの友達。
B「半々」＝半分ずつ。
C「的中」＝ぴったり当たること。
D「親類」＝親戚。親族。
E「匹敵」＝対等の力量である意味で、「Aの戦力はBに匹敵する」のように用いる。

問題19（1）答え：E

「杓子定規」＝形式にとらわれて、応用や融通のきかないこと。
A「不規則」＝規則立っていないこと。
B「不帰」＝二度と帰らないこと。
C「公事」＝公務。
D「凛乎」＝きりりとして勇ましいこと。
E「臨機応変」＝機に臨み変に応じて適宜な手段を施すこと。

（2）答え：E

「煩雑」＝わずらわしくごたごたすること。
A「粗野」＝言動などが荒くて卑しいこと。

B「猥雑」＝下品な感じがすること。
C「雑務」＝本来の仕事以外の雑多の仕事。
D「潔癖」＝不潔や不正を極度に嫌うこと。
E「簡易」＝たやすいこと。手軽なこと。

問題20（1）答え：E

A「特筆」＝特にとりたてて書くこと。
B「代表」＝一部の者が全体をよく表していること。
C「最高」＝質や高さが一番高いこと。
D「良質」＝質が優れていること。

（2）答え：A

B「白眉」＝多くのものの中から最も優れている人やもののたとえ。
C「杜撰」＝いいかげん、おおまか、粗末。
D「守株」＝古い習慣にとらわれて、新しい判断ができないこと。
E「翻然」＝急に翻るさま、翻すさま。

（3）答え：D

A「哀惜」＝帰らない人を悲しみ惜しむこと。
B「惜別」＝別れを惜しむ。
C「追憶」＝過去を偲ぶこと。
E「哀悼」＝人の死を悼む、おくやみ。

（4）答え：B

A「顧問」＝相談を受けて意見を述べる役。
C「慰問」＝不幸な境遇の人や災害・病気で苦しんでいる人などを見舞うこと。
D「詰問」＝相手を責めて厳しく問いただすこと。
E「聴聞」＝説教や演説などを耳を傾けて聴くこと。

問題21 答え：E

「利益－損失」は反対の意味の関係。
ア　陰暦－還暦：陰暦の反対は陽暦。
イ　往路－復路：○
ウ　拙筆－能筆：○
「拙筆」＝下手な筆跡。
「能筆」＝巧みに文や文字を書く人。

問題22 答え：B

ア　「終わる」－「上達する」
イ　ともに「はまりこむ」の意味
ウ　「のせいで」－「を使って」

問題23 答え：B

A　橋本様がロビーでお待ちしています。→お待ちになっています。
C　冷めないうちにいただいてください。→めしあがってください。
D　明日、祖母が学校にいらっしゃいます。→参ります。
E　お客様、コーヒーとお茶のどちらにいたしますか。→なさいますか。

問題24 答え：F

P：「他の犬とは違った特別の」の次に続く語句として捉えると、存在、立場など何かの位置づけに当たる語句が想像できる。
それに近い選択肢で考えると「価値」が推測できる。
Q：そこを想定しつつ続きを見ると、「～が与えられることによって、そのものが他をもって代えることの出来ないものであるという意味づけ」から、他で代えられない、意味づけに関わるものとしては選択肢より、「名前」が相当すると考えられる。
R：「自分との」何が確認できるかを思うとき、自分と何か特別なものと理解できる。
それにふさわしい語句は「関連」である。
よって、Q＝ウ、R＝アとなる。

問題25（1）答え：E

「いつ頃、どんな生物がいたか」という質問なので、時期と何がに注目して選ぶ。
「いつ」に当たる数字は、三十五億年、三億年、五百万年の3つしかなく、そこから選ぶと、生物の始まりが「三十五億年ほど前」というのが該当する。「どんな生物」かは、細菌類や藻類に似た「簡単な生物」とあるので、両方を満たす解答はEしかない。Cは時期と生物を断定しているのでふさわしくない。

（2）答え：D

Aは「言葉」という語があるが、文中にはない。Bは「最も複雑で価値ある存在」の価値あるというのが不明である。C、人類も長い生物の歴史の一つという視点が必要。E、複雑さはそれぞれの生物によって異なる。